OUVRAGES A PARAÎTRE.

La Cour de Hollande, 2ᵉ édition.
La Botanique en vingt-deux leçons.
La Minéralogie en quarante leçons.
Procès perdu, ou *Dernières étrennes offertes
aux Jésuites.*

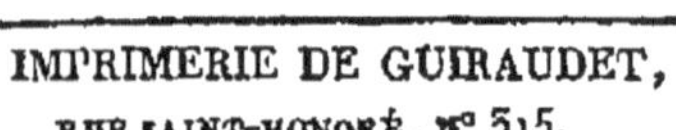

IMPRIMERIE DE GUIRAUDET,
RUE SAINT-HONORÉ, N° 315.

LES PRÉCURSEURS

(MM. de Châteaubriand, de Villèle, Bellart, et Cie),

OU

LE PREMIER

COUP DE TOCSIN

DE

LA CONTRE-RÉVOLUTION.

PARIS.

CHEZ L'ÉDITEUR,

RUE DES FOSSÉS-SAINT-GERMAIN-L'AUXERROIS, N° 24.

1826.

AVANT-PROPOS.

A l'ouverture des chambres, la France inquiète leur demande de lui signaler ceux qui la fatiguent depuis si long-temps. La France, en détestant les crimes qui ont souillé sa révolution, en a accepté et veut en conserver les heureux résultats. Or quelles sont les mains qui altèrent, qui corrompent ces résultats consacrés par la loi fondamentale, mais que détournent de leur but des intérêts opposés? Voilà ce que chacun se demande, ce que tout le monde veut savoir, et ce à quoi répond l'ouvrage que nous nous empressons de publier.

En s'intitulant *les Précurseurs*, il prétend désigner non ceux qui se disposent à faire la contre-révolution, lors-qu'ils auront le pouvoir, mais ceux qui l'ont préparée en leur ouvrant les voies. Tels sont, parmi plusieurs autres moins notables, MM. de Villèle et Châteaubriand. Ce dernier, que ses talens avaient porté au ministère, mais que ses passions en ont fait sortir, appelait naguère ces mêmes passions au secours de la contre-révolution, comme il les concentre aujourd'hui dans la contre-opposition de droite, dont il est l'héroïque trompette et ne sera pourtant jamais le chef. Sa haine contre M. de Villèle fait tout son patriotisme, et son amour nouveau pour nos libertés n'est que son enthousiasme chevaleresque pour l'aristocratie. Quant au président du conseil, il suffit de le nommer pour réveiller les idées de fausses finesses, de promesses éludées, de déceptions financières et de corruption ministérielle. Voilà dans quel mélange adultère *cet homme d'affaire* cherche à dissoudre ce pacte social qui terminait la révolution, recréait la monarchie, et qui était autant l'ouvrage du consentement public que celui du roi-législateur.

L'examen des principes, des opinions, de la conduite de ces deux ennemis, qui ne peuvent être rivaux, fait donc l'objet capital de cet ouvrage, qui, quoique inspiré par les circonstances, doit leur survivre, si on le juge autant par l'importance de son objet que par l'énergique talent de son auteur. Autour de ces deux figures principales, cette plume qui cicatrise au front tous ceux qu'elle touche a groupé grand nombre de figures accessoires; telles que celles de MM. Bellart, Peyronnet, Franchet, Delavau, Lamennais, Bonald, de Maistre, Corbière. Il n'est pas jusqu'à un *Vidoc* qui n'ait été jeté dans un coin de cet atelier jésuitique, où, parmi les *capucinades* des missionnaires et *les menottes* des gendarmes, s'ourdit le vaste réseau sous lequel la cour de Rome et la Sainte-

Alliance veulent étouffer les gouvernemens représentatifs.

Des-notes, des éclaircissemens, même des documens historiques, enrichissent ce volume, destiné à transmettre à l'histoire des notions certaines, et jusque alors inconnues, sur Pichegru, Napoléon, le duc d'Enghien, Mina, Morillo. Joignez à cette variété piquante, dans un sujet qui en paraît peu susceptible, un *Mémoire* remarquable *sur les Réformes constitutionnelles*, et vous aurez l'idée d'un livre qui réunit à la gravité de la haute politique l'intérêt et tout l'attrait de la polémique du moment *.

* La première partie de cet ouvrage, qui concerne M. de Châteaubriand, imprimée il y a quelques années, allait paraître, quand le libraire qui en était l'éditeur négocia la vente *de toute l'édition* auprès d'un personnage qu'elle compromettait. C'est sur un exemplaire échappé à cet amortissement qu'on a imprimé cette édition appropriée aux circonstances. Les libraires Plancher et Domère, et un ancien secrétaire de M. de Fontanes et de M. de Châteaubriand, nommé A. F. sont parfaitement instruits des détails de cette intrigue typographico-ministérielle.

MONSIEUR
DE CHATEAUBRIAND.

PREMIÈRE PARTIE.

CHAPITRE PREMIER.

Lorsque, fatiguée de destructions, la révolution française, de furie qu'elle s'était montrée jusques alors, eut pris, avec la figure d'un grand homme, le caractère d'un demi-dieu, les deux factions qui tour à tour lui avaient inspiré leurs fureurs tentèrent de la dominer encore pour qu'elle réalisât leurs espérances. De

vastes ruines chargeaient la France : il s'agissait d'en nettoyer le sol, et d'asseoir sur ce terrain désolé un nouvel édifice social. D'un
côté, l'aristocratie altière proposa humble-
ment ses préjugés ; de l'autre, l'idéologie rê-
veuse voulut dicter ses abstractions. Échappé
tout sanglant aux prétentions des castes, le
peuple ne redoutait pas moins les tyrannies des
niveleurs : il demandait des garanties pour ses
droits et de la force dans le pouvoir. De ces élémens combinés le demi-dieu forma sa restauration ; et ce nouveau corps politique que sa
main avait pétri, son génie le fit marcher. *

Or, quels furent auprès du consul les représentans et les organes des deux partis ?
L'un, sous le panache d'une femme de cour,
portait la tête d'un républicain **. Virile
dans sa pensée, ardente dans ses projets, elle
mettait dans sa vie l'enthousiasme qui res-
pire dans ses écrits. De son salon, où, comme

* L'auteur a beaucoup loué Napoléon depuis sa
mort, quoiqu'il l'eût souvent blâmé pendant sa vie :
c'est que pendant sa vie il ne lui parut que le plus puissant des despotes ; et que depuis sa mort il s'est révélé le
plus grand des fondateurs.

** Madame de Staël.

présidente et comme orateur, elle endoctrinait un conseil d'État, s'exhalaient en menaces éloquentes les avis qu'elle intimait au consul. Pénétré d'admiration pour de rares talens, mais plein de défiance sur leur emploi, le fondateur rappela à la réformatrice que la mère des Gracques ne mettait son orgueil que dans ses enfans. De ce moment, les aristocrates de la démocratie jurèrent à Napoléon une haine qui brûle encore sur son tombeau.

Celle des privilégiés prit d'autres formes, et avait en effet un autre caractère. L'enveloppant d'urbanités ou de bénédictions, ils chargèrent la flatterie de venger leur orgueil. Une escorte de noms féodaux entoura tout à coup le magistrat populaire, pour s'interposer entre l'opinion et lui. On eût dit que l'arrière-ban des âges historiques voulait obscurcir de de sa poudre séculaire la gloire de l'histoire moderne.

CHAPITRE II.

Alors fut prononcé pour la première fois le nom d'un homme que sa naissance désignait pour les cours *, que sa bravoure chevaleresque avait poussé quelques instans sous la tente, qui avait dormi dans les savanes américaines,

---

* François-Auguste de Chateaubriand, né à Combourg, en Bretagne, en 1769; sous-lieutenant au régiment de Navarre en 1787; voyageur en Amérique en 1790; servant dans l'armée des princes et blessé au siége de Thionville en 1792; exilé volontaire à Londres, où il se lie avec M. de Fontanes, de 1793 à 1797; rentré en France après le 18 brumaire; rédacteur du Mercure en 1801; secrétaire d'ambassade du cardinal Fesch en 1803; ministre en Valais en 1804; pèlerin à Jérusalem en 1805; ministre d'Etat en 1815; président du collége électoral du Loiret; et successivement, depuis la restauration, ambassadeur en Angleterre, en Suède, à Véronne; enfin pair de France et ministre des affaires étrangères.

qui avait souffert à Londres et médité partout, et qui rapportait dans la France nouvelle, avec de longs et riches souvenirs, la certitude de la renommée et l'espoir de la fortune. Le 18 brumaire venait d'ouvrir pour nous une seconde ère sociale. Le consul appelait à ses reconstructions toutes les supériorités ; il y appelait aussi ces grands préjugés de sentiment qui les fortifient. Un roman où un talent quelquefois original, trop souvent bizarre, entoure ces préjugés des prestiges qui lui sont popres, éveillait sur son auteur l'attention, la curiosité, l'intérêt. C'était la première fois, depuis de longues années, que les harpes de Sion se faisaient entendre sur le Parnasse. On applaudit à l'harmonie de leur concert et surtout à sa nouveauté. Les cœurs tendres cherchaient des émotions ; les esprits méditatifs demandaient des ressources. Tout répétait au consul qu'il était le bras de la Providence, et le consul voulut justifier cet éloge en plaçant la Providence à la tête de son ouvrage. Mais ce grand nom, mais cette haute influence, ne sont pour le vulgaire qu'une abstraction vide. S'il faut un Être-Suprême dans le conseil des rois, il faut des Pénates sur les foyers domestiques. M. de Châteaubriand, qui venait de

montrer la religion dans un vœu contre nature (1), se chargea de la développer dans une
suite de tableaux : c'était se charger aussi de
la prouver à ceux qui n'ont que des sens, et
aujourd'hui, c'est presque dire à tout le monde.

Jamais circonstances ne furent plus favorables pour un tel projet ; jamais homme ne fut
plus apte à ces circonstances. Dans une âme agitée par de longs malheurs et plus encore par
de vagues rêveries, M. de Châteaubriand renferme un talent d'un ordre supérieur dans ses
belles formes, d'un genre étrange dans ses objets, d'un rang commun, quelquefois même tri-
vial, dans la nature originelle de ses produits.
Cette dernière particularité, que l'évidence me
défend d'adoucir, explique le choix calculé des
sujets qu'il traite. Lorsqu'on écrit avec ses entrailles, en présence de la vérité, sous la main
de Dieu, demeure-t-on indifférent au choix
des questions qu'on agite? Si l'étroit catholicisme de la Bretagne berça votre première cou-
che, si la fastueuse royauté de Louis XIV. fut
votre native foi politique, si le sang de vos pro-
ches a coulé pour les cimenter, irez-vous, dans
une ébulition d'humeur, abjurer et ce sang, et
cette royauté, et ce catholicisme ? (2) De Breton
fidèle, d'émigré enthousiaste, deviendrez-vous

républicain ? et parce que ceux que vous nommiez vos maîtres furent ingrats, vous montre-
rez-vous plus ingrats qu'eux, en les flétrissant
de votre plume, eux que vous veniez de défendre
de votre épée ? (3) Un caractère généreux, une
âme indépendante, montrent plus de grandeur,
parce qu'ils ont plus de fierté. Aux injustices
des rois ils opposent une conscience irréprochable ; et c'est en protégeant ceux qui le re-
jettent qu'ils les forcent à rougir.

CHAPITRE III.

« Mais que dis-je? pourquoi attribuer à un caractère que le temps n'avait pas encore mûri ce qui ne fut que les écarts d'un talent impatient de produire? Doté d'un imagination magique, et que des études vastes, quoique superficielles, ont encore enrichie, si M. de Châteaubriand eût réuni à ce don qui embellit les créations le génie qui fait les créations mêmes, il se fût prescrit un sujet neuf, que l'inspiration aurait fécondé, et qu'il se serait approprié par la conquête. Au lieu d'une thèse, dont rien ne limite la vague étendue, il se fut circonscrit dans un horizon opulent, où tout devînt productif. Mais ce parallèle (4), que les choses ne commencent point et qui n'est terminé que par les mots, décelait une instabilité de principes, une versatilité de sentimens, qui n'attendaient qu'une occasion plus solennelle pour se manifester davantage. En écrivant son *Essai sur les Révolutions*, M. de Châteaubriand tenait une plume républicaine, mais ne fut point républicain; comme, en traçant *le Génie du Christianisme*, il employa un pinceau poétique, et ne fut point chrétien : une conscience politique est plus timorée, et l'esprit religieux n'a point cette mobilité.

Toutefois, rien ne s'accordait mieux aux dernières oscillations sociales que cette abnégation de principes, cette souplesse de doctrines, cette flexibilité d'opinions qui admettent des vérités de circonstances, qui consacrent des erreurs intéressées, qui permettent des institutions exceptionnelles. La vraie religion, la saine politique, n'ont que des lois générales; et c'est à leur respect pour la morale naturelle qu'on reconnaît leur légitimité. Mais les passions spéculatrices appellent légitime l'immoralité qui les flatte, et nécessaire le succès qui les assouvit. Et c'est ce que savait si bien l'homme qui refaisait le monde. A sa voix, tous les principes, toutes les vérités, étaient accourus sans doute; mais escortés de toutes les exceptions, de toutes les erreurs. Ce fut au milieu de ce cortége mêlé qu'apparut *le Génie du Christianisme.*

CHAPITRE IV.

Tout concourut à rendre mémorable l'é-
mission de cet ouvrage : son objet, l'époque,
la manière de l'auteur, l'enthousiasme de ses
partisans, l'importance et la raison de ses critiques. (5) Le grand homme sous le bouclier
duquel l'écrivain avait abrité son livre n'était
pas la circonstance la moins remarquable de
cette publication. En homme chez lequel l'a-
dresse n'a jamais exclu une sorte de grandeur, M. de Châteaubriand avait compris que
l'illustration pâlie de son nom demandait le
reflet d'un nom plus illustre. Depuis, quand
le succès les a réhabilités, il en a préféré de
plus antiques.

La bibliographie et l'histoire ont enregistré
le Génie du Christianisme. Si l'une, en considérant ses éditions multipliées, l'a déclaré
immortel, l'autre, en examinant ce qui le
compose, discute et constate ses titres à l'im-

mortalité. Eclairée par la seule critique littéraire, elle lui reprochera le vague de sa pensée primordiale, d'où résulte l'absence d'unité
dans le plan et de régularité dans la direction. Le sujet, métaphysique par essence,
semble moins le motif d'une discussion con-
sciencieuse que le prétexte d'amplifications
oratoires. Dans nul ouvrage, la rhétorique
n'a étalé plus de pompes, l'agencement de la
phrase et la magie des mots n'ont exercé plus
de pouvoir. Provoqué, entraîné par ces mots
eux-mêmes, l'écrivain se complaît dans un
luxe d'expressions sous lequel disparaissent
les idées principales. En l'absence de la pensée, il fait retentir la période ; et quand
l'esprit demande le complément du sens, on
lui répond en charmant l'oreille par l'harmonie. Que dire d'un écrivain qui s'annonce
comme un philosophe, et qui croit l'être,
parce qu'il se sert quelquefois du compas pour
toucher sa lyre ! (6) Oui, c'est une lyre que l'instrument sur lequel M. de Châteaubriand n'a
pas évoqué le Génie de la religion, mais
chanté ses beautés. Presque tous ses chapitres
sont des hymnes, comme presque toutes ses
phrases sont des assertions : il affirme en poète,
et dédaigne de discuter en dialecticien. Il s'est

dit qu'un grand talent de style portait avec lui
sa logique, et qu'on n'avait plus rien à démontrer à la raison lorsque le cœur était séduit.
De là l'erreur fondamentale sur laquelle,
comme sur un sable d'or, mais mouvant, il a
élevé l'édifice brillant et peu solide où se fane
déjà dans ses lettres de fleurs ce nom sacré
de Jéhova, que le bronze et le marbre eux-
mêmes ne pouvaient retracer, mais que la reconnaissance a gravé dans nos cœurs. C'est à
cette faculté, qui fait l'homme religieux, qu'é-
tait digne de parler l'éloquent organe de M. de
Châteaubriand.

CHAPITRE V.

Oh ! que cet écrivain est admirable lorsque, tempérant les élans de son imagination, il la ramène, des espaces où il l'égare trop souvent, dans ses riches domaines, dont, avec un tact exquis, il prodigue l'opulence à ses lecteurs ! Que d'aperçus nouveaux et piquans, car je ne dis pas vrais, dans les rapports *inventés* du christianisme avec les beaux-arts, les lettres et l'éloquence ! Qu'il est auguste ce spectacle des cérémonies religieuses où, par une analogie pleine de goût, le peintre a déployé ses plus magnifiques couleurs pour peindre la magnificence de nos solennités ! De quel intérêt n'a-t-il pas échauffé le tableau des institutions dont le christianisme, qu'il en fait l'auteur ou la cause, a plus souvent été l'occasion et le prétexte ! Que de pages où, quelquefois porté par son sujet, plus souvent inspiré par son talent,

M. de Châteaubriand retrace tour à tour Bossuet et les prophètes tonnant sur la tête des rois, Massillon et Fleury dirigeant de leurs doux préceptes, consolant par d'attrayans exemples, les ignorans et les infortunés! Que de passages où, par l'accord le plus heureux, une verve nourrie de cette fleur d'érudition qu'aime à butiner la poésie reproduit en style d'Homère tous les trésors de l'antiquité! Que d'autres où ceux dont nous enrichissent les sciences modernes prennent, pour ainsi dire, sous une plume enchantée, la forme de ces ravissantes arabesques dont Raphaël *égaya* ses tableaux! La critique toutefois doit remarquer que ce grand peintre s'en abstint dans son chef-d'œuvre de la Transfiguration.

CHAPITRE VI.

Ceci nous conduit aux reproches que mérite
M. de Châteaubriand, et ces reproches seraient
bien sévères s'ils étaient mesurés à la hauteur
de son talent et à l'abus qu'il en a fait. Ces
théologiens exacts, ces casuistes rigoureux,
ces pieux cénobites, ces solitaires érudits, ces
pasteurs de village, ce Bossuet enfin, que
M. de Châteaubriand imite quelquefois avec
tant de bonheur, et qu'il est en effet si digne
d'imiter, qu'ont-ils pensé, que diraient-ils à
l'aspect d'un tel ouvrage? Où allons-nous, s'é-
crieraient-ils, et dans quel dégoût sommes-
nous tombés des choses religieuses, si, pour
leur rendre notre estime, il faut employer de
tels moyens! Mais ces moyens eux-mêmes
achèveront de leur ôter notre estime et de les
couvrir de notre dégoût. Du moment qu'on
fait de la religion un spectacle profane, elle

est perdue. Tout homme devient son juge, et tout homme qui la juge cesse d'être chrétien. La religion du Christ est la vérité rendue sensible par la révélation ; vous en faites un amas d'illusions décevantes. Que lui font les chefs-d'œuvre du pinceau ; les hymnes du poëte, les périodes de l'orateur, les accords de la lyre ? Tout son génie est dans la foi, toutes ses beautés sont dans les vertus. C'est par la foi que sont établies les communications de l'homme avec Dieu ; c'est par les vertus que se forment les relations de l'homme avec ses semblables. La foi et la charité, ou, en un mot, l'amour, qui les comprend toutes deux, voilà toute la religion, voilà tout l'Evangile, voilà tout Jésus-Christ. Et voilà aussi ce dont votre livre a fait l'accessoire, tandis que c'est dans les cérémonies, les encensemens, les processions, les formes, en un mot, que vous avez mis le principal. Mais, dites-moi, où était cet extérieur brillant, lorsque, durant les persécutions de la primitive Eglise, elle réfugiait dans d'obscures catacombes ses enfans désolés ? Demanderez-vous ces décorations pompeuses à l'humble paroisse du village, à la misérable chapelle de l'anachorète ? Les demandiez-vous à ces noirs souterrains où, tandis que la ty-

rannie faisait des martyrs sur les places publiques, des saints méritaient de le devenir
pour avoir bravé la loi en célébrant le Seigneur? (7) C'était là, c'est dans ces souterrains,
dans ces granges érigées en chapelles, dans
ces catacombes, que siége avec toutes ses ma-
gnificences sévères la religion du Christ, parce
que c'est aussi là que Dieu repose. Sans doute
qu'il habite le riche tabernacle des cathédrales,
et plane sur la somptueuse procession de la
cour romaine; mais parce que l'or et la pourpre
ne décèlent pas sa présence, la refuserez-vous
pour guide au bâton du voyageur, pour con-
solatrice aux douleurs du malade, aux afflic-
tions, du prisonnier?

CHAPITRE VII.

On a répondu à ces objections : Les preuves du christianisme ne sont nullement l'objet de ce livre ; on n'a voulu que montrer son génie, en étalant ses beautés. — Le christianisme, répéterons-nous, n'est que la vérité révélée ; ce qui l'exclut du domaine de l'imagination ; il n'a point, il ne peut avoir de beautés poétiques, qui sont des accidens convenus ; et sa seule beauté morale est dans Dieu, principe de l'éternelle bonté. Soumettre le christianisme à une poétique, c'est lui contester son origine céleste, c'est le traiter en institution humaine. Qu'importe qu'on le vante, si on l'examine ! La philosophie du dix-huitième siècle, qui l'attaqua par le blâme, n'est pas plus coupable que l'ascétisme de nos jours, qui le flétrit par l'éloge.

Mais on insiste : Les temps sont changés ; et si l'essence de la religion est immuable

comme son divin auteur, ses formes peuvent,
elles, doivent même recevoir l'empreinte, des
siècles, que la marche insensible des mœurs,
que l'action des gouvernemens, font varier sans
cesse. Comment se ferait-elle entendre aux
hommes nouveaux, si elle ne parlait un nouveau
langage ? Lorsque, sous Louis xiv, la France,
agitée par des intrigues de sacristie, se partageait entre les jésuites et Port-Royal, la religion ne dédaigna pas d'emprunter la plume
de Pascal, et d'assurer, par d'éloquentes rail-
leries, son triomphe sur ses ennemis. Pourquoi ne s'accommoderait-elle pas au goût de notre âge sensuel, en parlant à ses sens ? Les Aba-
die, les Bossuet, les Arnaud, les Bergier, les De-
voisin, ont prouvé le christianisme : il s'agit aujourd'hui de le faire aimer.—J'accorde cette distinction prévoyante; mais le christianisme doit-
il être aimable à la manière des spectacles ?
Faut-il faire un opéra de la messe, mettre du
rouge à la Bonne-Vierge, et des pantoufles à
saint Sauve ? Prenez-y garde : de ces pra-

---

* Saint Sauveur à Amiens, statue de forte proportion, dont le visage et les extrémités sont colorés, et
qu'on habille *en grande tenue* les dimanches et jours
fériés.

tiques niaises aux momeries superstitieuses
il n'y a qu'un pas ; et vôtre livre s'amuse à les
décrire avec tant de complaisance, qu'on y
pourrait soupçonner le désir secret de les ranimer. Rien de plus voisin de l'athéisme que
la superstition, et il ne faut pas se dissimuler
que le siècle n'a plus de foi. Des discussions du
philosophe, ou des vices du prêtre, qui la lui
ont ôtée ? Je l'ignore, et ce n'est pas le moment
de l'examiner. Le fait est que, du doute par
lequel nos pères examinaient, nous avons tra-
versé jusqu'à la négation formelle. Après s'être
interrogé sur la possibilité des miracles, on
décide qu'il n'y a point de Dieu, et ce qu'il y
a de déplorable, c'est que tel homme d'Etat
qui quitte le conseil pour la procession pensé
de même. Or, dans le repli secret de ce cœur
politique, comme dans celui du pâtre, dort le
besoin de croire, unique contre-poids de notre
inquiétude naturelle. Au défaut de croyance,
il nous faut des crédulités. A la suite des
orages qui ont balotté sa vie, il faut à la tête
froissée de l'homme un oreiller qui la repose.
La religion de Fénélon, celle de Vincent de
Paule, de Rousseau, de Bernardin de St-Pierre,
lui présentait un abri digne de son origine
et de sa destination : celui que vous offrez à

ses erreurs n'est digne que de sa faiblesse.
Quoi, c'est le lendemain de la publication de
l'*Émile* et de l'*Esprit des Lois* que vous avez
écrit les chapitres des songes, des pressentimens et des divinations! C'est aux lieux où
d'austères théologiens démontrent l'existence
d'un dieu, c'est auprès des savans qui expli-
quent sa puissance par ses œuvres, que vous
décrivez la petite Notre-Dame des Bois, et la
corneille prophétique, et l'influence des cier-
ges bénis, et les miracles du chapelet !......
Sortez de ces enceintes mystiques, génie rêveur qui promenez dans les cloîtres comme dans
les forêts de la Louisiane votre perpétuelle mélancolie ! Ne prenez pas pour des preuves de
votre système les besoins de votre talent. Rêvez, rêvez encore, puisque la nature vous appelle à faire de beaux songes; décrivez, décrivez toujours, puisqu'elle remit à vos heureuses
mains sa palette et ses pinceaux ! Mais plus de
raisonnemens en forme, plus de dialectique
partiale, plus de démonstrations où l'imagination, qui emporte votre jugement, vous fait
conclure contre la raison et la vérité.

Rome a déclaré, du moins par son silence,
que le *Génie du Christianisme* n'était point
selon l'esprit du christianisme ; mais l'auteur
a appelé de cette sentence austère à la complaisante admiration des salons; et les salons, qui,
depuis un demi-siècle, méconnaissent la sévère
religion de Jésus-Christ, ont embrassé avec
transport la facile religion de M. de Châteaubriand. Il est si commode, en effet, de croire
aux reliques et de se livrer à ses passions. Si,
au lieu de leur offrir de nouvelles jouissances
dans le sujet même qui les condamne, l'écrivain les eût gourmandées, quels applaudissemens eût-il obtenus ? Ceux d'un petit nombre
de vrais chrétiens, assez inutiles pour la gloire
et pour la fortune. C'étaient les femmes qu'il
fallait séduire, les artistes qu'il fallait enivrer,

de grands enfans auxquels il fallait offrir de
brillans jouets ; c'étaient, surtout, les prêtres
dont il fallait faire des prosélytes, et les puis-
sans du jour dont il fallait faire des protecteurs.
Des calculs si mondains entrèrent-ils dans une
tête si religieuse ? Je l'ignore : car Dieu seul
sonde les intentions, et l'homme ne juge que
les résultats. Ceux qui suivirent la publication
du *Génie du Christianisme* sont presque
aussi célèbres que le livre même. Le culte venait d'être rétabli, je ne dis pas la religion.
Alors, on vit le chantre d'*Atala* oublier la cabane des Natchez pour les salons dorés des
ministres. Bientôt il devint ministre lui-même,
d'un ordre inférieur à la vérité, et plus en proportion avec des talens diplomatiques que rien
ne prouvait encore qu'avec des talens littéraires manifestés avec tant d'éclat. A l'époque
de la condamnation du duc d'Enghien, le rési-
dent du Valais quitta sa mission ; et cette dernière circonstance, qu'on dit l'effet de l'autre,
et qui du moins lui était contemporaine, ho-
nora le courage de M. de Châteaubriand. Heureux ses biographes si jamais ce courage ne
se fût démenti ! Mais la renommée est la première passion de l'homme de lettres ; mais l'aisance est quelquefois son premier besoin ; et

tel vanta *les délices de la cabane et la fleur
du désert* ; qui ne trouve l'aisance que dans
la richesse , et le repos que dans les grandeurs.

CHAPITRE IX.

Ce mouvement d'ascension, que tout éprouvait aux premiers jours de l'empire, fut partagé par M. de Châteaubriand, et nous ne lui en ferons point un crime. C'était un assez beau spectacle que celui où l'homme le plus habile, parce qu'il était le plus grand, déchaînait toutes les passions humaines, pour les mieux connaître, et leur donnait carrière, pour les bien employer, certain qu'il était qu'après les avoir démuselées selon leur intérêt apparent, son bras saurait les courber au joug de l'intérêt public. Voilà ce qui décèle la force sans violence, ce qui constate la puissance sans contestation. Un esprit de la trempe de M. de Châteaubriand était digne de les apprécier. N'avait-il pas à admirer dans Napoléon la grandeur poétique d'Alexandre et la piété politique de Cyrus (8) ? Ce que la chevalerie déploya de loyauté et d'héroïsme , M. de Châteaubriand ne le retrouvait-il pas dans l'héroïsme , dans la loyauté de nos invincibles légions ; comme les efforts de nos prêtres pour rendre à la religion son lustre et ses succès ne lui retraçaient-ils pas, du moins en surface , ceux des pontifes , des curés , des missionnaires , si bien décrits par lui ? On s'est étonné qu'il ait applaudi à tant de belles conceptions , que dans plusieurs de ses écrits il les ait vantées comme des modèles et les ait proposées comme des exemples ; on a feint d'être scandalisé qu'ayant omis avec intention, dans l'*Itinéraire de Paris à Jérusalem*, l'éloge indispensable de l'expédition française en Égypte, il ait rétabli cet éloge avec une complaisance qu'on a osé dire commandée par le ministre de la police. Les véritables admirateurs de M. de Châteaubriand n'ont jamais éprouvé cet étonnement injurieux, pas plus qu'ils n'ont propagé ce scandale insultant. Cet écrivain, qu'une critique superficielle pourrait croire influencé, ils ne le réputent si estimable que parce qu'ils le croient convaincu. Il leur semble découvrir, dans les pages éloquentes où il a consacré *ses admirations*, l'engagement d'en mériter d'aulogués ; si jamais les événemens le mettaient en posture de les obtenir. Que la fortune, lui font-ils dire, secondant mes vœux et récompensant mes travaux, remette en mes mains quelques unes dés rênes de l'État, on verra sur quelles tracés je conduis son char ! Je sais ce qu'exigent les circonstances ; mais je sais aussi ce que demandent les principes. Ceux des siècles féodaux peuvent respirer dans mes écrits ; car ces principes sont éminemment poétiques ; mais ceux que réclame l'époque où nous vivons seraient familiers à ma conduite comme ils sont chers à mon cœur, car ils sont essentiellement politiques et conservateurs. Que je gouverne donc ; et l'on trouvera dans le ministre du pouvoir l'amant de la liberté. Ce beau pays de France ne présentant à mes regards qu'une seule famille, je n'y rétablirai pas l'absurde droit d'aînesse, en favorisant le petit nombre qui consomme, au préjudice de la multitude qui produit *. Par respect pour la religion, je n'aiderai point ses ministres à sortir du monde spirituel, qu'ils édifient, pour rentrer dans le

---

* Institution de majorats, et justification des élémens aristocratiques que, selon l'aristocratie, et M. de Châteaubriand, son organe officiel, il faut fortifier.

monde temporel, qu'ils pourraient scandaliser ;
et je n'oublierai point que les vertus des évêques étaient d'or, quand leur crosse fut de
bois *. Je propagerai les missions savantes à
la Chine, les missions évangéliques au Canada ;
mais je m'opposerai de tout mon pouvoir, et
surtout de toute ma raison, à l'établissement
des missions dans un pays où elles réveille-
raient des doutes insultans ; peut-être même
des troubles dangereux. N'y aurait-il pas en
effet quelque dérision à planter la croix dans
le royaume très-chrétien, et à parler à des ca-
tholiques depuis Clovis le langage que le père
Aubry parlait aux Iroquois (9) ? Toute mon administration s'accordera avec cette doctrine ; et
mon langage, abaissé de ses hauteurs hyper-
boliques au niveau des intelligences vulgaires,
sera l'interprète fidèle de mes desseins et l'expression sincère de mes sentimens. Ce ne sera
ni par l'intrigue, ni par la violence, que je

* Missions en France pendant lesquelles, si les missionnaires n'ont pas toujours parlé le langage de la raison philosophique, ils se sont du moins abstenus des
écarts du fanatisme, ce qui n'a pas empêché les rassemblemens et les troubles qui ont signalé leurs premières
prédications.

recruterai des partisans au prince et des soldats à la patrie. Je n'imprimerai point d'un
conquérant heureux qu'il est un Achille, ni
d'Achille blessé par le lâche Pâris qu'il ne
fût qu'un Thersite. S'il convient d'examiner
la loi fondamentale de l'État, je ne feindrai
pas d'en louer les maximes pour en torturer les
conséquences * ; et dans l'arsenal même où
la liberté renferme des boucliers paisibles, je
ne forgerai pas la flèche dont pourrait s'armer
le despotisme pour les percer à jour. Rival généreux autant qu'orateur tolérant, on ne me
verra point profaner la tombe de l'académicien
que je remplace, pas plus qu'on ne m'a vu
repousser, par le sarcasme altier, les critiques
que je combats **. Et si jamais ma volonté
secrète décidait une guerre condamnée par
mes intentions apparentes, et qu'un dialecticien subtil, en pénétrant les unes, eût mis le

---

* M. de Châteaubriand avait noblement loué Napoléon pendant sa puissance : nous verrons bientôt de
quelle manière il l'a traité depuis sa chute.

** Dans l'ouvrage intitulé *de la Monarchie selon la
Charte*. Nous l'examinerons.

*** Discours de réception de M. de Châteaubriand,
successeur de M. de Chénier, à l'Institut.

public, dans la confidence de l'autre; et eût
irrité, par cette candeur intempestive, l'acri-
monieuse susceptibilité de mes partisans, loin
de permettre à ceux-ci d'envelopper de leur
nombre, d'étouffer par leurs clameurs la légitime défense de mon noble adversaire, je la
lui faciliterais de tout mon ascendant. Qu'alors,
même un faux zèle, altérant cette défense et
la tournant en accusation, imputât un crime
à cet adversaire et créât ce délit pour le lui
imputer, l'équité réveillant en moi le talent,
je plaiderais contre moi-même en faveur de la
vérité opprimée, et rendrais ainsi à la tribune
son honorable destination *. — Ce que M. de
Châteaubriand se promettait avant que d'entrer dans les affaires, M. de Châteaubriand
l'a-t-il tenu pendant qu'il les dirigeait? Les
événemens sont là pour répondre. Continuons
à les exposer.

---

* Affaire de l'exclusion de M. Manuel, session de
1823.

CHAPITRE IX.

Quand cet auteur, *boudant les princes*, pour lesquels il venait d'être blessé, prit la plume à Londres, il était malheureux et mécontent(10). Mêlé à cette multitude industrieuse qui foule la terre classique des constitutions, il écrivit en faveur de la liberté. Alors, en jetant des regards-de-regrets sur le rivage, il pouvait, à travers le nuage sanglant qui voilait notre France, distinguer encore un fantôme de république. Mais ce fantôme était entouré de crimes; et à l'apparition du guerrier qui apportait la restauration avec la gloire, les crimes et la république disparurent. J'ai déjà dit que M. de Châteaubriand ne me paraissait nullement fautif pour avoir encensé cette gloire, pour s'être prosterné devant cette restauration. Seulement je ferai une remarque : c'est que,

loin de devancer son siècle et de précéder l'o-
pinion, cet auteur se laisse guider par eux et
marche à leur suite. Est-ce absence de grandeur ou de pénétration? Je ne veux point le
démêler, et s'il ne s'agissait que d'avoir loué
outre mesure, peu importerait; mais il n'en est
pas ainsi lorsque, pour blâmer avec sécurité,
on attend le conseil des événemens. Y a-t-il
beaucoup de générosité au fond d'une âme à
laquelle de telles inspirations sont familières?

Quand cet auteur, bon défenseur des spirituex,
pour lesquels il venait d'être blessé, qu'il a
plu-[illegible] à Londres, il était malheureusement mécontent (10). M. [illegible], intarissable
qui foule la terre classique des chrétiens,
il écrivit en faveur de la liberté. Alors, en jetant des regards [illegible] sur le rivage, il peu-
vit, à travers le nuage sanglant qui voilait
notre France, distinguer encore un fantôme de
république. Mais ce fantôme était entouré de
crimes; et à l'apparition du guerrier qui apportait la restauration avec la gloire, les crimes et
la république disparurent. J'ai déjà dit que M.
de Chateaubriand ne me paraissait nullement fautif pour avoir encensé cette gloire,
pour s'être prosterné devant cette restauration.
Seulement je ferai une remarque : c'est que,

CHAPITRE XI.

M. de Châteaubriand, secrétaire du cardinal Fesch à Rome, montra, dit-on, peu de réserve : l'empereur fut mécontent. M. de Châteaubriand, envoyé dans le Valais, déploya une opposition peut-être intempestive, mais courageuse : l'empereur s'offensa. M. de Châteaubriand, devenu rédacteur et en partie propriétaire du *Mercure*, étala dans ce recueil des doctrines que le fondateur d'un empire ne pouvait tolérer, et auxquels faisait écho un journal devenu depuis bien fameux par sa servilité (11) : l'empereur s'irrita. Enfin ce prince dut sévir, lorsque, encouragé par l'impunité, M. de Châteaubriand devint plus téméraire. A cette époque, des mains, qu'on a bénies depuis, recommençaient à ourdir les trames royalis-

tes que le 18 brumaire avait suspendues, et il
ne fallait pas être excessivement ombrageux
pour démêler dans certains écrits contempo-
rains la connexion de leurs projets, l'expression de leurs sentimens. Au surplus, à quoi se
borna la sévérité de l'empereur? A retirer à M.
de Châteaubriand ses bonnes grâces, dont cet
auteur se montrait dédaigneux. De ce moment,
persuadé que le génie et le pouvoir sont égaux,
cet auteur se crut une puissance. Autant en
pensa madame de Staël. Mais tous deux eurent la singulière prudence de ne livrer de
batailles rangées à leur ennemi que quand il
fut hors de combat. Jusque là tout se passa,
de leur part, en escarmouches, que l'empereur, un peu distrait, eut l'impolitesse de ne
pas apercevoir. (12)

CHAPITRE XII.

Pourtant, ce monarque mit quelque importance au discours que devait prononcer M. de
Châteaubriand, lorsque, sans considérer ses
opinions et n'ayant égard qu'à ses talens, l'Institut le désigna pour succéder à Chénier. Ce discours, lu dans quelques coteries et prôné par
elles, parut, à la commisssion chargée de l'examiner, offrir ce que l'urbanité académique
voulut bien appeler des inconvenances, mais
ce que le souverain, plus ingénu, qualifia plus
énergiquement (15). Le public répéta les épithètes de Napoléon et confirma l'exclusion de
l'imprudent orateur. C'est que le public n'avait
pas oublié la circonstance des prix décennaux,
auxquels, sur la réclamation de M. de Chénier
à l'empereur, ce prince avait admis M. de

Châteaubriand, oublié (14). Mais il paraît aussi
que M. de Châteaubriand gardait, avec le souvenir d'un bienfait dû à un ennemi, celui de
quelques vers sanglans, que l'Evangile même
n'apprit point à pardonner. C'est pourquoi,
dans un discours qui aurait dû être l'apologie
de son prédécesseur, ou du moins l'examen de
ses ouvrages, il défendit contre lui les personnages que M. Chénier évoqua dans ses tragédies, comme ceux qu'il raillait dans ses satyres.
On vit avec un peu d'hilarité quelle piété
pour ainsi dire filiale, M. de Châteaubriand
mettait à venger le cardinal de Lorraine et
Charles ix, et l'on trouva moins d'adresse encore que de générosité dans l'appel qu'il faisait
aux amours-propres de ses nouveaux confrères.
Ce fut alors qu'on répéta involontairement
ces beaux vers d'une satyre que le chantre d'*A-
tala* n'a point oubliée :

Qu'un débat scandaleux s'élève à votre voix !
Empoisonnez de fiel la coupe domestique ;
Etouffez les accens de la franchise antique ;
Courez dans tous les cœurs attiédir l'amitié ;
Séchez dans tous les yeux les pleurs de la pitié ;
Opposez aux vivans l'éloquence des tombes ;
Prêchez l'humanité, mais parlez d'hécatombes. (15)
Plus coupables encor, tels que de noirs corbeaux,

Osez des morts fameux déchirer les lambeaux ;
Auprès de leurs rayons rassemblez vos ténèbres ;
Brisez vos faibles dents sur leurs pierres funèbres.
Ah ! de ces demi-dieux si les noms révérés
Par la gloire et le temps n'étaient pas consacrés ,
Leur immortalité deviendrait votre ouvrage :
La calomnie honore en croyant qu'elle outrage.

Mais de quelle indignation ne fut-on pas pénétré lorsque , à l'époque d'une réconciliation
demandée par la France et prescrite par son
souverain ; on entendit sortir d'une bouche
accoutumée aux bénédictions religieuses ces
insinuations d'une haine impuissante et d'une
vengeance équivoque ! « En portant aux
cendres de M. Chénier le tribut de respect
que tous les morts réclament , je crains de
rencontrer sur mes pas *des ombres bien autrement célèbres* *. Si des interprétations peu
généreuses voulaient me faire un crime de
cette émulation involontaire , je me réfugierais

---

* « Ces ombres, *heureuses dans un monde meilleur,*
gardaient un silence généreux : pourquoi les faire gémir ? Long-temps avant la Charte, qui *commande l'oubli,* le Testament de Louis xvi avait donné l'exemple du
pardon. » (Note de l'auteur du *Cimetière de la Made-
leine.*)

aux pieds des autels expiatoires qu'un puissant monarque élève aux mânes des dynasties outragées *.

« Ah ! qu'il eut été heureux pour M. Chénier de n'avoir pas participé à des calamités publiques qui retombèrent enfin sur sa tête ! *Il a su, comme moi, ce que c'est que de perdre dans les orages populaires un frère tendrement aimé.* Qu'auraient dit nos malheureux frères, si Dieu les avait appelés le même jour à son tribunal, s'ils s'y étaient rencontrés au moment suprême avant de confondre leur sang ? Ils nous auraient crié sans doute : Cessez vos guerres intestines ! Revenez à des sentimens d'amour et de paix. La mort frappe également tous les partis, et *vos cruelles dissensions* nous *coûtent la jeunesse et la vie* **. »

---

* Décret impérial qui ordonne l'érection de trois autels expiatoires en l'honneur des monarques des trois dynasties, dont les cendres furent indignement dispersées par les brigands de 1793.

** Par une figure de rhétorique qu'on appelle *communication*, M. de Châteaubriand, qui n'a pu contribuer à la mort de son frère, s'associe à M. Chénier, accusé par la contre-révolution, et plus encore par l'envie, d'avoir concouru à la perte du sien. Au lieu d'admettre

Si ce discours eût été prononcé, si ces accens
perfides eussent retenti sous les voûtes de l'Académie, M. de Châteaubriand, qui aime les pro-
sopopées et qui en sait faire d'admirables, aurait eu la satisfaction d'entendre celle-ci de la
bouche même de son prédécesseur. C'est Chénier, que l'impure calomnie poursuivait vivant,
et qui, rebroussant de sa tombe déjà entr'ouverte, parlait ainsi à ses implacables persécuteurs :

L'on ose m'accuser !
Moi, jouet si long-temps de leur lâche insolence ;
Proscrit pour mes discours, proscrit pour mon silence ;
Seul, attendant la mort, quand leur coupable voix
Demandait à grands cris *du sang et non des lois* ! (16)
Ceux que la France a vus ivres de tyrannie,
Ceux-là mêmes, dans l'ombre armant la calomnie,
Me reprochent le sort d'un frère infortuné,
Qu'avec la calomnie ils ont assassiné ! (17)
L'injustice agrandit une âme libre et fière.
Ces reptiles hideux, sifflant dans la poussière,
En vain sèment le trouble entre son ombre et moi :
Scélérats ! contre vous elle invoque la loi.
Hélas ! pour arracher la victime aux supplices,
De mes pleurs, chaque jour, fatiguant vos complices,

---

cette atroce calomnie, même en orateur, si M. de Châteaubriand eût eu dans l'âme l'équité qu'il professe dans
ses écrits, il l'aurait combattue et pulvérisée.

J'ai courbé devant eux mon front humilié ;
Mais ils vous ressemblaient, ils étaient sans pitié.
Si, le jour où tomba leur puissance arbitraire,
Des fers et de la mort je n'ai sauvé qu'un frère,
Qu'au fond des noirs cachots Dumont (18) avait plongé,
Et qui, deux jours plus tard, périssait égorgé,
Auprès d'André Chénier avant que de descendre,
J'élèverai sa tombe où manquera sa cendre,
Mais où vivront du moins et son doux souvenir,
Et sa gloire, et ses vers dictés pour l'avenir. (19)
Là, quand de thermidor la septième journée (20)
Sous les feux du lion ramènera l'année,
O mon frère ! je veux, relisant tes écrits,
Chanter l'hymne funèbre à tes mânes proscrits.
Là, souvent tu verras, près de ton mausolée,
Tes frères gémissans, ta mère désolée,
Quelques amis des arts, un peu d'ombre et de fleurs,
Et ton jeune laurier grandira sous mes pleurs.

(Épître sur la Calomnie.)

DEUXIÈME PARTIE.

CHAPITRE PREMIER.

C'est un rôle bien auguste que celui du roi dans le système représentatif, et c'est un spectacle bien singulier qu'il se donne à lui-même dans le développement du mécanisme constitutionnel. Retiré sous les tabernacles de la royauté, où, comme Dieu, il n'a d'action que par la pensée, c'est autour de lui, et par cette action, que s'accomplit le phénomène du gouvernement. Représentant perpétuel du pouvoir public, il le fait distribuer à qui il faut et quand il le faut, et ne prend conseil pour cette

répartition que de l'opinion légalement représentée. Je dis qu'il fait distribuer : car le
roi, abstraction personnifiée, se défend tout
mouvement matériel. Le choix de ses ministres
ne contredit même pas cette règle générale : il
est ou du moins il doit être le résultat d'un
avis de l'opinion. La chambre élective, qui en
est l'organe, parle ; et le roi, quand il l'a comprise, l'exauce. C'est ce jeu plein de grandeur dans sa perpétuelle mobilité qui forme
le spectacle dont je viens de parler, spectacle digne d'un cœur royal, puisque le bonheur public, qui en est l'objet, en est aussi
le prix.

Autour de cette sphère constitutionnelle circulent et gravitent toutes les passions politiques ; et leurs évolutions est encore un spectacle que peut, que doit se donner le roi.
Comme il dispense l'autorité, c'est à qui se fera
distinguer par lui. S'il a des vices, ou des fai-
blesses, ou peu de capacité, on comprend que
rien n'est plus facile. Cela le devient moins à
mesure que le prince est plus vertueux ou plus
éclairé. Alors, il faut feindre les nobles affections qu'il éprouve ; et s'il arrivait qu'à la suite
d'un long bouleversement qui permet les in-
novations, on eût un système à établir, ce ne

serait qu'avec le temps, en le colorant de l'intérêt public, et en le présentant comme exigé
par l'opinion, qu'on parviendrait à le faire
adopter.

CHAPITRE II.

Telle paraît avoir été la marche de M. de Châteaubriand ; et il est vraisemblable que la versatilité que je lui ai reprochée est moins l'effet d'une opinion mobile, que le moyen de faire triompher un sentiment durable. Ce sentiment est celui des supériorités aristocratiques. Issu d'antiques chevaliers, M. de Châteaubriand l'a sucé avec le lait. Du donjon paternel, il avait vu la société étagée sur ses gradins féodaux, et le mouvement d'égalité qui saisissait alors les classes infimes ne lui avait paru qu'une révolte. Quand ce mouvement, désordonné pendant dix années, eut reçu d'une main qui recréait toute la direction avec la régularité, M. de Châteaubriand, fléchissant d'abord par nécessité, céda bientôt par conviction calculée. Ses talens venaient de le reporter au rang d'où le désordre l'avait fait descendre. Sous un homme devant lequel s'évanouissaient les chimères ; il n'était pas question de prérogative originelle : celle des qualités qui pouvaient concourir à son œuvre, étant la seule positive pour lui, était aussi la seule réelle. Peut-être M. de Châteaubriand n'a-t-il de ces qualités que la surface dorée : du moins, ce fut ainsi qu'en jugea l'homme que Dieu avait envoyé pour juger tout. Ceux qui lui ont succédé pensèrent d'abord comme lui : depuis, ils ont agi autrement, et le roman politique a remplacé l'histoire. Ce roman est précisément le système de M. de Châteaubriand. Que veut donc ce grand poète qui s'est fait publiciste, et que ne veut pas ce médiocre publiciste qu'on a fait homme d'État ? Il ne veut pas la féodalité nominale, parce que les vices célèbres des féodaux modernes flétriraient les antiques vertus féodales, dont ses livres sont pleins ; mais il veut un large développement de la hiérarchie sociale, lequel assigne des gradins fort exhaussés à ce qu'il appelle les supériorités religieuses et nobiliaires, supériorités qui existent, qui doivent exister, mais qu'il ne comprend que dans l'intérêt d'une minorité

imperceptible contre une majorité incalculable.
Il ne veut pas la royauté absolue de Louis xiv,
qui tenait le front dans la poudre , et surtout
en dehors du gouvernement , tous les suzerains
abaissés par Richelieu ; mais il veut l'autorité de
Louis xviii, dont la paternité constitutionnelle
admit au partage ceux de ses enfans qui suppléent aux talens par le zèle , qui font croire
au zèle en montrant des talens. Il ne veut pas
la résurrection de ces parlemens impérieux et
formalistes qui régentaient les rois; mais il veut
que de la lice judiciaire les tribunaux passent
dans l'arène politique, pour y juger des coups
portés aux agens du pouvoir (21). Il ne veut
pas le retour formel de la dîme; mais il veut
que le clergé, déclaré apte à posséder, retrouve
mieux que la dîme dans l'héritage légué par la
peur ou la piété. Il ne veut pas que les ministres prévaricateurs soient conservés , et veut
que les ministres concussionnaires soient punis; mais la responsabilité qu'il réclamait contre
les trois ministères qu'il a combattus, il cessa
de la demander lorsqu'il fit partie du ministère. Il ne veut pas troubler dans leurs possessions les acquéreurs des domaines publics; mais
il veut , à leurs dépens, indemniser les émigrés de leurs pertes (22). Il ne veut pas chasser

les hommes nouveaux de leurs emplois ; mais il veut que les emplois, modifiés selon la Charte, soient donnés aux hommes anciens. Il ne veut pas de destitutions arbitraires ; mais il veut des épurations légales. Sous prétexte qu'il faut éliminer les hommes révolutionnaires, il ne veut pas que l'on consolide les intérêts de la révolution ; et parce que le prosélytisme doit être défendu aux amis de la liberté, flétris par l'épithète de *jacobins*, il doit être permis, que dis-je ? il doit être prescrit aux apôtres de *l'ultraïsme* *, honorés du titre d'*honnétes gens*. Enfin, si M. de Châteaubriand veut la Charte, il la veut moins selon toutes ses conséquences générales que selon ses exceptions aristocratiques. Un rapide coup d'œil sur ses écrits, et sur sa conduite politiques va porter l'évidence dans cette démonstration.

---

* Et non pas *ultracisme*, comme on l'imprime journellement : c'est un mot composé à l'instar d'*égoisme*, dont la désinence indique une affection générale, particularisée dans le radical initiatif. Nous avons déjà fait cette remarque ailleurs.

CHAPITRE III.

A l'apparition de Bonaparte se montrant à la France, qu'il venait de délivrer, comme Dieu à travers les nuées du déluge retiré, M. de Châteaubriand le chanta en poète religieux. Depuis, et à chacun de ces actes sauveurs qui arrachaient la patrie aux fureurs des deux factions dont elle était la proie, M. de Châteaubriand apprécia Bonaparte en politique; et bientôt, devançant la postérité, il le jugea en historien. C'est en effet aux hommes supérieurs qu'il appartient de prescrire à l'histoire le langage qu'elle doit parler à la postérité. Eux seuls sont justes, car ils savent ou pénètrent tout; eux seuls sont éloquens, car, s'ils ont des passions, c'est celle de la vérité. Eclairé, échauffé par cette vérité sainte, M. de Châteaubriand,

après avoir vu dans Napoléon un Cyrus qui
délivre le Temple, un Charlemagne qui ressus-
cite l'empire, découvrit dans un berceau royal
le rejeton qui devait le perpétuer. Autant en pré-
disaient alors ces sénateurs devenus pairs, ces
magistrats conservés juges, ces académiciens
plus mobiles que la langue dont ils se disent
les interprètes, ces évêques depuis si fameux par
une toute autre fidélité (23). Est-ce aux remords
de cette fidélité qu'il faut attribuer aussi la méta-
morphose de M. de Châteaubriand après le 31
mars ? La veille, en disant un grand homme,
il voulait dire Napoléon ; le lendemain, c'était
Wellington : le vaincu était devenu un tyran.
A quoi donc attribuer cette versatilité ? A un
cœur lâche ? Celui de M. de Châteaubriand n'a
que faire d'être défendu sur ce soupçon. A une
âme ingrate ? Dans la haine d'un rhéteur, et, par
momens, dans des boutades éloquentes, nous
allons voir éclater le dépit de la reconnaissance. On sent que l'orateur, à travers une
admiration qu'il ne dissimule pas, reproche
moins au despote ce qu'il appelle ses crimes
que la maladresse de sa chute. On sent, par
contre-coup, combien les Bourbons lui paraissent grands depuis qu'ils sont heureux.
C'est sur ce double thème qu'il mit à l'ordre

du jour le pamphlet, intitulé *de Buonaparte
et des Bourbons*.

Écrite sous le feu des événemens, cette brochure scintillante s'éleva comme une fusée en
l'honneur des vainqueurs. On n'y voulait ni
vérité, ni modération ; on y savoura l'injure
hyperbolique, et la colère qui fait arme de
tout. Ceux qui avaient planté le drapeau français sur Lisbonne et sur le Kremlin, hors d'eux-
mêmes de voir les lances du cosaque hérisser
les Tuileries, demandaient une victime, et la
voulaient proportionnée au désastre et à leur
fureur. N'est-il pas vrai que Napoléon en était
digne? M. de Châteaubriand lança son brûlot,
lequel, à la vérité, s'éteignit au milieu de la
route. Mais s'il n'avait pu atteindre Fontainebleau, il avait illuminé Paris. Ce fut à qui épui-
serait le vocabulaire des épithètes pour exprimer son indignation. L'on posa en fait, et l'on
prouva, par une complainte, que Napoléon,
cinq fois déserteur, méritait de passer par les
armes, et que la campagne de France ressem-
blait à la partie de barres d'un écolier peu
habile, puisque, avec soixante mille hommes ,
le vainqueur de l'Europe avait eu la maladresse
de se laisser tourner par un simple million.
M. de Châteaubriand venait de démontrer que

la chute d'un tel homme était nécessaire, et tout Paris répéta que la chute d'un tel homme était méritée.

Mais, quand fut calmée cette tempête lexique, qu'est-ce qu'il advint? Qu'on fut étonné d'avoir pris des mots pour des choses et des phrases pour de la logique.

J'ai dit ailleurs que M. de Châteaubriand doit être un peu honteux d'avoir écrit ce pamphlet. En le relisant, j'ai pensé, au contraire, qu'il pourrait bien en être tout glorieux. Le beau mérite que d'avoir raison quand on prêche la vérité! Le beau, le rare, le prodigieux, est de prouver qu'on a raison lorsqu'on a tort : il y a là quelque chose qui tient du miracle ; et au défaut de ce vrai positif, qui désole les imaginations romantiques, nous ne haïssons pas les poétiques mensonges qui les amusent. N'est-ce pas d'ailleurs par cette fable qu'a commencé la nouvelle fortune de M. de Châteaubriand? Si la base fut dérisoire, le succès est très-sérieux ; et en faveur d'un effet si brillant, il est juste d'excuser une cause si corrompue.

CHAPITRE IV.

On me demandera de justifier tout ceci par quelques citations : car, pour la gloire de M. de Châteaubriand, son pamphlet est aussi oublié que le nom de son auteur est célèbre. Alors, dira-t-on, il y a de la malveillance à l'exhumer. Non, mais de l'impartialité. Un personnage historique doit aller à ce que nous appelons l'immortalité avec ses vertus et ses travers. César était chauve et Pope bossu : cela doit consoler M. de Châteaubriand.

Voici ce que je ramasse à la pointe de la plume dans ce que je nommerais grossièrement *le sceau à papiers*, si le nom qu'on a voulu y profaner n'y brillait en caractères sacrés.

« La bonne foi, qualité nécessaire d'une âme royale, manqua à Buonaparte. La première victime connue de la perfidie du tyran fut un des chefs royalistes de la Normandie. M. de

Frotté eut la noble imprudence de se rendre à
une conférence où on l'attira sur la foi d'une
promesse : il fut arrêté et fusillé *. » — Et
quand le fait serait vrai, ne prend-il pas, par
les circonstances qui le déterminent, un caractère contraire à celui qu'on lui prête ici ? Si,
au moment où l'on arrêta M. de Frotté, la
Vendée, qu'on croyait endormie sur la foi
d'une capitulation, commençait à sortir d'un
sommeil réparateur ? Si des mouvemens se faisaient sentir sur différens points, quoiqu'ils
fussent peu remarquables; et si ces divers mouvemens, excités par l'Angleterre, avaient leur
levier à Londres et leur point d'appui à l'Ile-
Dieu ? Cette hypothèse admise, fallait-il, pour
en subir les conséquences, que les chefs fussent
pris les armes à la main ? Lorsque le Gouvernement, dont M. de Châteaubriand a fait
partie, livra aux cours d'assises, aux cours
préyôtales, aux conseils de guerre, ceux
qu'ils ont déclarés conjurés révolutionnaires
ou conspirateurs bonapartistes, a-t-on attendu, pour instruire contre eux et pour les

______

1.* *De Buonaparte et des Bourbons*, avril 1814, édition in-8°, de Lyon, p. 7 et 8.

faire exécuter, que leurs conjurations eussent éclaté dans une tentative commencée; a-t-on attendu que leurs conspirations se présentassent les armes à la main? N'est-il aucun de ces conspirateurs, de ces conjurés, dont *la noble imprudence* ait causé la perte? N'est-il aucune *conférence où la perfidie les ait attirés sur la foi d'une promesse* (25)? Et pourtant, il ne s'agissait pas d'une Vendée à ranimer de ses cendres mal éteintes, mais de complots rêvés par des cerveaux malades. Si le respect pour la chose jugée nous impose silence à cet égard, pourquoi le même respect ne vous imposa-t-il pas un silence semblable? Serait-ce qu'en révolution, il n'y a point de chose jugée, et que l'événement du jour détruise les effets de l'événement de la veille, jusqu'à ce qu'à son tour il soit effacé par celui du lendemain?

« Toussaint-Louverture fut également enlevé par trahison en Amérique, et étranglé dans le château où on l'enferma en Europe (*p.* 8). »
— Toussaint-Louverture, après avoir fait sa paix avec le général Leclerc, beau-frère du premier consul, n'avait feint de reconnaître la suprématie de la métropole et l'autorité de sa constitution sur les colonies que pour arriver, par la ruse combinée avec la force, à re-

prendre la puissance dictatoriale, que la présence et les victoires des Français avaient suspendue. Il s'agissait, en déclarant l'indépendance de Saint-Domingue et la perpétuité de son propre pouvoir, d'essayer le projet réalisé quelques années plus tard par Dessalines, Christophe, Péthion et Boyer.. Vous qui traitez de spoliateurs ces usufruitiers successifs du pouvoir colonial ; vous qui, à titre de *blanc*, de Français, de *planteurs*, peut-être, vous croiriez le droit de leur faire la guerre en maîtres et de les punir comme des esclaves, expliquez-nous pourquoi vous réservez toute votre clémence, toute votre pitié, pour celui qui les précéda dans la carrière de l'usurpation ? Parce qu'il fut vaincu par Bonaparte, Toussaint a donc cessé d'être coupable, et parce que vous ne pouvez dompter ses successeurs, ils sont donc criminels ? Au surplus, Toussaint n'a pas plus été *étranglé* par le consul que Pichegru : l'un *pouvait* périr sur l'échafaud, l'autre y *devait* laisser la vie ; tous deux préférèrent à son ignominie un obscur suicide. Ce crime était de caractère dans Pichegru ; il était de position dans un nègre tombé du commandement et de son ambition dans les profondeurs d'un cachot.

On a expliqué ailleurs * toute ma pensée sur la condamnation du duc d'Enghien, et M. de Châteaubriand en a fait un tableau fort pathétique dans sa simplicité. Nous nous entendrions peut-être aisément, lui et moi, en qualifiant cette condamnation d'assassinat; pourtant je le révolterai peut-être aussi en lui rappelant que tout gouvernement se croit le droit de commettre des assassinats politiques : il ne s'agit souvent, pour exercer ce droit, que d'en posséder le pouvoir. Et notez qu'ici j'explique, et ne justifie point. J'accuserais, au contraire, si les vrais principes sur des matières si ardues ne paraissaient des reproches à ceux qui les ont violés. Il faut une révolution pour oser dire au pouvoir : Vous avez commis un crime! C'est le lendemain de sa chute qu'on trouve l'audace de l'insulter. Eût-

---

* Dans l'*Introduction à l'Histoire de l'Empire français*, par M. Reghault Warin, tom. I, livre, chap. 5, 4e édition.

Peut-être lira-t-on sans impatience le morceau, qui développe et applique ce point d'histoire, offusqué jusqu'ici de ces nébulosités que les passions politiques condensent autour de l'objet qu'elles veulent dérober à la vérité. (26)

il viole une capitulation pour envoyer au supplice un soldat couvert de lauriers; peut-il condamné à la mort des traîtres un monarque reconnu par toutes les puissances; plus l'attentat fut énorme, plus le silence doit être profond; ou plutôt, il n'y a plus d'attentat, pour
les passions qui se cachent sous la raison d'État.
Ceci est l'alphabet politique; et ce n'est pas
moi qui l'enseignerai à M. de Châteaubriand.

« Celui qui, à Fontainebleau, osa frapper
de sa propre main le souverain pontife et traîner par ses cheveux blancs le père des fidèles,
celui-là crut peut-être remporter une nouvelle
victoire......

« En lisant ces lignes, où chaque circonstance
est une fausseté, où l'ensemble est une calomnie, on éprouve d'abord une irritation profonde, qui cède bientôt à une profonde pitié.
Par un retour subit sur la débilité de notre
nature, on reste convaincu que, dans l'âme la
plus noble, quand elle est ravagée par l'esprit
de parti, le talent n'est qu'un moyen d'outra-
ger impunément la vérité! Mais cette vérité que
le vainqueur passionné dénie au vaincu, elle
peut sortir du cercueil du proscrit. Elle tonne
aujourd'hui, elle éclate sur la tête de ceux
même qui l'ont repoussée; et, comme si la

Providence voulait les punir de l'invoquer quand ils vont mentir, c'est du rocher même où expira leur victime que cette vérité se fait entendre. Qu'avez-vous pensé, M. de Châteaubriand, lorsqu'à la lecture de ces Mémoires que Napoléon a tracés pour l'opprobre de ses ennemis, vous avez vu se révéler à la France, à l'Europe, que vous abusâtes, les secrets de votre conscience? Je conçois que le faste du pouvoir étourdisse sur les suites d'une imposture; je conçois qu'on s'applaudisse quelque temps de cette imposture, qu'on appelle adresse, quand elle fut couronnée d'un plein succès. Mais enfin les salons d'un ministre se vident; le pouvoir lui échappe; il reste seul, sinon avec ses remords, du moins avec ses regrets (27). C'est alors que la vérité, changée en furie, enfonce dans son cœur les pointes du repentir. Il y avait long-temps qu'on disait de lui : Il a inventé. Aujourd'hui, c'est lui qui se répète à lui-même : J'ai menti ! — Ce n'est point à Fontainebleau, et ce ne fut point ailleurs, que l'empereur eut des altercations avec le pape : lorsqu'il s'en éleva, au sujet du concordat, elles ne furent jamais personnelles; mais elles se passaient entre les ministres des deux potentats. C'est à Fontainebleau qu'eut lieu, entre le pape et l'empereur, la dernière conférence, où ces souverains, n'ayant pour témoins, ou plutôt pour confidens, que l'évêque de Nantes et un prélat romain, terminèrent à l'amiable, et sans le concours de leurs ministres, toutes les affaires relatives au concordat. Le témoignage de M. Duvoisin, l'ouvrage de M. de Pradt *, le Mémorial du comte Las Cases, les Mémoires de Napoléon, donnent à cet égard les documens les moins équivoques et les plus irréprochables. On osa même, dans cette circonstance, invoquer l'attestation de Pie VII (27), qui, comme chef de l'Eglise, crut devoir excommunier le conquérant des domaines de l'Eglise; mais qui, à titre d'homme, conserva pour Napoléon des sentimens paternels dont il épancha l'effusion à sa famille **. Ces antécédens excluent jusqu'à la possibilité de l'attentat imputé à Napoléon. *Il a frappé de sa propre main le souverain pontife!* Mais si, dit-il, avec un regard où le reproche est tem-

____

* *Les Quatre Concordats.*

** De Lucien il a fait un prince romain; madame Lætitia, le prince Louis, ont reçu dans ses États la plus honorable hospitalité; et il y avait peu d'affaires importantes sur lesquelles il ne consultât le cardinal Fesch.

quand le fait arriva, ces princes étaient seuls
qui a pu le savoir, et qui a osé le répéter? Et
s'il eut des témoins, quels sont-ils? où sont-
ils? Qu'on les désigne, qu'on les nomme, qu'on
les fasse parler. Mais tout reste muet; mais
aucun ne se présente; mais le cardinal Gon-
salvi, mais l'évêque de Nantes, seuls confidens,
seuls dépositaires de toute la négociation du
concordat, ne savent ce qu'on veut dire lorsqu'on touche à cet abominable incident, ou
plutôt ils le démentent; ils le pulvérisent de
toute la loyauté de leur caractère, de toute
l'énergique autorité de l'évidence. Cette mani-
festation de la vérité, ils la fortifient par une
circonstance dont la singularité, échappant à
l'inconséquence du faux historien, a décelé
l'imposture du romancier. « Napoléon, dit-il,
osa traîner *par ses cheveux* BLANCS le père des
fidèles &c. » C'est ici le pape qui donne un démenti à M. de Châteaubriand. Mon fils, lui
dit-il, avec un regard où le reproche est tempéré par la charité, je sais que pour les poètes
un vieux prêtre a toujours les cheveux blancs;
et si ce vieux prêtre, *frappé par la main* d'un
jeune homme, est *traîné par ses cheveux
blancs*, le modèle est pathétique et le tableau
peut-être parfait. Cependant, le fait est que *je*

n'ai point été frappé ; le fait est que je n'ai
point été *traîné par les cheveux* ; le fait est
que je n'aurais pu être traîné par mes cheveux
blancs, attendu qu'alors j'avais les cheveux
noirs. Voilà la vérité, mon fils, et vous la
connaissiez *.

Dans l'esquisse aussi mensongère qu'éloquente de ce que le romancier politique appelle
les saturnales de la royauté, je ne relèverai
qu'une phrase, et M. de Châteaubriand ne demandera pas pourquoi. « Les gens de lettres,
dit-il, furent forcés par des menaces à célébrer
le despote ; ils composaient, ils capitulaient
sur le degré de la louange : heureux quand, au
prix de quelques lieux communs sur la gloire
des armes, ils avaient acheté le droit de pousser
quelques soupirs !.... » Ceci ne concerne ni
Ducis, qui chantait son *Petit-Bois* lorsque le
conquérant bouleversait l'Europe ; ni Delille,
qui célébrait *l'Imagination*, quand le fonda-

---

* Elle a déjà été relevée dans deux ouvrages, et dans
les Notes du *Recueil des Pièces authentiques sur le
prisonnier de Sainte-Hélène ;* mais une calomnie qui
par sa nature est devenue populaire demande à être
démentie en toute occasion.

teur recomposait un monde réel ; ni Chénier, qui évoquait sur la scène tragique le fantôme sanglant de Tibère ; ni Andrieux , qui criblait de petits dards éguisés par une muse maligne la mémoire du philosophe de Sans-Souci. Mais ceci pourrait bien concerner M. de Fontanes, à qui le génie de la louange tenait lieu de génie ; M. Michaud , que le journal auquel il travaille nommait un Virgile , parce qu'il a fait le *Treizième livre de l'Énéide* en l'honneur du roi de Rome ; M. de Châteaubriand lui-même , marquant de l'éloge de Buonaparte, *comme du timbre d'une servitude obligée*, des ouvrages publiés sous sa protection. Il faut plaindre ces honnêtes gens de s'être prostitués par peur et de se rétracter par calcul.

CHAPITRE V.

J'ai cru long-temps qu'il faudrait un livre pour réfuter la brochure de M. de Château-briand; je le crois encore. Mais ce livre est fait: il est dans les institutions, les lois, les monumens que l'empereur a laissés. Il serait surtout dans les mœurs où son génie nous retrempa, si, chaque jour, un génie contraire ne les détrempait en détail. On a conservé des traditions d'un empire suzerain précisément ce qui nuit à une monarchie subjuguée. Ce qui le consolidait nous use; ce qui l'alimentait nous épuise. M. de Châteaubriand lui reproche l'unité et la concentration de son système administratif; mais il fallait enclore dans une seule sphère, rattacher à un seul centre, faire mouvoir par un seul mobile et d'un seul mouvement, toutes les parties jusque alors

(64)

divergentes, mais non hétérogènes, de ce grand tout. En admettant l'administration fraction-naire, on brisait l'ensemble, unique route pour arriver à la création d'un tout. M. de Châteaubriand feint toujours d'ignorer qu'il ne s'agissait point d'une vieille monarchie à refaire, mais d'un nouvel empire à fonder et à perpétuer. Le despotisme est alors salutaire, pourvu qu'il ne soit pas dans la loi, et pourvu que l'homme qui l'exerce soit digne de l'exercer. Or Napoléon avait à la fois la main forte et légère. Quinze ans de succès sont un terrible argument contre la plus éloquente diatribe, comme l'apologie la plus poétique a difficilement raison contre huit à dix ans de malaise et de malheurs. Ceux de la nouvelle France tiennent à l'opiniâtreté de la France ancienne. Celle-ci, qui depuis la restauration a toujours attaqué, disputé ou possédé le pouvoir, s'obstine à gouverner *selon les institutions de Bonaparte* et à ne pas gouverner *selon son esprit*. Elle veut infuser dans les têtes du xix⁰ siècle les idées confondues des deux siècles précédens. Que peut-il résulter d'un amalgame où l'action contrarie presque toujours la volonté? Un seul homme (29) depuis dix ans, avait paru comprendre qu'à cette théorie routinière il fallait substituer des doctrines plus appropriées. En les affublant des épithètes de bonapartistes, de révolutionnaires, on a tué ces doctrines avec des mots; et quand un grand attentat fut commis, et que le sang royal eut coulé, en disant qu'*il avait glissé dans le sang*, c'est encore avec des mots qu'on l'a tué.

Avec quelle adresse la faction dont M. de Châteaubriand est l'organe tire partie de cette logomachie! Quel esprit de suite elle apporte dans ses exploitations oratoires: et, en l'absence des choses, dont elle ne peut pas dénaturer l'essence, comme elle altère leurs formes et détourne leur sens par la combinaison des mots! Elle a calculé que, parlant à une nation vive, irréfléchie, inconséquente, il lui suffi- sait, pour atteindre à sa conviction, d'arriver à son oreille. On a bon marché de la raison d'un peuple qui entend sans écouter, qui de- vine mieux qu'il ne comprend, et pour lequel une assertion tranchante vaut une vérité dé- montrée. Qu'un pamphlet politique n'exige donc pas plus d'attention qu'un roman, et que nous retrouvions dans les scènes de tribune l'intérêt du mélodrame joint aux épigrammes du vaudeville. Telle est la politique littéraire de la faction; telle est la poétique politique des ouvrages de M. de Châteaubriand ; et comme jamais la passion qui regrette n'eut plus à parler à la passion qui espère, jamais aussi elle ne déploya plus de ressources que dans l'opuscule que nous examinons. C'est la philippique de l'aristocratie contre la gloire, qui l'humilia, en faveur des intérêts, qui la vengeront. Croirait-on, par exemple, qu'on y trouve cette assertion effrontée : « Un article des nouveaux codes détruisait radicalement la propriété ? ». D'un trait de plume, voilà le chef de l'empire métamorphosé en Robert, chef de brigands, et Merlin, Pastoret, Cambacérès, Treilhard et Portalis changés en complices du bandit !

« Qu'y avait-il de plus monstrueux, ajoute-t-on, que cette commission nommée pour inspecter les prisons, et sur le rapport de laquelle un homme pouvait être détenu toute sa vie dans les cachots, sans instruction, sans procès, sans jugement, mis à la torture, fusillé la nuit et étranglé entre deux guichets ? » Parlez-moi d'une passion bien allumée : comme elle ne calcule pas ses élans, elle ne marchande pas son objet. Ici, rien n'est omis pour faire d'une mesure de haute police, admise par tout gouvernement et indispensable à celui qui termine une révolution ; rien, dis-je, n'est oublié pour en faire le tableau le plus hideux. Pourtant, M. de Châteaubriand sait bien qu'il y manque une circonstance : : c'est que le petit nombre de détenus sous l'empire étaient des condamnés à mort ou à la déportation, auxquels la clémence de l'empereur avait fait grâce. On comptait parmi eux des contre-révolutionnaires opiniâtres, quelques prêtres fanatiques, des jacobins incorrigibles, plusieurs conspirateurs pris en flagrant délit, les débris de ces conjurations trop fameuses qui, sans pouvoir mettre la France en péril, la jetèrent longtemps dans l'inquiétude. On y comptait des satellites de la démagogie saisis avec le poignard qu'ils disaient celui de Brutus, et qui n'était que le couteau de Ravaillac ; des émissaires d'un cabinet machiavélique et ceux d'une cour ultramontaine ; certains agens d'un prince pour lequel il n'était pas plus permis de travailler alors qu'il ne le serait d'agir aujourd'hui pour un prince qui se croirait les mêmes prétentions. On y comptait enfin de grands dilapidateurs des deniers publics, des voleurs de diligences, quelques valets de la machine infernale, des espions et des faux témoins. Plusieurs de ceux auxquels le 31 mars rendit

5 *

la liberté en usèrent bravement pour aller attaquer sur le chemin de son exil l'homme auquel ils devaient la vie ; il y eut même, dit-
on, un de ces honnêtes gens qui témoigna sa
reconnaissance à son bienfaiteur en le livrant
aux bourreaux. Faut-il donc apprendre à M. de
Châteaubriand ce qu'il sait si bien ?

CHAPITRE VI.

LA conscription, le système continental, la
guerre, sont trois chefs capitaux dans l'acte
d'accusation de Bonaparte ; et j'avoue que, s'il
y a beaucoup à dire pour les combattre ; il n'y
a guère moins pour les appuyer. Mais, par une
singularité que M. de Châteaubriand trouvera
sans doute fort piquante, la plupart des motifs
qu'il a employés pour démontrer la criminelle
démence de Napoléon, il faudrait s'en servir
contre ses adversaires d'autrefois, devenus ses
imitateurs d'aujourd'hui. La conscription est
rétablie ; et, pour le dire en passant, je la crois
indispensable dans la situation actuelle de l'Europe. Si M. de Châteaubriand prenait maintenant la plume sur ce sujet, écrirait-il : « Là,
se trouve réuni tout ce que la tyrannie la plus
subtile et la plus ingénieuse peut imaginer

pour tourmenter et dévorer les peuples : c'est véritablement le code de l'enfer. Elle tend à nous replonger dans la barbarie. Par la conscription, les métiers, les arts et les lettres sont inévitablement détruits. Un jeune homme *qui doit mourir à vingt ans* ne peut se livrer à aucune étude. En brisant les liens de la société générale, elle anéantit ceux de la famille. Accoutumés dès le berceau à se regarder comme des victimes dévouées, les enfans n'obéissent plus à leurs parens ; ils deviennent paresseux, vagabonds, débauchés ; en attendant le jour où ils iront piller et égorger le monde: De leur côté, les pères et mères n'attachaient plus leurs affections à des enfans qu'ils se préparaient à perdre... (*Pag.* 29 *et* 30.) » Et lorsqu'à titre de ministre, M. de Châteaubriand présentait à la signature royale une levée annuelle de quarante mille hommes, qu'aurait-il eu à répondre au monarque, père de ses sujets, qui, rejetant la plume, se serait écrié : « Les générations de la France sont donc mises en coupe réglée, comme les arbres d'une forêt! (*Pag.* 25.)»

Quant au système continental ; dont la Russie a tenté un instant de s'emparer, et qu'elle aurait graduellement envahi, si l'affranchissement universel, accordé à toutes les mers

par le sage cabinet britannique, ne déconcer-
tait, à cet égard, tous les projets ultérieurs de
Saint-Pétersbourg, en pénétrant son arrière-
pensée, quant à ce système, disons-nous, qué
M. de Châteaubriand dit être d'un furieux et
d'un fou, il nous semble qu'il l'a attaqué par
les motifs mêmes qui pourraient le défendre. Ce
n'est pas ici le lieu de livrer cette controverse,
d'ailleurs surannée. Nous nous bornerons à une
seule objection. Il avance que la guerre contre
la Russie et l'invasion de l'Espagne nous fer-
mèrent les ports de la Baltique et de la Méditerranée. Cela est incontestable, puisque nous
avons été vaincus ; mais ce n'était pas, je crois,
dans l'intention de l'être, que nous entreprîmes
ces deux expéditions. Indépendamment de leur
moralité, elles étaient dignes de succès par
leur importance et par le courage qué nôus y
déployâmes. Et si ce courage eût atteint son
objet, et que, par l'effet de notre conquête, la
Méditerranée et la Baltique eussent été fermées
à nos éternels rivaux, en quoi le système continental eût-il été *d'un furieux et d'un fou*,
et que devenait l'objection de M. de Châteaubriand ? Ceci doit s'appliquer à presque tout ce
qu'il dit contre la guerre et sur les principaux
actes du règne de Napoléon. Faible de logique,

magnifique en déclamation, fort surtout de la faveur des circonstances, ce publiciste a fait un vaudeville politique, où il y a quelques bons couplets, mais qui n'a duré qu'une soirée. Attaquer l'homme du XIX⁰ siècle à coups de brochures, c'est vouloir renverser la colonne d'Austerlitz avec un cure-dent (3o).

CHAPITRE VII.

Nous allons suivre M. de Châteaubriand sur un terrain plus solide : il s'agit de son livre *de la Monarchie selon la Charte ;* et tout fait présager que l'une, consolidée par l'autre, se perpétuera, pour l'honneur de la France, par l'accord du pouvoir et de la liberté. Mais avant que d'exposer les doctrines de l'auteur, ne négligeons pas une remarque : c'est qu'au défaut de raison dans la diatribe contre Napoléon, il avait mis des raisonnemens, et qu'en l'absence de la vérité, il avait employé la passion. Il est des momens où même l'élite d'une nation, fortement remuée par des mouvemens contraires, peut ressembler et ressemble en effet à ses classes les plus infimes : lorsque la lie, agitée par un bouleversement général, monte à la surface, toute la liqueur est troublée. Qui parle alors avec emportement parle bien ; qui argumente selon l'exigeance du jour raisonne juste. Cependant, à travers ce désordre, le spéculateur qui s'est entouré de phrases emphatiques, comme de vessies gonflées, nage et arrive où son ambition le pousse. Alors il change de ton, sans changer de principes, car il n'a pas changé d'objet. Celui de sa colère réelle ou factice avait été d'arracher à un adversaire abattu jusqu'aux dernières espérances du pouvoir, jusqu'aux derniers appuis de l'opinion : revenu au sang-froid, il tente d'envahir, à son profit, l'opinion et le pouvoir même. Mais, pour cela, il a fallu troquer cette plume de paon qui, dans ses onduleux circuits, faisait jouer toutes les couleurs de l'arc-en-ciel ; il a fallu l'échanger contre une plume moins mobile et moins brillante. Les traits dessinés par celle-ci ne sont plus de fantasques arabesques, dont l'artifice enluminait le mensonge, mais des esquisses légères, où le sophisme se cache sous la simplicité. Ce qui est incontestable pour tous les partis, on l'exposera avec candeur ; ce qui prête à l'équivoque politique, on l'embrouillera avec adresse. On accordera les principes, afin de nier les conséquences. D'un article de foi on fera une damnable hérésie. En feignant de tout prodiguer à la liberté, on promettra tout au pouvoir. En feignant de tout marchander pour le pouvoir, on adjugera tout à l'aristocratie. Un style clair déguisera des maximes ambiguës ; une élocution rapide fera passer des axiomes dangereux. Ailleurs, on avait dédaigné la dialectique, et à force de précautions oratoires, on avait écrit des livres entiers d'où elle était bannie. Ici, on a invoqué ses formules sévères, on a imprimé aux phrases sa rigoureuse précision ; l'ouvrage est morcelé par petits chapitres ; le chapitre est fracturé en petits paragraphes ; chaque paragraphe, hérissé d'un syllogisme ou d'un dilemme, se présente dans la nudité de l'école. Si ce ne sont pas là des principes, si telle n'est pas la marche grave et sûre des doctrines, que serait-ce donc ? Soupçonnerez-vous le paradoxe avec tant d'austérité ?. Imputerez-vous le sophisme à tant de bonne foi ?. Refuserez-vous l'infaillibilité à des décisions si tranchantes ?. Gardez-vous en bien : car peut-être ce livre n'est qu'un marche-pied pour monter au pouvoir ; peut-être ce que le publiciste prescrivit, l'homme d'État l'exécutera. Oseriez-vous d'ailleurs en appeler de ces arrêts qui prononcèrent naguère que Bossuet était ressus-

cité, et qui déclarent aujourd'hui que Montesquieu n'est pas mort? (37)

A ces jugemens, qu'on se garde bien de
motiver, à ces décisions, qu'on croit infail-
libles, parce qu'elles sont tranchantes, je de-
vine l'existence d'une faction, car je reconnais
son langage. Montesquieu tirait-il ses principes de la nature des choses ou de l'influence
des préjugés? Ce n'est pas parce qu'il a morcelé son livre en petits chapitres qu'il est un
grand écrivain : c'est parce qu'il n'a pas écrit
pour les exceptions qu'il est un grand homme.
En ébauchant son livre sur la Charte, M. de
Châteaubriand, inspiré par la seule pensée de
l'aristocratie, ressemble à ces moines qui n'ont
écrit que pour leur couvent. Renfermé dans un
intérêt borné, a-t-il des droits à la reconnaissance générale? Et si à cet intérêt de caste
il avait sacrifié l'intérêt de nation, quel bien
pourrait opérer son ouvrage, quel sentiment
mériterait-il d'inspirer ?

Je viens d'énoncer l'idée qu'après une nouvelle lecture faite en conscience, cet ouvrage
m'avait laissée. Il s'agit de transmettre cette
idée au lecteur, qui n'est point tenu de me
croire sur parole. Voulant motiver son jugement, il a le droit de me demander un rap-

port, et il est de mon devoir de le lui présenter. Si le livre triomphe de cette épreuve analytique, et qu'après l'avoir examiné, on prononce que M. de Châteaubriand est l'ami du peuple, j'ai tort, et c'est moi qui suis son ennemi.

CHAPITRE VIII.

LE génie n'a point de ruses, et le véritable grand homme est presque toujours maladroit. L'auteur *de la Monarchie selon la Charte* ne l'est pas du tout. Croyez-vous que, voulant exploiter au profit d'une faction redoutée le terrain que les flots de la révolution a mis à découvert, croyez-vous qu'il l'ait montrée d'abord telle qu'elle est, exigeante, impérieuse, envahissante, usurpatrice ? Croyezvous, surtout, qu'à travers les prétentions de son orgueil, il ait laissé entrevoir les pressentimens de ses vengeances ? Eh ! non. L'aristocratie, sévèrement, trop cruellement punie, est complétement corrigée. Douce et résignée, elle ne demande qu'à rentrer dans l'association, dont elle supportera les charges, puisqu'elle en partage les bénéfices. Elle n'a plus de mémoire pour l'injure, et n'en veut conserver que pour le bienfait. Et la preuve, c'est qu'au lieu de se plaindre des spoliations qui l'appauvrirent, elle ne sait que vanter les acquisitions qui enrichissent ses rivaux. M. de Châteaubriand, son organe désintéressé, se présente ici pour exprimer ses véritables sentimens. Parcourons les trente premiers chapitres. Il y définit, avec le talent qu'on lui connaît, le gouvernement représentatif. Il le vante avec la bonne foi que ne lui contesteront pas les ennemis de ce gouvernement. Il en précise les élémens, leur assigne leur place, répartit leurs fonctions, en montre le jeu; et, par ce spectacle, auquel il admet les profanes, il semble vouloir faire, des Français qui y sont intéressés, autant d'initiés. Les droits de la nation reconnus, l'autorité du trône établie, l'auteur entre dans les nombreuses explications qui sont les corrollaires naturels de ces principes; et c'est alors que, par des développemens lumineux, il se montre publiciste selon le goût du siècle, c'est-à-dire à la hauteur de la raison. Que veulent, en effet, la raison et le siècle? Que les gouvernemens, mandataires de la pensée publique, représentent son opinion et garantissent ses intérêts. A ces caractères, vous reconnaî-

trez un gouvernement national : celui qui ne
vous les présente point n'est qu'un gouvernement spécial ou exceptionnel. Mais, comme
je l'ai dit, dans ses premiers chapitres, M. de
Châteaubriand est pour le gouvernement général : c'est la qualité essentielle du vrai gouvernement représentatif. Celui que nous a
donné le législateur de la Charte a sagement
compris les exigences dont trente ans de
controverse armée ont donné le goût à la
France, je dois dire même la passion ; et, au
lieu de la combattre, en haine du bon sens,
il l'a contentée, par respect pour lui. Or ces
exigences ne sont plus les abstractions des
économistes, ni les théories de 1793 : elles reposent sur des besoins auxquels une longue
ignorance, une indifférence profonde, avaient
rendu peu sensible, mais qui sont devenus
poignans par l'examen, par la réflexion, peut-
être par l'égoïsme et la cupidité : car, pour le
dire en passant, il ne serait pas impossible que
d'ignobles véhicules eussent fait naître les plus
sublimes institutions ; et, très-certainement,
ce sont les progrès du commerce, et l'importance des intérêts qu'il agite, qui ont poussé
à l'innovation du système représentatif, créé
pour les protéger, et qui ont déterminé la

permanence des établissemens qui l'organisent.
M. de Châteaubriand a parfaitement saisi le
point de vue sous lesquels ces établissemens
veulent être envisagés : il les considère moins
comme des ressorts entre les mains de l'autorité déléguée, que comme des garanties en
faveur du pouvoir déléguant contre cette autorité toujours prête à envahir. Et c'est dans
ce sens entièrement patriotique qu'il les explique. C'est ainsi que, parmi toutes les libertés
qu'il préconise, il vante surtout celle de la
personne, comme la plus naturelle; celle de
la pensée, comme la plus digne ; celle de la
presse, comme garantie de toutes les autres (31).
Au sujet de la première, il prouve et n'a pas
de peine à prouver que, dans un pays franc,
les attributions de la police politique, quoiqu'elles aient pour prétexte la sûreté des gouvernés et pour motif le paisible sommeil des
gouvernans, sont incompatibles avec la sécurité individuelle, cette sécurité ne devant
être que le résultat des lois, et la police politique ne subsistant que par l'abus ou la violation des lois (32). Quant à la liberté de la pensée, conséquemment à celle de la parole, qui
est son expression, et des publications, qui sont

la parole fixée et la pensée divulguée ; nul
doute qu'elle ne puisse subir aucune restriction.
La censure préventive est une impertinence
encore plus qu'une illégitimité : c'est reconnaître à la pensée de quelques hommes une
supériorité sur la pensée de tous. L'examen
par les tribunaux n'est admissible qu'autant
qu'ils ont pour règle de leur jurisprudence un
code contre la calomnie. C'est l'unique contre-poids à la licence de la presse , comme à
l'intempérance des langues. Mais , dès philosophes , qu'on répute toujours calomniateurs ,
ou des gouvernans , qui se croient si aisément
calomniés , qui fera ce code , souvent proposé ,
et refusé sans cesse (33) ?

Sur cet exposé succinct , mais exact , vous
allez conclure que M. de Châteaubriand , revenu aux idées qui le dominaient en 1795
abjure , par son *libéralisme* d'aujourd'hui
l'*ultraïsme* qu'il professait hier : voilà , en
effet , de nombreux points de contact entre lu
et ceux qu'il a combattus comme un parti , e
poursuivis comme une faction. Il faut le remarquer pour l'honneur des principes , c'est par
les principes que ce contact s'est établi : car il
sont un milieu où se retrouvent toutes les per

sonnes de bonne foi. Voyons maintenant quelle
est la qualité de celle que M. de Châteaubriand
apporte à ce rendez-vous, où les amis de la
liberté l'eussent suivi avec tant de plaisir.

CHAPITRE IX.

Une pensée unique plane sur sa plume et échauffe sa verve politique : c'est celle des supériorités aristocratiques, également nuisibles à la prérogative royale et aux droits nationaux. Après avoir partagé la nation en deux catégories, il refuse tout à la plus nombreuse, afin de tout accorder à celle qui l'est le moins ; et, dans cette dernière, il enferme, comme en un cercle, la puissance souveraine, gênée dans tous ses mouvemens, influencée, opprimée dans sa volonté, et presque réduite à une autorité nominale.

Tel s'offrait, avant 1789, le mécanisme social en France, et tel voudrait, sous d'autres formes et avec des étiquettes différentes, le ramener M. de Châteaubriand. Ne croyez pas cependant qu'il invoque la contre-révolution : il n'est ni assez inepte pour la rêver, ni assez

maladroit pour la conseiller. Que demande-
t-il donc ? Que le nouvel édifice s'appuie sur
l'ancien ; que l'on élève le pérystile d'un temple à la liberté sur les assises ruinées des cachots
de l'esclavage ; que les choses nouvelles soient
conservées , mais que les hommes anciens s'en
emparent ; en un mot , que les vieux principes,
les vieilles doctrines, les vieilles traditions, s'in-
sinuent , s'incorporent dans les institutions
modernes. Dans ces alliances , il croit voir la
majesté ; par cet amalgame , il promet la perpétuité. De pitoyables raisonnemens lui aident
à développer de pitoyables principes ; et, pour
étayer les uns et les autres par un exemple
analogue , il cite la restauration de Charles II.
Je suppose que les Bourbons ne trouveront pas
l'exemple concluant, et qu'ils n'ont pas oublié
que cette restauration eut un 20 mars sans retour.

CHAPITRE X.

Mais le lecteur veut des détails. Que fera-t-on des prêtres ? A quoi destine-t-on les nobles ? Ressuscitera-t-on les privilégiés ? Que deviennent les hommes d'aujourd'hui ; et, dans cette répartition politique, qu'est-ce qu'on accorde aux hommes d'autrefois ?

Sur la première question, le livre que j'analyse répond qu'il n'y a plus seulement des prêtres, mais un *clergé*; des individus isolés, mais une aggrégation constituée. Cette aggrégation n'est pas tout-à-fait un ordre; elle est déjà une classe. A ce titre, elle se sépare, elle se détache de la société générale, et présente une masse distincte. Mais qui fera vivre, qui fera subsister, qui perpétuera cette masse ? Vous voilà bien embarrassé ! Après trente ans de fusion dans la loi commune, le plus difficile était de l'en séparer ; et le plus difficile n'est-il pas fait ? Il l'est beaucoup moins de la faire vivre : car, enfin ; si on lui a rendu la vie, on lui doit la subsistance. Mais cette dernière est trouvée. Tous les biens ecclésiastiques n'ont pas été vendus ; toutes les âmes des moribonds ne sont pas fermées au repentir, à la crainte de l'Enfer, aux restitutions. Si les hôpitaux sont passibles de donations et habiles à succéder, pourquoi le clergé ne deviendrait-il pas légataire ou héritier ? Outre l'existence, voulez-vous d'ailleurs lui rendre la considération ? Qu'il soit dépositaire de l'état civil ; qu'il fournisse des organes à l'instruction publique, dont il conserverait les doctrines. Quand, du berceau à la tombe, la main du prêtre touchera à votre destinée par tous les points, dans tous les lieux, à tous les instans, il faudra bien que la société reconnaisse son influence, et fléchisse sous son ascendant. Alors, d'ennemi de la révolution, le clergé devient son partisan le plus ferme et le plus chaud. S'il se rencontre dans son sein des âmes rêveuses, on rouvrira pour elles les cloîtres de Bruno ; s'il y en a d'ambitieuses et de politiques, des Richelieu, des Ximénès, non seulement la prélature et la pourpre leur seront offertes, mais on y joindra le manteau fleurdelisé de la pairie. Pourquoi, dans un pays où la religion de Rome est le culte de l'État, né créerait-on pas de pairs ecclésiastiques? Il y en avait jadis ; l'Angleterre leur a assigné un banc dans sa chambre des lords. La prudence, la raison, le passé, l'exemple, tout invite à fonder une institution qui fera d'autant plus d'amis à la Charte, qu'elle aura contrarié la Charte davantage. Il est beau de violer la loi pour la mieux conserver (34).

CHAPITRE XI.

Mais c'est en ce qui concerne les nobles
que la noble plume de l'homme aux systèmes
ne craint pas de s'abandonner aux fantaisies
politiques. D'abord, en opposition, je dirais
presque en haine de la Charte, elle admet une
noblesse, quoique la Charte ne reconnaisse
que des nobles. Or cette noblesse, ordre dans
l'ancien régime, classe dans le nouveau, est
un corps qui fait partie de l'État, ou qui en
est séparé. S'il en est séparé, quelles sont les
qualités de sa nature ; et s'il en fait partie,
quels sont les titres de son existence ? On suppose qu'ayant, pour ainsi dire deux indivi-
dualités, il est tour à tour ou tout à la fois
sujet de la république et souverain de la république : sujet nominal et bénévole, souverain
par droit d'antécédence, qu'il s'agit de changer

en fait actuel. C'est à cette métastase que tend l'ouvrage examiné : car que valent des titres contestés, sans la possession, qui lève toute contestation ? L'important, le décisif, est donc de posséder ; et, pour y arriver, les procédés sont simples et la voie est courte, d'autant plus respectable, qu'on a eu l'adresse de la frayer dans la Charte même. Voici en quoi elle consiste.

Qu'est-ce, dans le régime féodal, qui *déclarait* un noble? Sa naissance, parce qu'elle lui donnait un nom ; mais qu'est-ce qui *faisait* un noble? Ses priviléges, parce que, dans tel sens qu'on l'entende, ils lui assuraient la fortune. Une philosophie dédaigneuse, et peut-être peu adroite, a soufflé sur le prestige des noms, et leur magie a disparu : que, du moins, soit réparée cette fortune que les titres n'ont pu garantir, et qui, dans ce siècle positif, donne la noblesse sans contestation, et conduit au pouvoir avec rapidité.

Mais bâtir avec des ruines, mais faire verdoyer des arbres morts, mais ressusciter des trépassés ! qui opérera ces miracles ? La plume de M. de Châteaubriand, tant qu'il ne sera que publiciste; son pouvoir, s'il devient homme d'État.

N'est-il pas vrai que le mot *impossible* n'existe

pas pour l'opiniâtre? Il n'est donc question ,
pour réussir ici , que de vouloir avec opiniâtreté. Or, depuis trente ans, qu'un coup de
tonnerre a résolu le problème qui nous occupe,
on soutient qu'il reste encore à résoudre. Cent
décrets souverains semblaient avoir anéanti la
noblesse et sa fortune ; mais la noblesse , po-
lype politique , qui renaît de la mort et s'en-
gendre par tronçons, la noblesse a prouvé ,
contre les lois qui la tuent ; qu'elle vivait encore. Et , pour vivre toujours, il ne lui faut
que des propriétés qui s'échangent contre le
pouvoir, ou que le pouvoir qu'on abandonne
pour les propriétés.

Parmi ces propriétés, il en est qui lui appar-
tinrent et qui sont invendues : qu'on les lui
rende. Que ceux auxquels il n'est plus possible
de restituer soient indemnisés. Que des rentes
soient créées pour les célibataires , des pensions
pour l'opposition armée. Et afin d'encourager
à la fidélité, que des statues soient élevées à
ceux qui ont donné au mot le plus invariable
de la langue une acception nouvelle. Qu'à ces
statues , s'il le faut, soient attachés des majorats titrés qui trouvent des usufruitiers prêts à
les transmettre à leur lignage. C'est ainsi qu'une
politique habile exploite le passé pour mieux

s'emparer de l'avenir. Ces substitutions , illus-
trées par leur objet, seront imitées pour leur
utilité , et commenceront à fonder cette aristocratie territoriale, sans laquelle la grossiè-
reté de nos calculateurs se rirait d'une aristocratie moins positive (35).

Toutefois, celle-ci, marchant de front avec
l'autre, s'infiltrera dans nos institutions ; et ,
sous prétexte de leur servir de ciment , elle
deviendra leur propre substance. Tous les bancs
de la pairie sont ses siéges naturels et légaux :
elle les occupera donc légitimement. Mais ce
qui n'est ni naturel , ni légal , ni légitime, c'est
la prétention d'envahir aussi les banquettes de
la chambre élective. Déjà trop nombreux dans
la chambre héréditaire, si les aristocrates do-
minent dans la seconde , que deviennent la
prérogative royale et les droits nationaux ?
L'une demeure exposée aux manœuvres d'une
faction ; les autres ne peuvent être utilement
défendus par une opposition sans crédit. Et si
ces élémens anti-constitutionnels , semés avec
une prévoyante profusion dans tout le corps
politique, en font mouvoir jusqu'aux plus petits ressorts ; si, des ambassades à la magistrature de paix , et du généralat aux épaulettes de
sous-lieutenant, toutes les fonctions sont rem-

plies par des nobles ; quelle main sera assez
forte pour arrêter, dans sa rapide imminence,
cette contre-révolution au profit de l'aristocratie ?

Et vous la verrez se déployer avec une activité d'autant plus dévorante, qu'après l'avoir
déposée dans les choses, elle fera explosion de
la main des hommes (36). Alors plus de système métaphysique, plus d'idéologie illibé-
rale, plus de contre-révolution dans l'écritoire.
Élancée de là dans des cœurs ulcérés, elle a
pris, avec les formes humaines, toutes les
passions des hommes. Réservée quand elle
écrivit, elle se montre audacieuse en agissant.
Non seulement elle domine, mais elle se venge :
elle domine en brisant les institutions ; elle
se venge en écartant les hommes. Le jour vien-
dra où elle pourra les frapper : aujourd'hui
elle se contente de les bannir. Ils sont, dit-
elle, les dépositaires des traditions libérales,
les propagateurs des doctrines révolutionnaires.
Je veux respecter, je conserverai les intérêts
matériels de la révolution ; mais je conspue,
mais j'anéantirai ses intérêts *moraux*. Que
ceux qui, les ayant créés, les soutiennent par
principes ou par égoïsme, disparaissent pour
jamais avec eux ! *Sept hommes* par départe-

mens me sont nécessaires pour cette expédition radicale.

Un évêque, un gouverneur, un préfet, un procureur du Roi, un président de cour, un commandant de gendarmerie, un commandant de garde nationale : avec ces sept hommes, j'enveloppe la population révolutionnaire, je bride ses intérêts, j'atteins jusqu'à ses sentimens. Qu'elle ose penser, qu'elle se hasarde à parler, qu'elle s'avise d'agir : des espions sont là pour soutirer la pensée, des délateurs pour la dénaturer, des accusateurs pour la tordre, des prévôts pour la condamner, des bourreaux pour la punir. Fille sanglante de 1793, je veux surpasser ma sanglante mère. Déjà, dans une adresse où il invoquait *les justices du roi* *, mon précurseur avait prédit que mon triomphe serait celui de la liberté ; moi j'annonce qu'il n'y a de liberté que dans le triomphe de l'aristocratie et dans le silence de la nation. Prescrire est le droit de l'une ; obéir et se taire sont les devoirs de l'autre. Athènes fut agitée tant qu'on y discuta ; Venise, où l'on ne parlait

---

* Adresse de M. de Châteaubriand, comme président du Collége électoral de la Loire, 5 septembre 1815.

guère, était tranquille. Le gouvernement qui
repose sur les droits de l'homme est une mons-
truosité métaphysique ; celui qui repose sur
ses devoirs est le chef-d'œuvre de l'esprit humain ; et c'est le gouvernement dans lequel,
après un demi-siècle d'orages, nous voulons
faire surgir le vaisseau de l'État, comme dans
un port assuré.

CHAPITRE XII.

TELLES sont les doctrines politiques que M. de Châteaubriand aurait immortalisées dans son livre, si le talent seul suffisait pour changer les erreurs en vérités, et pour faire adopter, comme conservateurs des principes, les sophismes qui en font la ruine. Un journal où, pendant deux années, ces sophismes étaient commentés à l'usage des plus faibles intelligences, les imbiba, pour ainsi dire, de ces doctrines fallacieuses. Je dis *fallacieuses*, et je le dis sur la foi du monarque qui, pour manifester à la France que son gouvernement les rejetait, leur répondit en punissant leur auteur *. Dans

---

* Ordonnance du roi, qui prive le vicomte de Châteaubriand du titre de ministre d'Etat et de ses entrées au Conseil. Seconde ordonnance royale, qui retire le portefeuille des affaires étrangères à M. de Châteaubriand.

ce châtiment politique, l'opinion trouva le gage d'une pleine sécurité : car la conscience publique, violemment soulevée par l'imprudence du publiciste, venait d'être apaisée par la justice du Roi. De ce que le même homme rentra depuis dans les conseils, en concluera-t-on que les conseils changèrent d'esprit, ou que M. de Châteaubriand changea de système ? J'ignore si la conduite de l'un et les actes des autres permettent d'en induire cette conséquence, et surtout d'en tirer une conclusion. Quand, au lieu de principes, on ne voit que des opinions ; qu'à la régularité permanente et aux développemens majestueux d'une politique large et énergique ont succédé les petites manœuvres d'une cotterie ; que la jurisprudence du jour est démentie par celle du lendemain ; qu'au lieu d'opérer par les choses, on se contente d'agir par les hommes ; en un mot, quand la politique est d'emprunt, l'administration exceptionnelle et ses actes contradictoires ne serait-il pas téméraire d'établir sur ces données incertaines un jugement bientôt infirmé ? Cette considération, à laquelle peut-être j'aurais dû avoir égard plus tôt, m'avertit de suspendre ici l'essor d'une plume qui languit, dès qu'il ne lui est plus permis de rechercher ou de dire la

vérité. Eh comment la rechercherait-il avec
calme, comment la dirait-il avec courage, celui qui, dans le livre même que je combats, et
à propos de l'une des deux factions qui nous
désolent, a remarqué ces paroles prophétiques :
« Qui ne serait inquiet en voyant une armée
« qui manœuvre si bien, qui mine, attaque,
« envahit, fait usage de toutes les armes, en-
« rôle les ambitieux et séduit les faibles ? qui
« se donne les honneurs d'une opinion indé-
« pendante, en prêchant l'autorité absolue ;
« faction pourtant sans talent réel, mais douée
« d'astuce ; faction lâche, poltronne, facile à
« écraser, que l'on pourrait faire rentrer en
« terre d'un seul mot ; mais qui, lorsqu'elle
« aura tout gangrené, tout corrompu ; lors-
« qu'il n'y aura plus de danger pour elle, lè-
« vera subitement la tête..... * (37). »

---

* C'était des libéraux que M. de Châteaubriand traçait
ce prétendu portrait : les deux ans qui viennent de s'écouler n'ont que trop démontré à qui il était ressemblant.

NOTES.

L'objet de cet écrit étant de faire bien connaître et apprécier un homme que ses passions
autant que ses talens ont appelé et appelleront
à toutes les époques, n'importe dans quel rôle,
sur la scène publique, on nous saura gré de
commencer les notes qui le concernent par un
coup d'œil sur la portion de sa vie qui vient
de s'écouler. Par la connaissance de cet anté-
cédent, on pourra préjuger sa conduite future
dans des circonstances données. C'est une
étude assez curieuse à livrer aux moralistes
comme aux politiques. Nous nous aidons pour
celle-ci des renseignemens puisés dans un ouvrage auquel nous avons concouru ; et comme,
malgré l'anathème fulminé contre ce livre, ces
renseignemens n'ont point été démentis par la
personne intéressée à les nier, et même à les
combattre, il doit être permis de les regarder
aujourd'hui comme authentiques.

A peine sorti de l'adolescence, et déjà tra-

vaillé par ce génie rêveur qui a été long-temps
le caractère de ses écrits, M. de Châteaubriand
forme le projet de voyager, moins pour échapper à la révolution naissante que pour porter
au loin et exhaler la surabondance de vie *qui
oppressait sa poitrine*, et qui demandait *la
virginale atmosphère* et les profondes soli-
tudes du Nouveau-Monde. Là, sur ces immenses savanes et dans ces forêts antédilu-
viennes, dont ses pinceaux nous ont transmis
les formes gigantesques et les riches couleurs,
là s'abreuvait de mélancolie le chantre d'*Atala*,
l'historien de *René*. Sa lyre alors, semblable
à certains instrumens de l'Inde, avait peu de
cordes ; mais quand, pour la première fois, il
les fit frémir pour l'oreille française, qu'elles
nous parurent magiques dans leur monotonie
étrange, et quelles sensations elles allèrent
éveiller dans nos âmes endormies et blasées
par l'harmonie homérique ! Ce n'était cependant qu'un prestige dû à la nouveauté d'une
élocution insolite : depuis, la critique et le
temps ont assigné leur véritable place à ces
productions remarquables, et celle qui a pour
titre *René* est demeurée le chef-d'œuvre de son
auteur et celui du genre bâtard appelé romantique.

Voulant donner un but utile à son voyage romanesque, M. de Châteaubriand avait formé le projet de traverser l'Amérique du Nord jusqu'à l'Océan Pacifique ; mais il ne put effectuer qu'une partie de ce vaste plan. Dès 1792, il apprend que la guerre est prête à s'allumer sur l'ancien continent ; et, trouvant dans sa conscience aristocratique l'obligation d'accourir sous les drapeaux de la faction qui armait l'Europe contre la France *, il quitte les paisibles savanes du Canada, et se montre, en preux du neuvième siècle, sur le théâtre d'une guerre parricide. Blessé d'un éclat de bombe devant Thionville ; agité d'ailleurs par des mécontentemens sur lesquels il ne fut pas toujours aussi discret que depuis le retour des Bourbons, le transfuge d'Amérique ressaisît *le bâton blanc* du voyageur ; et, fuyant l'armée des princes, qui se méconnaissent, il s'isole entièrement de leur cause, et préfère à leur service la misère, l'abandon, l'oubli, qu'il était sûr de trouver en

* Ils ont dit, ils répètent encore *pour la France :* car, selon les maximes de l'émigration, la France avait cessé d'être où était la nation et son roi ; mais elle était alors où étaient les émigrés et leurs chefs, qui répétaient avec Sertorius :

: Rome n'est plus dans Rome, elle est toute où je suis.

Angleterre. Mais pourquoi parler d'*oubli*, quand il s'agit d'un homme tel que M. de Châteaubriand? Qu'il remue la plume, et l'univers littéraire ou politique remuera la langue ; d'ailleurs, au défaut de son talent, n'a-t-il pas ses passions ?

Celle de la liberté était née chez lui des dégoûts que lui avait servis le royalisme. C'est alors qu'il écrivit l'*Essai sur les Révolutions*, où, à travers les flots de bile d'un esprit chagrin, surgit l'amour de l'indépendance, le goût de la république, et, par une conséquence d'àpropos, le mépris de la royauté. C'était la première fois que ce grand et versatile écrivain égorgeait publiquement les principes sur l'autel de la circonstance. Depuis, il nous a accoutumés à ce genre de sacrifices, qui coûtent moins à ses doctrines mobiles qu'à l'estime de ses admirateurs. C'est ainsi que tout récemment, et aujourd'hui encore, il parle en amant passionné de la liberté, c'est-à-dire en ennemi opiniâtre du ministère, le lendemain du jour où il en fut éconduit. Dieu sait si, en y parlant de libertés, il entendait celles de la nation ! La septennalité, proposée par lui, et constituée au mépris de la Charte dans la classe aristocratique, la septennalité est là pour répondre.

Un biographe, au sujet de cette versatilité prévoyante de M. de Châteaubriand, a fait cette remarque : « Qu'on nous permette d'admirer ici l'esprit de prévision et d'à-propos qui s'attache également aux productions et aux démarches de cet écrivain. Instruit que les idées soi-disant *libé-rales* n'avaient pas d'ennemi plus implacable, mais aussi plus dissimulé, que l'empereur Na-poléon, qui les qualifiait d'*idéologie*, le premier soin de M. de Châteaubriand, lorsqu'il cherche à se rendre agréable au despote, est de flatter ses sentimens secrets par une abnégation expia-toire des principes qu'il a naguère proclamés. » Comparez, en effet, l'édition 1797 de l'ouvrage qui nous occupe avec l'édition 1814; et opposez également cette dernière édition, où l'auteur est à genoux devant les Bourbons, à la préface d'*Atala*, dans laquelle ces princes, *qui savent lire*, ont peut-être trouvé quelque *étrangeté* dans l'apothéose de *l'homme que la Providence, lassée de punir, a fait paraître et envoyé en signe de réconciliation.*

Pendant son séjour en Angleterre, M. de Châteaubriand se lia particulièrement avec M. de Fontanes; mais comment affirmer que, dès lors, ces deux écrivains, auxquels rien n'annonçait qu'ils seraient bientôt appelés dans les conseils de l'*usurpateur*, et qu'ils en deviendraient les panégyristes officiels, comment supposer même qu'ils se fussent rendus un compte exact de ce qu'ils entendraient un jour par *légitimité*, et eussent combiné les moyens de concilier le dévoûment et l'obéissance qu'elle mérite ávec l'obéissance et le dévoûment exigés par l'*usurpation*?

Deux fois suspendu dans sa publication, *le Génie du Christianisme* parut enfin en 1802. Il avait été précédé par l'épisode d'*Atala*, inséré dans le *Mercure*, auquel travaillait M. de Châteaubriand, rentré en France après l'amnistie du 18 brumaire. Le succès de cet ouvrage fut tellement hors de proportion avec son mérite réel, qu'il serait d'ailleurs injuste de méconnaître, qu'il fut impossible de ne pas l'attribuer à l'esprit de parti, toujours vivant, quoique sommeillant par intervalles, et qui saisissait une nouvelle face d'opposition dans la dévotion poétique dont ce livre présentait la source renouvelée. Nous disons *renouvelée*, car ce n'est pas la première fois que, pour attirer aux autels du christianisme, des mains profanes y ont suspendu les guirlandes mythologiques *; mais

____

* Cette poétique était surtout à l'usage des jésuites, qui, dans leurs solennités de collége, aussi-bien que dans leurs livres, et même dans leur gouvernement du Paraguai et

jamais ces parures n'avaient été apprêtées avec
plus de soin, plus d'art et dans des intentions
plus politiques. On avait calculé qu'avec beaucoup de savoir et plus encore de savoir-faire,
on rangerait d'abord sous les bannières des con-
fréries les prêtres, les libraires et les marchandes
de mode. C'était s'assurer bientôt un peuple de
pénitentes, d'élégantes et de lectrices. Protégé,
poussé, porté par cette triple clientelle, M. de
Châteaubriand devint un personnage ; et, après
la permission de dédier au Consul le *Génie*, dont
madame Bonaparte raffolait, il fut choisi pour
accompagner le cardinal Fesch dans son ambassade à Rome. Mais un poste subalterne convient
peu à un homme de ce mérite, qui, si l'on en
croit certaine anecdote que nous avons rapportée
ailleurs avec défiance, essaya de charmer sa noble
oisiveté en nouant avec une cour exilée dans
la capitale du monde chrétien une intrigue qui
n'était rien moins que littéraire. Quoi qu'il en

---

dans leurs missions du Japon et de la Chine, alliaient,
au besoin, Jupiter et Jéhova, Vénus et la Vierge. On sent
que la religion, dans la main de ces ambitieux, comme
dans celle de leurs disciples, est tour à tour un frein et
un éperon pour mener le bipède qu'ils voudraient faire
marcher à quatre pates, eux en selle sur son dos.

soit ; M. de Châteaubriand, revenu à Paris , se montra tellement dévoué au Premier Consul , que, moins d'un an après son retour de Rome , il fut nommé ministre de France en Valais : c'était en février 1804. Dans le courant de mars suivant, il donna la démission de cette place , qui, dit-on , répondit mal aux espérances qu'en avait conçues M. de Châteaubriand ; mais que lui dit n'avoir pu ni dû conserver depuis la mort du duc d'Enghien. Nous avons déjà félicité l'ex-ministre en Valais sur cet acte de courage , que sa coterie a dit n'être pas sans danger.

Quoique l'avénement de Napoléon à l'empire n'en eût fait courir aucun à M. de Châteaubriand, il jugea convenable de s'éloigner. Mais, pour tenir en haleine la renommée , il résolut de faire un pèlerinage à Jérusalem. Son but apparent était la visite des Saints-Lieux ; mais son objet réel, si l'on en juge par le bel-*Itinéraire* qui en est résulté, fut la description de la Grèce, de la Turquie, de l'Égypte et des rives où Carthage exista. Jamais peut-être le talent de peindre, dont est si richement doté M. de Châteaubriand, ne s'est manifesté avec plus d'abondance, de charme et d'intérêt ; et les dévôts eux-mêmes, pour peu qu'ils aient de goût, préféreront toujours quelques pages de ce livre éloquent à toutes

les libations du Jourdain, dont, par une pres-
cience qui, sans doute, fut le prix de sa piété,
M. de Châteaubriand avait conquis une fiole
conservée dès 1807 pour un baptême royal cé-
lébré en 1820. *

A son retour, cet auteur daigna reprendre la
rédaction du *Mercure*, à laquelle concouraient
alors M. de Fontanes, M. de Bonald, M. Fiévée,
et d'autres écrivains aussi distingués par leurs
talens que dangereux par l'abus qu'ils en faisaient. Ces gens de lettres ayant fait de ce recueil la succursale des *Débats*, c'était de ces
deux journaux, comme de deux *ouvrages avan-
cés* de la contre-révolution, qu'ils pointaient et
tiraient contre la philosophie et la liberté. On
n'a pas oublié avec quel acharnement grossier
le plus ignoble de ces nobles écrivains, Geoffroi,
de vénale mémoire, attaquait, harcelait, ca-
lomniait dans les écrits de Voltaire, et plus encore dans sa personne, tout ce que la raison
publique s'est approprié de ses doctrines, tout
ce que nos nouvelles institutions ont puisé dans
ses travaux. Plus polis, mais non moins perfides, ses collaborateurs marchaient au même
but, avec moins d'impudence sans doute, mais

____

* Celui du duc de Bordeaux.

aussi avec plus de mesure, plus de sécurité, plus de succès. Depuis, et quand l'un des ministères de la restauration eut souffert qu'on outrageât la Charte par les moyens destinés à la faire respecter, les mêmes écrivains, M. de Château-briand à leur tête, ont démasqué toutes leurs batteries contre-révolutionnaires; et de la défensive sous laquelle ils s'étaient long-temps réfugiés, ils ont monté à l'attaque offensante, injurieuse, altière, telle que peuvent l'exercer les organes d'une minorité inaccoutumée à vaincre et qui triomphe insolemment. Relisez, sous ce point de vue, le *Conservateur*, où M. de Châteaubriand, parmi les cent articles stygma-tisés de son nom, a consacré, dans l'éloge de Ferdinand, celui de l'*absolutisme*, de l'aristocratie opprimante et de la sainte inquisition : c'est la même plume qui semble aujourd'hui trempée dans l'écritoire du *Constitutionnel*, pour redemander à un ministère équivoque notre indépendance et nos libertés. Royalistes, qu'il méconnaît aujourd'hui ; libéraux, qu'il outragea autrefois, quel respect vous inspirent ses doctrines ! quelle confiance pouvez-vous mettre dans sa foi !….

L'homme à qui fut donné par excellence le tact de connaître les hommes, Napoléon, l'avait jugé de prime abord, et n'en fut pas la dupe un

instant : « La révolution l'a mis à pied, disait
ce prince, et son ambition, légitime d'ailleurs,
serait de remonter à cheval. Mais pour se mettre
ou se remettre en selle, il faut du génie ou du
caractère; et Châteaubriand n'a de l'un et de
l'autre que ce qu'il en faut pour les simuler
tous deux. Par conséquent, le voilà condamné
à intriguer. Ses partisans, c'est-à-dire ses secta-
teurs, diront qu'il crée des plans; tandis que ses
appréciateurs jugeront qu'il ne répète que des
projets; et lorsqu'à travers ses déclamations ou
ses actes il se glissera quelques erreurs de conscience, on dira qu'il a trop d'imagination pour
avoir assez de probité *. »

Éconduit de la rédaction du *Mercure*, il publia les *Martyrs*, qui augmentèrent sa renommée et réparèrent un peu sa fortune. Bientôt,
par la publication de l'*Itinéraire à Jérusalem*,
il commença avec l'empereur une réconciliation
que l'éloge de sa gloire militaire, écrit, dit-on,
sous la dictée du duc de Rovigo, ministre de la
police, acheva de cimenter. Ce fut quelque
temps après cette époque, et probablement pour
rendre le traité de paix plus durable, que Napoléon s'étonna de l'oubli que, dans le rapport

---

* Probité littéraire et politique.

sur les prix décennaux, on avait affecté de faire
du *Génie du Christianisme*. On sait que Chénier se chargea noblement de suppléer à ce silence, comme naguère, en analysant avec une
sagacité remarquable le *Lycée* de La Harpe, il
avait rempli la lacune que l'injustice avait com-
mise envers cet habile critique et son important ouvrage. Je ne sais si l'antique haine de
La Harpe, aigrie encore par sa conversion, aurait pardonné cette généreuse équité à Chénier;
mais M. de Châteaubriand sembla chargé de la
punir, en se vengeant, pour son compte, sur
la mémoire de son défenseur, de celle dont lui-
même venait d'être l'objet. Ainsi se vérifia le
pronostic de Napoléon.

L'auteur du *Génie du Christianisme* sait trop
bien la portée des choses et la valeur des mots
pour n'avoir pas calculé l'effet d'une diatribe
prononcée sur la cendre encore tiède d'un publiciste révolutionnaire, d'un poète républicain,
d'un académicien justement célèbre, par son
successeur, dont on attendait son panégyrique
obligé. Nous avons laissé peu à dire sur ce sujet. Remarquons seulement qu'il était clair que
le discours ne serait pas prononcé ; qu'il mécon-
tenterait la commission chargée de l'examiner,
et irriterait le monarque auquel il était soumis.

Il était manifeste aussi que le récipiendaire ne
serait pas reçu. Heureux encore s'il était proscrit ! Malheureusement l'assaisonnement d'une
persécution provoquée manqua au *tapage* que
fit cette intrigue. L'empereur en démêla facilement la manœuvre, qui ne retomba alors sur
son auteur que pour lui servir de nouveau titre
et de pierre d'attente à l'édifice de sa nouvelle
fortune. « Ce fut en effet vers cette époque, dit
encore le biographe déjà cité, qu'également
enorgueilli de ses succès et de ses disgrâces,
que ses amis officieux appelaient une persécution, M. de Châteaubriand, à la suite d'espérances sans bornes toujours déçues, et de prétentions sans mesure mal satisfaites, se décida
à vouer ses services à la cause de la *légitimité*,
qu'il avait jusque là assez négligée, et au triomphe
de laquelle les désastres de Napoléon paraissaient
maintenant donner quelque vraisemblance. »

L'astre inconnu de la restauration commençait à poindre sur un horizon chargé de tempê-
tes, et M. de Châteaubriand, à qui le soleil cou-
chant de l'empire refusait ses rayons, se tourna
vers la planète nouvelle, dont il appela le retour
et prophétisa les succès. L'aspect d'un million
de baïonnettes inspirait à son génie un enthousiasme où sa haine contre Bonaparte éclate plus

encore que l'amour des Bourbons. Mais ces princes étaient-ils en position de chicaner sur la nuance de tels sentimens ? Servis dans leur politique, comme M. de Châteaubriand dans son éloquence, par les excès d'un gouvernement *dont on ne voulait plus*, ils semblèrent accepter pour héraut de leur restauration celui qui s'en était fait l'orateur. A sa suite, et autour de ce char qu'escortaient malheureusement des Kalmouks et des Baskirs, commencèrent les longues palinodies, que le vainqueur apprécia en homme d'esprit et récompensa en roi. On assure que, dans le second écrit publié en 1814 par M. de Châteaubriand, sous le titre de *Réflexions politiques*, ce prince daigna associer quelques unes de ses idées à celles du publiciste en faveur. C'est que, dès lors, la faction qui le porte avait décidé qu'il était homme d'État. Dans ces réflexions on parle de clémence, de réconciliation, de fusion des partis, d'oubli : c'est bien là Louis XVIII ; mais on y parle aussi d'aristocratie à fortifier, de faction à punir, d'idées philosophiques à comprimer : ne serait-ce pas là M. de Châteaubriand ? Et cette conjecture ne paraîtra point hasardée, si l'on compare à cette brochure celles qui la suivirent, et qui, selon la marche des circonstances, n'en sont que le développement.

C'est ainsi que, dans le rapport fait au Roi, réfugié à Gand durant les cent jours, le nouveau ministre du cabinet, plus docile aux ressentimens qu'à la prudence, menace tous les intérêts nationaux, déjà ébranlés par un ministère incapable, et qui, dans leur désespoir, venaient d'appeler à leur secours l'homme qui leur semblait le plus propre à les protéger. C'est ainsi que, dans le livre intitulé *de la Monarchie selon la Charte*, le même poète, qui se croit publiciste, parce qu'il fait du romantique sur la politique, et que ses adulateurs, qui l'ont nommé jadis Bossuet quand il traçait des *périodes*, le qualifient aujourd'hui de Montesquieu, parce qu'il écrit par *incises*; c'est ainsi que M. de Châteaubriand, glissant parmi un certain nombre d'idées libérales la pernicieuse doctrine d'une aristocratie *régénérée*, veut investir la pairie, déjà si redoutable par l'hérédité, la classification des titres et par la distinction des bancs *, de la triple prérogative de la fortune, des honneurs et du

---

* Banc des princes, banc des ducs, banc des marquis, banc des comtes, banc des vicomtes, banc des barons, banc des chevaliers. L'introduction d'un bon nombre de cardinaux et de prélats, en qualité d'ecclésiastiques, amènera l'institution des *pairs ecclésiastiques*.

pouvoir : tellement que, pouvant transmettre
cet esprit triplement aristocratique, et s'opposer,
par des refus concertés, aux pensées de l'initiative royale, transformées en décrets populaires
par l'acceptation de la chambre élective, celle
des pairs concentrerait bientôt toute la puissance
législative, à laquelle, comme haute-cour, vien-
drait s'adjoindre encore toute l'autorité judiciaire. Voilà, selon M. de Châteaubriand, dans
l'ouvrage précité, voilà ce que c'est que *fortifier
l'aristocratie*, ce qui signifie établir sur les débris des droits du peuple et du pouvoir du monarque l'omnipotence d'une poignée de *ma-
gnats*, tellement usurpateurs de la souveraineté,
que la nation ne serait rien dans la législation
et le prince peu de chose dans le gouvernement.
Du milieu de cette théorie sortent des argumens
irrésistibles en faveur des libertés publiques, et
c'est ce qui fit proclamer par tous les échos, même
constitutionnels, la conversion de *l'illustre* écrivain * ; mais des yeux accoutumés à examiner
pour n'être pas éblouis remarquèrent que,
sans garanties, ces libertés, toujours promises

---

* Épithète que manque rarement d'accoler au nom de
M. de Châteaubriand *le Journal des Débats*, dont M. de
Châteaubriand est le collaborateur habituel.

par les constitutions et les chartes, ne sont, entre les mains des compétiteurs au pouvoir, que des leurres pour amorcer les dupes. Depuis dix ans, tout s'est passé en promesses aristocratiques ou ministérielles, et pendant que l'homme qui nous occupe était au ministère, en phrases redondantes et en images poétiques. Où sont les effets, où est le positif, où sont les réalités ? Plus tard nous en dirons quelques mots.

Le feu Roi ne se méprit point sur l'ardeur intempestive de ce zèle nouvellement libéral : trois jours après l'émission du livre publié pour le propager, une ordonnance royale interdit à l'auteur l'accès dans les conseils. Il parut d'abord singulier et presque inexplicable qu'un royaliste fût puni par le Roi pour avoir trop bien défendu la monarchie ; mais, fidèles au lucratif système de spéculer sur la disgrâce, M. de Château-briand et son parti en appelèrent du jugement du prince au tribunal du faubourg Saint-Germain. Là, dans de vastes salons dorés sous Louis XIII, les douairières fardées prononcèrent que « jamais Bonaparte n'avait rien fait de plus odieux ». On s'attendrit ; on pleura sur *la noble victime de l'ingratitude royale* ; on s'irrita même contre cette ingratitude ; et l'on se promit bien de saisir la première occasion pour renverser *ce scélérat de Decaze*, et pour contraindre *l'oppresseur* de céder à *l'opprimé* les rênes du gouvernement. Une catastrophe à jamais déplorable servit trop bien la faction et M. de Châteaubriand. Indignement harcelé par la calomnie, lors de l'assassinat du duc de Berri , M. Decaze, qui n'avait pour appui que le Roi, fut obligé de se retirer; et bientôt son désintéressé compétiteur , en l'accusant *d'avoir glissé dans le sang,* fut imposé au monarque sur la tête duquel grondaient toutes les fureurs de la faction.

———————

(1) *M. de Châteaubriand, qui venait de montrer la religion dans un vœu contre nature.....* Page 5.

« *Les Mille et une Nuits,* a dit M. de Pradt, dans le jugement plein de sens et de goût qu'il a porté sur *Atala,* sont un prodige de vraisemblance, en comparaison de la fable de ce roman; il y a, entre les deux genres, la différence de l'enjouement de l'imagination à son dérèglement, et celle de la seule intention d'amuser à la prétention de convaincre. Dans les unes, le poète vous invite à entrer dans un monde, en vous avertissant qu'il est idéal; dans l'autre, il veut agir par le monde idéal sur le monde réel. Il y a de la bonne foi dans le premier exemple; le second n'est pas exempt de déception, car il tend à faire rebrousser de l'erreur à la vérité, il appelle l'une en preuve de l'autre. »

Un sauvage * arrive de la Louisiane tout exprès pour goûter des douceurs du grand siècle, en se faisant mettre à la Bastille pour les affaires du jansénisme, chose assurément très-commune dans ce bon temps, et dont le nôtre a eu le mauvais esprit de s'affranchir. D'ailleurs, rien ne devait être plus intéressant pour un débarqué du pays des Natchez que les disputes du jansénisme. Il est vrai que, pour se dédommager de cette contrariété, il jouit de l'avantage d'assister aux tragédies de Racine, aux oraisons funèbres de Bossuet; il converse avec Fénélon. Certainement aucune des beautés de la scène et de la chaire française n'a dû échapper au bon goût de ce littérateur sauvage formé dans les académies des *Siminoles* et des *Moscogulges*. On sent aussi quel plaisir a dû trouver le peintre du fils d'Ulysse, fils de Laërte, à s'entretenir avec le fils d'Outalissi, fils de Miscou. Toute cette filiation est la plus intéressante du monde à connaître, comme ces noms sont les plus flatteurs pour les oreilles des Natchez.

Quelle épopée que celle qui porte sur un vœu de virginité fait par un sauvage au fond des forêts de la Louisiane! Quelle théologie que celle qui fait dépendre le salut de la mère de la fidélité de la fille, comme si, dans ce pays-là, chacune ne payait pas pour soi, et qui,

---

* M. de Boufflers, M. de Fontanes, la Commission de l'Institut, l'abbé Morellet, et, mieux qu'eux tous, Chénier, dans son *Tableau de la Littérature*, ont porté sur ce roman poétique des jugemens irrévocables. Dans cette note, on a recueilli quelques aperçus qui leur ont échappé.

contre le dogme positif du christianisme, tient le sort de la mère incertain après la mort, et peut prolonger l'incertitude pendant tout le cours de la vie de la première! Quel exemple de mœurs et quel enseignement que ces courses d'une jeune fille avec son amant, qu'un empoisonnement et qu'un suicide! Et c'est là ce qu'on vient proposer pour appui au christianisme; et c'est au nom de la religion la plus ennemie de ces horreurs que l'on expose ces tableaux pour former l'esprit et le cœur de la jeunesse de nos cités! Ah! le christianisme n'est pas plus fait pour les Atala que les Atala ne sont faites pour lui. Ce mélange est impur; et il est bien à craindre que l'héroïne de ce roman n'ait pas été la seule pour laquelle il s'y trouve du poison. L'auteur répondrait-il qu'une partie de ses tableaux n'ait inspiré à une partie de ses lecteurs encore plus de goût pour le commencement de la carrière d'Atala que de frayeur pour le terme de cette carrière? Mais le comble de l'invraisemblance se trouve dans la rencontre du père Aubry et dans le pouvoir dont il se trouve tout à coup investi sur de jeunes sauvages qui ne l'attendaient guère. Aussi le moyen de résister à un grand homme décharné que l'on trouve au milieu d'un bois, dans le moment où l'âme de la mère d'Atala et le vœu de cette jeune fille, ou plutôt fait en son nom, couraient les plus grands dangers! Et cette longue barbe, cette soutane de toile *indigo,* ce bréviaire du père Aubry, quels objets imposans pour des sauvages! Le moyen de résister à tant de charmes! Le père Aubry est le vrai *Deus ex machina,* amené là par le poète pour tirer tout le monde d'embarras ; et il en était temps. Aussi quelle admirable et vraisemblable docilité que celle de ce sauvage si jeune et si passionné qui se laisse enlever son amante par un vieux prêtre aussi inconnu que le culte au nom duquel il lui prescrit ce sacrifice ! Et, chose plus vraisemblable encore, c'est au bout de vingt-quatre heures que ce sauvage se trouve plus dévot que ne le sont presque tous les chrétiens au bout de vingt-quatre ans, tant un missionnaire de roman est expéditif dans ses conversions ! * De son côté, la discrète Atala, qui n'a pas craint de jouer des tours aux chefs des sauvages pour leur enlever le jeune prisonnier qui devait être mangé par eux *dans le superbe village d'Apachuela*, Atala passe quinze jours à courir les bois avec ce captif délivré, mais devenu le sien, dans le seul espoir de goûter auprès de lui l'innocent plaisir de verser des larmes dans une fontaine, d'écouter la bruissement des forêts, et d'observer les effets du clair de lune sur les savanes. L'Arioste, qui n'a rien créé de plus fantastique **, est du moins toujours amusant, et

---

* Voilà pourtant, au dire de l'auteur, *le véritable prêtre selon l'Evangile ;* et c'est du moment de son apparition que M. de La Harpe prétend que le roman peut soutenir la comparaison avec *Paul et Virginie.* C'est que, précisément à cette époque, l'auteur de *Mélanie,* qui a aussi *créé* un curé selon l'Évangile, venait d'être touché de Dieu, qui avait employé le ministère d'une belle dame pour le ramener à la foi.

** Oui, les rêves de l'Arioste sont *fantastiques ;* mais, en accordant certains antécédens, conditions indispensables pour toutes les œuvres de l'imagination, ils ont leurs degrés de vraisemblance. Ceux dont on s'occupe ici sont *faux,* parce qu'ils sont impossibles, et qu'ils ne s'ac

surtout il ne joint pas, par un tour de force maladroit et coupable, les domaines de la religion à ceux d'une imagination en démence.

C'est surtout dans cet épisode d'Atala que l'auteur a prodigué le langage ossianique, les acceptions insolites, les images fantasmagoriques, et toutes ces figures empruntées peut-être à des mœurs réelles, mais qui n'ont point d'analogues parmi nous. Si quelques traits dérobés à une nature étrangère peuvent parfois plaire au lecteur et réveiller son attention, le goût doit en régler l'usage, et la sobriété fait peut-être le plus grand charme qu'on puisse trouver dans leur emploi. Mais l'abondance et la continuité dans ce genre, en même temps qu'ils étonnent, qu'ils fatiguent l'esprit, dénaturent aussi la langue, et leur emploi forcé accuse une lacune dans le jugement et le goût de l'auteur.

(2) *Irez-vous abjurer ce sang, et cette royauté, et ce catholicisme ?* **Page 6.**

Sans trop presser les conséquences de l'*Essai sur les révolutions*, on peut trouver dans cet ouvrage une sorte d'abjuration des doctrines qui ont bercé l'enfance de l'auteur et pour lesquelles il venait de combattre. Nous sommes loin de blâmer cette rétractation, qui est un hommage aux principes : c'est dommage qu'il n'ait été averti de le leur rendre que par l'ingratitude de ceux auxquels il les avait immolés. Et lorsqu'on voit que,

---

cordent ni avec la nature en général ni avec celle qu'ils ont prétendu représenter.

vingt-cinq ans après, c'est-à-dire quand M. de Châteaubriand a été renvoyé du ministère, une conduite à
peu près semblable envers lui a causé de sa part de
semblables représailles, on ne peut hésiter sur l'épithète
que mérite sa conscience politique. Éconduit hier du
pouvoir, il entre aujourd'hui dans l'opposition ; que
dis-je, il y entre ? il s'y rue, il s'y précipite ; il se roule
dans des doctrines nouvelles pour lui, et qu'il exagère,
selon le zèle amer des apostats. *Le journal* dont sa
providence dirigeait vers le royalisme, et surtout l'aristocratie, *les débats* pensionnés ; cette feuille, aussi re-
commandable par une belle pléïade de talens que par
leur versatilité, passe des bureaux diplomatiques dans
ceux du *Constitutionnel;* et, pour la première fois, le
public peut contempler M. Fiévée et M. Jay, M. Du-
moulin et M. Duviquet, M. Moureau et M. Hoffmann *,
puiser de l'encre dans la même écritoire.

(3) *Et parce que ceux que vous nommiez vos maîtres....* Page 7.

Dans le tableau de Denys, tombé du trône sur la
chaire d'un maître d'école, il est difficile de soustraire
sa perspicacité aux allusions qui vous assiégent, et qui
vous font reconnaître dans la chute d'un tyran de l'an-

---

* La palinodie de ce dernier est aussi complète que récente. Pour
vous en convaincre, comparez aux injures dont, à chaque article, il
poursuivait la mémoire de Napoléon, comparez les quatre colonnes
qu'à l'occasion des *Mémoires du baron Fain,* il vient de consacrer à
la gloire de ce héros *si grand et si infortuné.* (*Débats* du 11 septembre 1825.)

tiquité celle d'une famille royale moderne. Ces allusions sont-elles toujours aussi convenables que le demandait la dignité, aussi délicates que le commandait le malheur?

Oui, répond une édition publiée depuis la restauration, édition revue, corrigée et considérablement *diminuée*. L'édition de 1795 répondrait moins affirmativement.

(4) *Mais ce parallèle*..... Page 8.

Dans le texte de notre ouvrage, nous avons porté sur le caractère moral de cet *Essai* un jugement qui est consciencieux et que nous croyons équitable. Considéré littérairement, ce livre, outre le défaut radical de n'effleurer que des surfaces, a, dans sa forme, une monotonie assoupissante. La marche d'un chapitre fait deviner celle du suivant, qui est aussi l'allure de tous. Tous en effet cheminent, se développent sur deux lignes parallèles, jalonnées par une érudition légère, et qui, à travers les assertions tranchantes, les maximes hasardées, le style hautain d'un écolier qui tranche du maître, arrivent au scepticisme politique, la plus dangereuse des fausses philosophies, puisqu'elle prescrit des épreuves corrosives sur le corps social, et les veut dissoudre pour les régénérer.

(5) *Tout concourut à rendre remarquable l'émission de cet ouvrage* (le Génie du Christianisme)... Page 10.

L'auteur du *Génie du Christianisme* chemine vers la postérité; il y marche escorté d'un bagage littéraire et politique dont il laissera une partie en route, mais ce livre y arrivera avec lui. On sera bien aise alors de savoir quelle fut la cause d'un succès qui, alors, paraîtra exagéré. Et voici, à cet égard, quelques uns des renseignemens recueillis par un observateur impartial, par un critique désintéressé.

Un grand mouvement dans l'ordre social, précédé d'une longue suite d'avant-coureurs sinistres et de signes effrayans, venait d'éclater avec la violence des ouragans. Son explosion avait ébranlé et renversé tout l'édifice, miné par le temps et dépourvu de l'appui des mœurs et de l'opinion. La secousse fait tressaillir au loin la terre ; les passions se déchaînent, les partis se heurtent, le sang ruisselle, les empires croulent les uns sur les autres avec ce fracas effroyable que peint Bossuet. Monarque, autels, lois, rangs, propriétés, tout tombe et s'engloutit dans le même abîme. La pauvreté gémit là où se complaisait la richesse ; la richesse à son tour se délecte et s'enfle là où s'inclinait l'humble pauvreté. Le changement devient universel. Les pleurs des uns, la joie des autres, font un effroyable cliquetis. Ce qui survit à la tempête ne se reconnaît plus à rien de ce qui est ; et, arraché au passé, reculant à la vue du présent, il reste entre ses regrets et ses passions *.....

Au milieu de ce fracas, aux premières lueurs d'un jour nouveau, à la première pose des pierres du sanctuaire recréé, tout à coup une voix inconnue se fait entendre : Venez à moi, dit-elle, vous tous qui gémissez

---

* M. de Pradt, dans son excellent livre des *Quatre Concordats*.

sur la ruine des temples; je vous dirai quel était celui qui résidait dans leur enceinte sacrée ; je vous entretiendrai de sa grandeur, de ses charmes, de ses bienfaits; je le vengerai des injures qu'une race impie a osé lui adresser. Venez auprès de moi entendre un langage qui n'a pas encore frappé vos oreilles! Je vous conduirai des tombes où reposent vos pères à celles des tribus qui parcourent le nouveau monde, des bords des fleuves que votre pied a coutume de fouler à ceux que les pas de peu de mortels ont encore atteints. Jusqu'ici votre culte vous fut présenté sous des images terribles et effrayantes pour votre faiblesse, comme un joug dont aucun ornement n'allégeait le poids : vous apprendrez de moi qu'il n'est étranger à aucun des ornemens, à aucune des fictions dont l'esprit peut faire son occupation ou son délassement. Jusqu'ici vous n'avez entendu dans la parole de Dieu qu'une grandeur imposante dans sa simplicité : je vous révélerai dans elle des beautés qui surpassent celle de tous les ouvrages humains. Tels furent les auspices sous lesquels s'annonça le *Génie du Christianisme ;* et il faut reconnaître que l'annonce ne fut pas tout-à-fait dépourvue de réalité.

On sent quel effet une annonce pareille dut produire, dans la disposition où se trouvaient alors les esprits ; comme chacun dut se saisir, en sens contraire, d'un ouvrage muni d'une pareille recommandation. Aussi devint-il un ouvrage de parti, un vrai drapeau. Être ou n'être pas admirateur de ce *Génie* était se ranger de tel parti ou du parti opposé. Si l'écrivain avait en vue de s'assurer de l'appui dominant dans la société, les femmes, l'instinct qui lui avait dicté ce jugement ne le trompa point; et il fit preuve de discernement en calculant qu'un ouvrage tout d'émotions et d'imagination serait avidement reçu et puissamment soutenu par le sexe sur lequel ces deux mobiles exercent le plus d'empire. La religion ayant été traitée avec outrage, la venger paraissait grand, noble et saint. La société ayant été troublée, ramener au milieu d'elle la religion, comme sa garantie véritable, était bien mériter d'elle. La philosophie ayant été chargée de toutes les iniquités de la révolution, s'élever à l'encontre de ce principe de tous les maux était attacher à son char tous ceux qui avaient à s'en plaindre, qui en redoutaient le retour, ou qui, mieux encore, ne comprenaient rien aux causes mêmes de leurs souffrances. « Envisagées sous tous ces rapports « mondains, la religion, comme on le sent assez, est « tout-à-fait en dehors de son for intérieur; ou plutôt, « ce n'est plus la religion dans son essence, mais le « culte dans ses décorations; ce n'est plus l'incompré- « hensible JÉHOVA, créateur, conservateur, rémunéra- « teur, mais son image, ou plutôt son reflet non dans « la nature, qu'il a faite, mais dans la société, qui n'est « qu'un accident permis par sa providence *. » De plus, la religion étant devenue le prétexte et le moyen de

---

* Cette phrase, qui condamne le *Génie du Christianisme*, en le caractérisant, est extraite d'un ouvrage inédit, dont la publication, réclamée par l'état actuel de la religion et de la société, aura pour but le rétablissement du *Christianisme évangélique*. (C'est le titre du livre.)

beaucoup d'opposition contre l'ordre qui prévalait alors, se mettre à la tête du système religieux, réparateur de la société, était se mettre à la tête de l'opposition du temps, se créer une puissance, et se donner la vaste clientelle de tous les opposans à la révolution passée et aux révolutions à venir. L'opposition a pour les Français cette saveur que la fable donne au mets dont elle dit les dieux avides, la vengeance : cette opposition forme la vengeance de ce peuple spirituel et le dédommage de ce qu'il endure; elle le dispose même à endurer encore. Plus le pouvoir est fort et élevé, plus l'opposition qui combat ou dédaigne paraît généreuse, et provenir de motifs nobles et honorables; plus la chaîne est lourde, plus la force de la main qui la soulève est appréciée. Jamais l'opposition n'eut plus de charmes et ne fut plus fêtée qu'au temps de Napoléon. La première publication du *Génie du Christianisme,* étant en opposition directe contre lui, dut réunir toute la faveur et tous les produits de l'opposition. C'est sur cette large base des affections du temps que portèrent ses premiers succès. Ceux *de seconde cuvée* ne furent pas moins considérables, quoique dus à une tout autre manœuvre. L'ennemi attaqué dans la première édition fut choisi pour patron de la seconde, que M. de Châteaubriand dédia au Premier Consul..... C'était encore une fois abjurer *la légitimité*, et, sous l'excuse du nom de Dieu et de l'autorité de saint Paul, reconnaître l'usurpation. De quels sacrifices cependant ne rend pas capable le zèle religieux ! Peut-être en effet faut-il encore plus de courage pour recevoir, en échange de ses principes sacrifiés, la chaîne des richesses et le joug des grandes places, que pour vivre pauvre et mourir martyr. Admirons M. de Châteaubriand d'avoir eu, aux époques les plus contraires, ce genre d'intrépidité; plaignons-le d'y avoir été condamné par son amour pour le pays, son dévoûment à la religion, et, par attachement pour les principes, d'avoir immolé les principes ; admirons-le toujours, plaignons-le quelquefois; mais ne l'imitons jamais.

(6) *Parce qu'il se sert quelquefois du compas pour toucher sa lyre.....* Page 11.

Comme écrivain, M. de Châteaubriand étincelle de beautés neuves, mais qui ne sont pas toujours exemptes de bizarrerie. L'euphonie de son style décèle une oreille prosodique, et la naïve grandeur ou les grâces ineffables de ses tableaux révèlent une imagination aussi opulente que flexible. Ces dons si riches n'ont-ils pas exclu, dans celui qui les possède, une âme sensible? Je le crains. Toutes ces belles scènes reproduites et colorées par un pinceau enchanteur sont *rêvées* par une tête poétique, et non *senties* par un cœur tendre. Puisque les larmes coulent si rarement des yeux de ses lecteurs, c'est que rarement aussi elles ont mouillé les cordes de sa lyre. Bernardin, auquel on l'a comparé, Rousseau, auquel nul n'est comparable, n'*étalent* jamais leurs images ni n'*enluminent* leurs tableaux avec l'intention marquée de *faire effet :* ils le produisent par quelques mots. C'est que ces mots, sortis de leur cœur, vont dans tous les cœurs remuer cette sympathie devant laquelle disparaît la société pour laisser agir la nature. Ce qui manque aux écrits de M. de Châteaubriand, c'est le naturel.

(7) *Des saints méritaient de le devenir pour avoir bravé la loi en célébrant le Seigneur.....* Page 17.

M. de Châteaubriand reproche à Buffon d'avoir oublié, dans la nomenclature que ce célèbre naturaliste donne des chiens, celui de l'aveugle, et de cette omission il conclut que l'auteur de l'*Histoire naturelle* n'était pas sensible. Que dire alors du critique qui, dans le magnifique inventaire de nos solennités religieuses, a précisément oublié celle qui, sous sa plume descriptive, eût causé tant de plaisir aux âmes pieuses, en leur retraçant cette horrible époque où entendre la messe était un acte de courage, où la dire était un héroïque dévoûment ?

J'étais bien jeune alors, mais j'étais discret, lorsque, accompagnant une tante âgée, j'assistai à une messe célébrée dans une cave. Contre l'usage nécessaire, c'était au déclin du jour, de manière que le prêtre avait été obligé de prolonger son jeûne jusqu'à cette heure. Dans une petite rue occupée presque entière par des tonneliers, nous trouvâmes un hangar assez étroit, presque entièrement rempli par des tonneaux nouvellement fabriqués. Derrière ces tonneaux, dans un réduit obscur, il y avait une trappe, qui ne s'ouvrait qu'à un signal donné et rendu, et qui offrait une échelle droite, que jamais, je crois, aucune femme n'eût osé descendre sans l'indomptable loi de la nécessité. Ce fut donc par cette voie que nous arrivâmes dans *le sanctuaire*. Il était formé par une enceinte de vieilles futailles, au milieu desquelles on voyait un tonneau recouvert de planches, où l'on avait étendu une nappe de grosse toile. C'était l'autel, sur lequel, près d'un Christ de cuivre, brûlait une seule chandelle. Dix-sept personnes agenouillées, et n'exprimant leurs prières que par des soupirs, occupaient l'espace étroit de l'enceinte extérieure au pied de l'échelle. Au triste reflet du triste luminaire, je reconnus plusieurs voisins et notamment un vieillard paralytique qu'on avait descendu là je ne sais comment. Cependant le bruit du rabot et les coups de marteau sur les douves nous arrivaient d'en haut, amortis par la voûte : car le tonnelier, qui prêtait sa cave, croyait, avec raison, écarter les soupçons et les surveillans en continuant son train accoutumé.

Après un quart d'heure d'attente et de silence, un de nous se leva de derrière un tonneau qui l'avait caché jusque alors. C'était le prêtre, un jeune homme pâle, d'une physionomie douce, avec des cheveux noirs en queue, et une redingotte brune. Sous cette redingotte, il avait un paquet qu'il déploya : c'était l'aube, la chasuble et les autres habits sacerdotaux, qu'il revêtit, avec l'aide d'un petit garçon, que j'aurais souffleté, parce qu'il riait toujours. Une fois habillé, la messe commença. Il y avait, pour burettes, deux demi-bouteilles sur un tonneau; mais le calice me frappa par sa magnificence. Le jeune prêtre en tira la coupe de son sein; et quant au pied, il était dans un sac de velours qui lui fut présenté par ma tante. J'ai su depuis que ce calice provenait du monastère des Clarisses, et que, prêt à être envoyé à la monnaie, et déjà mutilé d'un coup de hache, il avait été racheté par la vicomtesse de Nét***, dont ma tante était l'amie.

A la suite de l'évangile, le célébrant en fit une lecture en français, suivie d'une exhortation où il n'y avait pas un mot de relatif aux circonstances. Je pense maintenant qu'il y avait bien de la générosité dans cette retenue. C'est qu'en effet cette générosité était dans son caractère : il était pieux, convaincu, résigné, mais nullement fanatique, ce qui n'a pu le soustraire à des dénonciations calomnieuses, et au martyre qui les a suivies. Hélas ! je vois encore la figure pâle et triste de ce pauvre jeune homme, qui portait dans son regard mélancolique et dans le son de sa voix la prévision de sa mort prochaine. Que j'aurais été bien autrement ému si j'avais pu deviner qu'il était consumé par une passion sans espérance !.

Voilà ce que j'ai vu dans ma première jeunesse ; voilà le spectacle sévère et touchant auquel M. de Châteaubriand assista sans doute plus d'une fois. Dieu était dans ce pauvre caveau comme il naquit dans la crèche, comme il souffrit sur la croix, humble, caché, délaissé. Ah ! si de cette sèche esquisse le grand peintre eût fait un tableau ! Mais y a-t-il sur sa palette une couleur qui exprime la simple vérité * ?

(8) *N'avait-il pas à admirer dans Napoléon la grandeur poétique d'Alexandre et la piété politique de Cyrus ?* Page 26.

Les noms d'Alexandre et de César, dans les hémistiches obligés des poètes, s'accolèrent toujours à celui

---

* L'emphase, la déclamation et *l'étrangeté*, sont les défauts, ou plutôt les excès, de cette *belle* plume.

de Napoléon, qui n'en était pas prodigieusement flatté ; celui de Cyrus ne manquait pas de décorer, avec citations hébraïques toutes les pages des mandemens épiscopaux: (Relisez, entre cent, les lettres pastorales des archevêques de Paris, des évêques de Versailles, d'Avignon, de Valence, etc.) En qualité de poète orthodoxe, M. de Châteaubriand a réuni et fait fumer dans le même encensoir les grains de ce double parfum. Est-ce là que fut le mal, est-ce là qu'est la fragilité? Le public s'est obstiné à ne les trouver que dans la palinodie.

(9) *Le langage que le père Aubry parlait aux Iroquois....* Page 28.

Je l'ai entendu et ne l'ai pas compris cet idiome étrange, dont les yeuses du Canada pouvaient renvoyer l'écho à leurs peuplades sauvages, mais que repoussaient les voûtes de Saint-Sulpice, scandalisées de le répéter. C'était quelques jours après la première communion, dans la chapelle latérale du chevet. Une voix aigre qui en perçait les parois, un accent méridional qui en égayait les vitraux, m'atteignent jusqu'au milieu de la place déserte. Je pénètre par un escalier en colimaçon, et me trouve au milieu de quatre cents néophytes des deux sexes, voile blanc sur la tête blonde des unes, ruban blanc noué au bras droit des autres. Ils décrivaient à droite et à gauche trois demi-ellipses, s'élevant sur gradins, dont le dernier était surchargé d'une trentaine de séminaristes, que je veux croire jeunes; mais sur lesquels leur teint jauni, leurs rides précoces, leurs regards obliques, leurs cous roides ou penchés, et je ne sais quels faux airs des neveux de feu M. Tartuffe, réveil-

laient les idées mélangées de vieillesse et d'hypocrisie.
Précisément en face de moi, se démenait, plongé jusqu'aux clavicules dans une chaire ambulante, un missionnaire jeune, rubicond, aux larges joues, aux larges
épaules, aux larges mains, aux gros yeux, à la vaste
bouche, de laquelle s'élançaient, en dialecte du Bigorre,
les imprécations et l'anathème. A propos de quelques
blanches pâquerettes, champêtre diadème de quelques
communiantes, l'apprenti apôtre ouvrait, sous les pieds
de cette jeunesse corrompue par le luxe, tous les gouf-
fres de l'enfer. Soufflant, suant, criant, et frappant à
coups pressés les flancs sonores d'une tribune trop
étroite pour son zèle comme pour son individu, il
effrayait, épouvantait, faisait pâlir, faisait trembler, faisait sangloter son auditoire adolescent. Enfin, un cri
plus aigu, une clameur plus retentissante, déterminent
l'explosion. Des sanglots douloureux s'échappent de toutes
parts; des larmes, long-temps comprimées, inondent
tous ces candides visages, pâlis par l'effroi. Au milieu
de cette suffocation générale, quatre garçons, sept jeunes
filles, poussent des cris, s'évanouissent. Le désordre
rompt les rangs; on emporte ces enfans à travers le tu-
multe, et on les dépose les uns sur le pavé de la place,
les autres sur des matelas offerts à l'instant par la pitié.
Je vis une de ces vierges livrée à des convulsions effrayantes. Une autre, immobile et muette, fixait sur
quelque fantôme *rêvé* son regard stupide. Un petit
garçon serrait les dents, serrait les poings, voulait se
battre. Les autres, évanouis, entourrés de soins, arrosés
de vinaigre, revenaient lentement, et, promenant autour

d'eux un regard effaré, ils se prenaient à pleurer. Cepen-
pendant le missionnaire, demeuré avec ses seuls confrères, en recevait des complimens sur son éloquence.
On convenait qu'il n'était ni aussi sublime que Bossuet
ni aussi dialecticien que Bourdaloue ; mais le bon jeune
homme se laissait modestement surnommer Brydaine et
Beauregard. Moi, je dis : « C'est le père Aubry qui croit
« prêcher les Iroquois. »

(10) *Il était malheureux et mécontent.....* Page 31.

Un auteur, a-t-on dit, se peint dans ses écrits. Ce
n'est ni son caractère ni même son esprit qu'il y repré-
sente, et moins encore ses mœurs ; mais ses goûts, et surtout ses passions. Celles de Chactas, celles de *René* surtout, dans l'admirable épisode qui porte ce nom, donnent une idée fort juste de la jeunesse de son auteur.
Elle fut orageuse et non moins agitée par les émotions
que par les idées. Déchu de ses espérances, il porta dans
la vie domestique cette morosité, ces hostilités de caractère qui décèlent un homme dont la supériorité est aux
prises avec l'impuissance. De là des rêveries amères, des
inquiétudes poignantes, un malaise de toutes les facultés, bien différens de cette maladie de cœur qui se déclare par la mélancolie. Dans celle-ci, la tendresse gémit
et se complaît à gémir ; on sent, au contraire, dans les
déceptions qui ont jeté René sous le sort, l'orgueil qui
souffre dans ses calculs déconcertés. C'est une âme superbe qui tournoie et se tourmente sous la serre tranchante du malheur. A cette époque, en effet, M. de

Châteaubriand, réfugié chez un libraire de Londres *,
écrivait au haut d'un galetas, sans meubles et sans feu**...
Quelle position plus lamentable que celle du talent aux
gages d'un spéculateur! « Que ne puis-je, s'écriait un
de ces honnêtes marchands d'esprit, que ne puis-je tenir
Diderot, Voltaire et Rousseau dans mon grenier! Je les
nourrirais bien; mais, parbleu, il faudrait travailler,
s'ils voulaient avoir des culottes. »

(11) *Un journal devenu fameux par sa servilité*.....
Page 33.

L'histoire des variations du *Journal des Débats* serait aussi l'histoire du *servilisme*. En fait de principes
et de sentimens, il n'a au-dessous de lui que le *Journal
de Paris :* celui-là est à l'enchère officielle de tout nouveau ministère, quand il daigne l'acheter. Quant aux
talens, les *Débats* en ont *pléthore,* tandis que la plupart de leurs confrères meurent d'inanition.

(12) *Tout se passa de leur part* (M. de Château-

---

* *Bélisse,* chez lequel il s'occupait de traductions, et, par suite,
de l'*Essai sur les Révolutions.* C'était de 1796 à 98. M. de Fontanes,
réfugié à Londres après le 18 fructidor, le fit connaître à M. de
Bruges, écuyer du comte d'Artois, et lui fit obtenir de ce prince des
secours abondans. Il en reçut aussi d'Hartwell par le canal de
M. de R***.

** Est-ce bien le même homme qui, devenu ministre d'Etat, ré-
pondait aux propositions d'une maison de librairie de Bruxelles pour
l'impression de ses œuvres, « qu'il n'était point auteur de profession,
et ne faisait de la littérature qu'un amusement ». (*Biographie de
Bruxelles,* article *Châteaubriand.*)

briand et madame de Staël) *en escarmouches, que l'Em-*
pereur eut l'impolitesse de ne pas apercevoir... Page 34.

Madame de Staël est sans contredit non seulement la
première *femme de lettres* de la France et du siècle,
mais de tous les âges et de tous les pays, si tant est cependant que, littérairement parlant, ce grand écrivain
soit une femme. Celui qui écrit ces lignes a élevé à sa
mémoire un monument de juste admiration. Cependant,
comme à ce mérite prodigieux il faut un contre-poids,
Napoléon, avec l'infaillibilité de tact qui est un des caractères de son génie, va le présenter en quelques mots.

* « C'est assurément une singulière famille que celle
de madame de Staël! son père, sa mère et elle, tous
trois à genoux, en constante adoration les uns des autres,
s'enfumant d'un encens réciproque, pour la meilleure
édification et mystification du public. Madame de Staël
toutefois peut se vanter d'avoir surpassé ses nobles parens, lorsqu'elle a osé écrire que ses sentimens pour son
père étaient tels, qu'elle s'était surprise à se trouver
jalouse de sa mère.

« Elle avait accumulé, dans le temps, tous ses efforts,
toutes ses ressources, sur le général de l'armée d'Italie;
elle lui avait écrit sans le connaître; elle le harcela présent. « C'était une des erreurs des institutions humaines,
« lui avait-elle écrit, qui avait pu lui donner pour
« femme une insignifiante créole, la douce et tranquille
« madame Bonaparte : c'était une âme de feu comme la

---

* *Mémorial de Sainte-Hélène.*

« sienne (de madame de Staël) que la nature avait des-
« tinée à un héros tel que lui, etc..... »

« A son arrivée à Paris, il se trouva poursuivi du même
empressement ; mais, de sa part, même réserve, même
silence. Madame de Staël cependant, résolue d'en tirer
quelques paroles et de lutter avec le vainqueur d'Italie,
l'aborda debout au corps dans la grande fête que M. de
Talleyrand donnait au général victorieux. Elle l'inter-
pela au milieu d'un grand cercle, lui demandant quelle
était à ses yeux la première femme du monde, morte ou
vivante. — Celle qui a fait le plus d'enfans, répondit
Bonaparte avec beaucoup de simplicité. — Madame de
Staël, d'abord un peu déconcertée, essaya de se remettre,
en lui observant qu'il avait la réputation d'aimer peu les
femmes. — Pardonnez-moi, Madame, reprit encore le
général, j'aime beaucoup la mienne.

« Le conquérant d'Italie eût pu sans doute mettre
le comble à l'enthousiasme de la Corinne génevoise, disait l'Empereur ; mais il redoutait ses infidélités politiques et son intempérance de célébrité. Peut-être eut-
il tort. Toutefois l'héroïne avait fait trop de poursuites,
elle s'était vue trop rebutée, pour ne pas devenir une
chaude ennemie. Déjà son père avait vivement déplu à
l'époque de Marengo. A mon passage, dit Napoléon,
j'avais voulu le voir, et n'avais trouvé qu'un lourd régent de collége, bien boursouflé. Peu de temps après,
et dans l'espoir de reparaître sur la scène du monde, il
publia une brochure dans laquelle il prouvait que la
France ne pouvait plus être république ni monarchie.
On ne voit pas trop, disait l'Empereur, ce qui lui res-

tait. L'ouvrage fut réfuté et défendu. On eut tort : il se réfutait par l'ennui. Madame de Staël et sa coterie ne pardonnèrent point. Elle suscita depuis Benjamin Constant, homme à talent, mais de principes, ou du moins d'opinions versatiles : car les opinions sont le caractère transformé d'après les intérêts, et celui de Benjamin est nul. Il n'entra pas franchement dans sa carrière. Lors de la formation du tribunat, il employa les plus vives sollicitations auprès du Consul pour s'y trouver compris ; comme après le 20 mars, il se tourmenta pour devenir le législateur de l'époque. Avec des intentions que je crois excellentes, il n'est pas moins vrai qu'à onze heures du soir il suppliait encore, et qu'à minuit, la faveur prononcée, il était déjà relevé jusqu'à l'insulte. Dès la première réunion des tribuns, ce fut une superbe occasion d'invectiver *. Le soir, illumination chez madame de Staël ; elle couronna son Benjamin au milieu d'une assemblée brillante, et le proclama un second Mirabeau. A cette scène dramatique succédèrent des plans dangereux. Lors du concordat, contre lequel madame de Staël était forcenée, il allia tout à coup contre le Consul les aristocrates et les républicains. — Vous n'avez plus

---

* En rapportant ces jugemens, dont, sur la foi de l'héroïque comte de Las-Cases, nous garantissons la sincérité, nous sommes loin d'en approuver l'esprit. Et nous avouons que, quoique différens sur bien des points des doctrines politiques de M. B. Constant, nous nous sommes toujours rangés près de lui sous la libre bannière de l'Opposition.

qu'un moment, leur criait-elle : demain, le tyran aura
quarante mille prêtres à son service.

« Madame de Staël, ayant enfin lassé toute patience,
fut envoyée en exil. — Au reste, dans sa disgrâce, elle
combattait d'une main et sollicitait de l'autre. Le Premier Consul lui fit dire qu'il lui laissait l'univers à exploiter, qu'il lui abandonnait le reste de la terre, et ne
se réservait que Paris, dont il lui défendait les approches.
Mais Paris était précisément l'objet de tous les
vœux de madame de Staël. Le Consul fut inflexible.
Toutefois, elle renouvelait de temps en temps ces tentatives. Sous l'empire, elle voulut être dame du palais ;
mais le moyen qu'on peut tenir avec madame de Staël.

« Plus d'une fois, autour de moi, ajoutait l'Empereur,
et dans l'espoir de me ramener, on a essayé de me faire
entendre qu'étant un adversaire redoutable, elle pouvait être une alliée utile. Il est sûr que, si elle m'avait
adopté, au lieu de me dénigrer, ainsi qu'elle l'a fait, j'y
eusse pu gagner sans doute : car sa position et son talent
lui faisaient régir certaines coteries, et l'on connaît toute
leur influence à Paris. »

Au retour de l'île d'Elbe, madame de Staël écrivit
et fit dire à l'Empereur, pour lui exprimer à sa manière
tout l'enthousiasme que causait ce nouvel et merveilleux
événement, « qu'elle était vaincue ; que ce dernier acte
n'était pas d'un homme ; qu'il plaçait, dès cet instant,
son auteur dans le ciel ». Puis, se résumant, elle finis-
sait par insinuer que, si l'Empereur faisait rembourser
les deux millions déposés au Trésor par M. Necker, lors
de sa retraite, et déjà ordonnancés par le Roi, elle lui

consacrerait (à l'Empereur) sa plume et ses principes ; en un mot qu'elle serait pour lui *noire et blanche* : ce fut l'expression dont il se servit. Napoléon lui fit répondre que rien ne le flatterait plus que son suffrage, car il appréciait tout son talent; mais qu'en vérité, il n'était pas assez riche pour le payer de tout ce prix.

On est fâché qu'à côté du livre des *Considérations sur la Révolution*, madame de Staël ait laissé sur sa tombe la brochure intitulée *Dix années d'exil.* C'est un testament *ab irato* que l'honneur de sa mémoire recommandait au néant.

Tandis que l'expédition du 20 mars rallumait le zèle de cette femme illustre, celui de M. de Châteaubriand, irrité par la vengeance, éclatait dans un rapport au Roi, dont Napoléon trouva l'exagération si utile à sa cause, qu'il le fit réimprimer avec réfutation. Celle-ci fut trop aisée. Ces deux faits manifestent on ne peut mieux le caractère des deux Oppositions. Celle des royalistes est d'orgueil et pour eux; celle des libéraux est pour la patrie, les principes et la liberté.

(13 et 14) *Inconvenances.... que le souverain, plus ingénu, qualifia plus énergiquement. C'était sur la réclamation de M. de Chénier à l'Empereur, que ce prince avait admis M. de Châteaubriand.....* Pages 35 et 36.

Un objet n'est connu que quand il est examiné sous tous ses aspects. Voici celui sous lequel l'envisageait alors un homme (M. Fiévée) qui était le correspondant avoué de l'Empereur. Peut-être aujourd'hui mettrait-il quelques modifications à ses aperçus ; du moins on peut le sup-

poser en observant ceux qu'il apporte chaque jour, je
ne dirai pas à ses principes, qu'il dit immuables, ni à
son style, qui est positif comme ses doctrines, mais à
ses doctrines mêmes. Il est vrai que les temps et les circonstances sont bien changés, et qu'en dépit de l'immutabilité, on n'est pas fâché de voir une si bonne
plume contrarier les circonstances en obéissant au
temps.

« (2 *mai* 1811.) Un des caractères de l'esprit de parti
est d'exagérer le danger des petites choses, de passer lé-
gèrement sur les objets importans, et de précipiter toutes les mesures de manière à ne pas laisser le temps de
la réflexion. * C'est ce qui a eu lieu relativement au
discours que M. de Châteaubriand devait prononcer à
l'Institut, comme successeur de Chénier, homme de
lettres, politique, et de plus un de ceux qui ont voté
la mort de Louis XVI. J'en parlerai comme tout le
monde en a parlé....

« La question se réduit à savoir s'il est temps ou non
de dire publiquement en France que c'est un crime de
mettre les rois à mort. ** ....

« Pour engager l'Empereur à interposer son autorité,
on a dit qu'il ne devait pas souffrir que des sociétés lit-

---

* C'est en effet avec cette allure que se sont présentés tous les actes
réactionnaires par lesquels le *ministérialisme* a gâté la restauration,
depuis les sanglantes proscriptions de 1815, jusqu'aux spoliations financières de 1825. M. Fiévée, qui a écrit l'histoire de quelques sessions,
a pu trouver dans ces actes la preuve bien des fois répétée de ce qu'il
avance ici.

** La question était de considérer Chénier sous l'unique point de

téraires s'occupassent de politique; mais l'Institut est-il une société littéraire ou politique?.....*

« L'Institut est une faction révolutionnaire qui a toujours eu l'adresse d'employer l'autorité souveraine pour réduire au silence les écrivains qui refusent de professer les doctrines adoptées par la faction. **

« Les derniers philosophes qui sont devenus barons, comtes et ducs, qui possèdent de beaux hôtels, de brillans équipages, témoignent la plus grande condescendance pour les volontés de l'Empereur, et semblent disposés à mépriser les doctrines qu'ils ont précédemment professées. Mais ces opinions sont toujours dans leur cœur, et pour les propager, ils élèvent de jeunes philosophes fanatiques, dont ils se chargent de faire la réputation et la fortune, et qui recommenceront à jeter la France dans le désordre. ***

---

vue littéraire, et nullement comme homme politique : l'Institut n'est point un tribunal, et le récipiendaire n'est pas un accusateur public.

* L'Institut, y compris même la classe des sciences morales et politiques, était et il est resté une société littéraire, dont une des classes, l'Académie française, ne considère et ne peut considérer les productions soumises à son examen que dans leurs formes. Or l'analyse logique et grammaticale n'est nullement du ressort de la politique.

** L'Institut d'alors, produit de la révolution, devait soutenir les doctrines en vertu desquelles il subsistait, et opposer les écrits de ses membres aux écrits dont la faction aristocratique remplissait le *Mercure*, les *Débats* et autres journaux qui lui étaient dévoués.

*** Avis aux écrivains d'un moyen age, et plus spécialement encore aux jeunes professeurs, aux écoles, aux artistes et au jeune barreau. Il est vrai qu'aujourd'hui le même auteur, s'il ne pense guère mieux sur eux, en dit moins de mal.

« La présente génération croît sans avoir de morale, sans savoir ce qui est bien, ce qui est mal. * La France est si dénuée de principes, qu'il n'est pas même permis de dire que l'assassinat d'un souverain est le plus grand des crimes, le plus grand des malheurs : cela offenserait la doctrine des membres de l'Institut. »

« Je connais mieux que personne l'orgueil et les projets des philosophes. L'Empereur les craint et les traite avec indulgence, parce qu'ils contribuent à sa gloire. Moi, je les méprise ; et s'ils n'avaient pas appelé le pouvoir à leur aide, je les aurais rendus aussi souples qu'ils sont insolens. ** »

« M. de Châteaubriand s'est très-bien conduit dans cette affaire : sa seule faute fut de consentir à devenir membre de l'Institut. En rejetant son discours, on lui a fait un affront sans exemple.

« Ce corps littéraire est organisé si singulièrement,

---

* Ceux qui avaient quinze à dix-huit ans alors en ont aujourd'hui de vingt-sept à trente ; ceux qui avaient vingt-sept ans en ont plus de quarante : c'est à peu près sur ces deux âges que se répartit l'activité ou du moins la première ferveur d'un pays. Il suit de l'assertion avancée que la France, à quelques hautes fonctions près, est gouvernée, jugée, administrée, servie par des hommes sans notions du juste et de l'injuste, sans foi ni loi, sans morale, même naturelle, en un mot. Quant aux individus de quarante à cinquante ans et au-dessus, c'est bien pis : car tous, plus ou moins, ont été et sont encore jacobins, c'est-à-dire pères des libéraux, et pères de la révolution, dont les jeunes philosophes ne sont que les enfans.

** On reconnaît, dans ces locutions familières à M. Fiévée, la modestie habituelle du correspondant de l'Empereur et de M. de Blacas,

Et le Moi, dans sa bouche, a plus d'une syllabe.

(145)

qu'il est impossible à un de ses membres d'échapper à
un éloge public. L'éloge public d'un homme qui a TUÉ
son Roi ! Je n'ai jamais entendu dire qu'après la mort
d'Henri IV un corps fanatique ait prononcé l'éloge de
Ravaillac. *

(15) Prêchez l'humanité, mais parlez d'hécatombe. Page 37.

Robespierre tombé, les décemvirs abattus, il semblait que l'humanité, que la justice du moins, dût succéder à la terreur et en réparer les horreurs. Il n'en
fut rien, on ne se le rappelle que trop. Le poignard avait
seulement changé de mains, et l'échafaud de victime.
On n'a pas oublié non plus que, durant la réaction
thermidorienne, la France, et surtout le midi de la
France, furent ensanglantés aux chants du *Réveil du
peuple :*

> Ne faisons qu'une hécatombe
> De ces Cannibales affreux.

(16) Demandait à grands cris *du sang et non des lois.* Page 39.

Chénier, pour avoir réclamé, par l'organe d'un de ses
personnages tragiques (*Timoléon*),

> DES LOIS ET NON DU SANG,

souleva contre lui toutes les fureurs du comité décem-

---

* Le procès d'une tête couronnée est un scandale ; sa condamnation est l'ébranlement de la morale politique, et sa mort sur l'é-
chaffaud est tout à la fois un crime et un malheur. Cependant Chénier,
n'ayant pas *tué son Roi*, n'était point un Ravaillac ; et, dans le discours de son successeur à l'Institut, il ne devait être question que de
ses talens, et non de ses opinions, de ses ouvrages, et non de ses actions.
C'est ce que dirait aujourd'hui M. Fiévée et peut-être aussi M. de
Châteaubriand.

viral, qui n'avait renversé Robespierre que pour n'en
être pas écrasé; mais qui continuait, dans un autre sens,
sa politique caraïbe, et sans aucun espoir de clémence
ou de modération.

(17) Qu'avec la calomnie ils ont assassiné. Page 59.

Après avoir tué sur l'échafaud André Chénier, comme conspirateur royaliste, la calomnie a essayé de tuer
Marie-Joseph comme révolutionnaire conspirateur, et
c'est encore ainsi que M. de Châteaubriand voulait tuer
sa mémoire.

Tout le monde a connu l'anecdote de cette apostro-
phe que recevait chaque matin Chénier dans un billet
anonyme : « Caïn, qu'as-tu fait de ton frère? » — On
dit aussi, ce qui est bien douteux, que mademoiselle
Dumesnil, à laquelle il était présenté, et de laquelle il
sollicitait un échantillon de son talent, lui faisant avancer un fauteuil, commença le morceau d'Agrippine
avec une intention marquée :

Approchez-vous, Néron, et prenez votre place !

Un soir, bien jeune encore, j'étais au foyer du Théâtre-
Français, adossé à la cheminée, qu'environnait un
groupe. A l'aspect d'un homme que je n'avais pas remarqué, le groupe se sépare; il fuit avec un accord marqué, et plusieurs de ceux qui le composaient, avec un
sentiment ou plutôt une affectation d'horreur. J'étais
demeuré seul, touchant presque l'individu frappé de cet
ostracisme. Savez-vous auprès de qui votre mauvais
sort vous a placé, me dit un jeune homme, en s'avan-
çant avec précaution? Mais, répondis-je, si j'en juge

par votre effroi, c'est auprès de quelque bête venimeuse ou féroce. — Celui-ci est l'un et l'autre : en un mot, c'est Chénier. — Comment, l'orateur, le poète, le publiste? — Oui, le *tueur* de roi, l'assassin de son frère! Et sur ce que ces paroles, proférées avec une indignation théâtrale, semblaient faire peu d'impression sur moi : Eh bien, me dit mon interlocuteur, en insistant, demeurerez-vous encore auprès de Caïn? — Je reste, répondis-je, auprès de l'auteur de *Fénélon*. A ces mots, mon jeune homme disparaît en s'écriant assez haut pour être entendu par la moitié du foyer : Caïn, qu'as-tu fait de ton frère? — En ce moment mes yeux rencontrèrent les grands yeux de Chénier : ils étaient pleins de larmes, et ne s'accordaient que trop avec sa physionomie mélancolique. Hélas! dès long-temps l'infortuné expiait une faute réelle * ; mais, dès ce moment, la calomnie avait promis de le tuer pour une faute imaginaire.** Elle a tenu parole ; et sans la défense de l'Empereur, plus soigneux de son honneur que lui-même, M. de Châteaubriand n'eût pas rougi de se faire l'organe des calomniateurs.

(18)   Je n'ai sauvé qu'un frère
   Qu'au fond des noirs cachots Dumont avait plongé. Page 40.

M. de Chénier l'aîné fut un des nombreux incar-

---

* Son vote dans le procès du Roi.

** Marie-Joseph s'exposa à la colère des Comités, en sollicitant jusqu'au dernier moment pour Roucher et pour André Chénier. Mais tous deux, compris dans une prétendue conspiration, étaient d'ailleurs marqués pour l'échafaud par leur haine et leurs écrits contre les bourreaux de la France.

10

cérés qu'André Dumont accumula dans les prisons de
la Somme, les menaçant toujours et ne les frappant jamais. Ce représentant était-il, ainsi qu'il l'a prétendu
après le 9 thermidor, un faux révolutionnaire, un
pseudo-terroriste? Dieu seul le sait; mais du moins, s'il
fit des malheureux, il ne fit point de victimes, et c'est
à la précaution un peu étrange de les parquer pour les
garantir que le frère de Marie-Joseph dut sa conservation.

(19 et 20) Ses vers dictés pour l'avenir. Page 40.
Et quand de thermidor la septième journée. *Idem.*

Doué des deux qualités qui font les grands poëtes, l'i-
magination et la sensibilité, André Chénier, dont la
mort précoce et tragique, autant que quelques vers exquis, ont immortalisé le nom, en aurait étendu, en aurait consolidé la célébrité par des productions dès long-
temps méditées, si sa muse, vierge antique, ne fût tom-
bée, en son printemps, sous la hache des bourreaux. Elle
dut cette autre sorte de gloire au courage qu'elle avait
déployé en demandant que la modération succédât aux
fureurs et la clémence aux assassinats. Les furieux et
les assassins, qui n'avaient pardonné ni à Vergniaud,
ni à Danton, ni à Camille Desmoulins, envoyèrent
André Chénier sur le même échafaud. Il y monta le 7
thermidor 1794, c'est-à-dire trois jours avant Robespierre! *Mourir!* se disait-il lorsqu'il fut condamné, en
se frappant le front; *mourir! j'avais là quelque
chose....* C'était sa muse qui, dans un avenir qu'il ne
verrait point, lui révélait le secret de son génie. Ce

qu'elle lui inspira, ce qu'il a laissé, et qui vivra, respiré
la naïve simplicité de Théocrite, jointe à la douce mélancolie de Virgile. C'est là jeunesse du talent, c'est là
tendresse de l'âme, c'est la candeur du génie!

(21) *Il veut que les tribunaux passent dans l'arène
politique, pour y juger des coups portés aux agens du
pouvoir.* Page 46.

En écrivant son livre *de la Monarchie selon la
Charte,* M. de Châteaubriand a écrit le bréviaire de
l'ancien régime, le manuel de l'aristocratie, le catéchisme de la contre-révolution. Demander que l'ordre
judiciaire, investi d'attributions politiques, s'ingère
dans la haute administration, et devienne l'arbitre de
ses actes, c'est non seulement rétablir les parlemens, en
leur adjoignant la pairie, mais c'est renvoyer la partie
démocratique du gouvernement, je veux dire la chambre élective. Que devient alors l'article 55 de la Charte,
qui donne aux députés le droit d'accuser les ministres,
et aux pairs *seuls* le pouvoir de les juger? Si l'accusation, de la barre des Communes, passe au parquet du
procureur-général, il est clair que cette Chambre, au
moins sous ce rapport, n'existe plus, et il n'est pas
moins manifeste que, si le jugement est déféré aux tribunaux, c'est que la pairie, au moins comme Chambre
haute, en est dépouillée. Où cela conduit-il? A ce que
les ministres, quand le cri public retentira contre eux,
soient poursuivis par les officiers ministériels qu'ils nomment et peuvent révoquer, et à ce qu'ils soient jugés par
des magistrats qu'ils ont institués. Voilà, d'une seule

idée féconde en résultats, comment la démocratie représentée perd sa part dans l'action judiciaire; comment
l'aristocratie héréditaire voit augmenter la sienne; comment les tribunaux, en aspirant quelques unes des attributions politiques, dénaturent, il est vrai, leur essence,
mais étendent leur influence; et voilà aussi par quel ex-
pédient sûr on élude, on annulle, on anéantit la responsabilité. C'est ainsi que, par des phrases, des pamphlets,
M. de Châteaubriand préludait à des actes plus sérieux
de l'autorité. Sans la brochure de ce Montesquieu de la
contre-révolution, M. le président Séguier, parlant à la
tête de sa compagnie, aurait-il osé dire au Roi : « Nous
« vous en conjurons, au nom de la société désolée du
« présent, épouvantée de l'avenir!... si Votre Majesté
« pensait que les magistrats pussent la servir encore effi-
« cacement, *rendez-leur des moyens dont l'utilité n'est*
« *point oubliée*, et, quelque dure, quelque périlleuse
« que devînt leur condition, rien ne les rebutera. * »
— Rendez-leur des *moyens* dont l'utilité n'est point
oubliée!... Qu'entendait par-là M. Séguier? Etait-ce
l'introduction de la magistrature dans les attributions du
Gouvernement? L'époque d'un exécrable attentat (assassinat de M. le duc de Berri) semblait à la faction une
occasion favorable pour réaliser une de ses idées favo-
rites. N'était-ce que la suppression du jury, le rétablissement des anciens supplices ? M. le premier président
ne s'est point expliqué; et comme un reste de pudeur

---

* Journaux du 18 février 1820.

constitutionnelle l'empêcha d'être clair, la sagesse du Roi ne permit pas à S. M. de le comprendre. »

(22) *Il veut indemniser les émigrés....* Pag. 46.

Ce qu'il a dit, je le ferai, a répondu M. de Villèle, que M. de Châteaubriand pourrait haïr, puisque M. de Villèle est son vainqueur, mais qu'il ne devrait pas mé-priser, puisque M. de Châteaubriand a été, dans toutes les manœuvres de la contre-révolution, son précurseur et son héraut.

(23 et 24) *Ces évêques, depuis si fameux par une toute autre fidélité....* Pag. 49.

Dans un opuscule de 1815, demeuré inédit, puisqu'il fut anéanti *sur épreuve*, je lis ces lignes d'autant plus remarquables qu'elles furent tracées par un royaliste, ennemi ardent de Napoléon :

« L'homme privé fut bien coupable quand il servit d'instrument aux ennemis de son pays, et quand il em-ploya pour soutenir le despotisme la force qui lui avait été donnée pour s'y opposer. Mais combien fut plus coupable encore le ministre des autels appelé à nous communiquer la parole divine, à adoucir nos mœurs, à nous rendre moins imparfaits, lorsque, fou-lant aux pieds ce plus sacré de ses devoirs, il a prostitué son saint ministère en appelant le secours d'un Dieu de paix en faveur de la tyrannie et de l'oppression, et en nous offrant le hideux spectacle de ses mœurs dissolues !

« Quel est le Français catholique, quel est l'honnête homme qui n'a pas rougi de voir le clergé prodiguer *au tyran* * le plus insolent qui jamais ait pesé sur les nations des louanges que la flatterie et l'adulation n'eussent jamais osé adresser au meilleur des rois? de lui voir donner les noms d'*envoyé de Dieu?* de l'entendre comparer sa mère à la mère du Rédempteur?

« C'est pourtant ce même clergé qui, en mars 1814, lorsque, malgré ses sacriléges vœux, un gouvernement légitime et paternel vint remplacer les fureurs d'un soldat impie, c'est ce même clergé qui osa s'empresser au-devant du meilleur des rois, et l'insulter de ses louanges hypocrites, appeler l'anathème sur ce qu'il avait divinisé la veille et sur ce qu'il devait encore diviniser le lendemain !

« Ce sont les mêmes hommes qui ont salué le Corse à son retour de l'île d'Elbe, lorsqu'il revenait plonger la France dans les horreurs de la guerre civile et de la guerre étrangère ; qui ont fait retentir les temples saints de leur banal *Te Deum*, pour rendre à Dieu de solennelles actions de grâces de « l'heureux événement qui « venait rendre à la France le héros protecteur de sa « gloire »; qui ont voulu « payer un tribut de reconnais-« sance bien due à leur bienfaiteur », en entonnant :

---

* En transcrivant ce morceau inédit, dont nous approuvons les principes religieux et libéraux, nous sommes bien loin d'en approuver toutes les opinions. Celle qui concerne Napoléon, par exemple, nous semble complétement erronée. Et loin de le regarder comme un *usurpateur* et un *tyran*, nous en raisonnons toujours comme de *l'homme de la nécessité.*

« *Domine, salvum fac imperatorem nostrum Napo-*
« *leonem.* » *

« Ce sont les mêmes hommes qui, lorsque Bonaparte
est rentré à Paris, se sont empressés d'aller lui offrir leurs
hommages, d'aller lui rendre le secours du Dieu dont
ils souillent le sanctuaire, qui se sont hâtés d'arrêter que
« *les N couronnés, les abeilles et tous les emblèmes de*
« *l'empire*, que le dernier gouvernement avait fait dis-
« paraître, seraient de suite replacés à la grille du chœur
« de la basilique de Notre-Dame ** ».

« Ce sont les mêmes hommes qui ont osé dire à Bonaparte : « Sire, nous venons de rendre, à la tête de
« notre clergé, de solennelles actions de grâces pour
« l'heureux retour de Votre Majesté dans sa capitale.
« Votre Majesté nous avait accoutumés aux prodiges :
« celui-ci semble surpasser tous les autres. En nous
« ravissant d'admiration, il nous remplit d'espérances.
« Votre Majesté, qui a rétabli la religion en France,
« veut sans doute continuer à en être le plus ferme ap-
« pui. Elle peut se confier à la fidélité du clergé de
« Nantes..... *** »

« Et qu'avait-il fait, l'homme de l'Elbe, pour obtenir ces hommages spontanés ? Il s'était assis sur le trône
de son roi. Le clergé aurait aussi-bien prodigué son encens au dey d'Alger, au roi de Maroc, si l'un de ces

---

* *Journal du Nord*, 27 mars 1815. — *Journal de Paris*, 31 mars.
** *Journal de Paris*, 2 avril.
*** Les vicaires-généraux de Nantes, *Journal de Paris.*

despotes se fût emparé du gouvernement. Le grand point, pour beaucoup de membres du clergé, c'est de recevoir leur traitement. Peu leur importe après de chanter le *Te Deum* pour un roi chrétien, ou pour un chef de bandits élevé dans la croyance des Musulmans.

« Pour s'attacher davantage encore un clergé si docile et si bien préparé, Bonaparte sanctionna l'ordonnance royale du 6 novembre 1814, qui attribuait une indemnité de 200 francs au desservant qui ferait le service de deux paroisses. Alors les concerts de 1815 reprirent leur divine harmonie. La France se vit inondée de lettres pastorales, de mandemens, où les évêques, les archevêques, les vicaires-généraux, rivalisaient de bassesses. Qui n'a pas été révolté en lisant les mandemens des évêques d'Angoulême, de Versailles, de Valence, etc....? * »

(25) *N'est-il aucune conférence où la perfidie les ait attirés sur la foi d'une promesse...?* Page 54.

Un piége fut tendu à Murat : il y périt; et celui qui l'y fit donner occupe aujourd'hui une place supérieure.

Plaigner, Tolleron et Carbonneau succombèrent par la perfidie d'un agent provocateur. C'étaient des misé-

---

* M. l'évêque de Versailles est auteur d'un mandement qu'on peut appeler la *Poétique des Flagorneurs*. Dans ce mandement, publié en 1814, au retour des Bourbons, ce digne prélat s'exprime ainsi : « Lorsque l'élan des cœurs était comprimé, que nulle représentation « ne pouvait être que dangereuse, il n'y avait qu'une voix pour faire « entendre la vérité au tyran, *celle des éloges exagérés.* »

rables qu'il fallait saigner, purger et renfermer, durant trois mois, au *Corridor rouge de Sainte-Pélagie.* *

Caron donna tête baissée dans de véritables chausses-trappes, dressées par la plus insigne déception à sa déplorable crédulité.

Il en fut ainsi du fou, de l'exalté Berton, qui vivrait encore, sans son animosité contre M. Mounier, directeur de la police. Cette haine, plus ridicule sans doute que dangereuse, lui fit ouvrir une oreille complaisante et sottement crédule à tout ce qui lui sembla pouvoir la contenter.

Je ne dis rien des déplorables affaires d'Arpaillargues, de Grenoble, et surtout de celle de Lyon. M. le maréchal Marmont, le colonel Fabvier, M. de Saineville, ont démontré que cette dernière, où coula le sang innocent, avait été organisée par cette implacable faction, à laquelle, pour assouvir d'orgueilleux ressentimens, il faut, comme à Moloch, comme à Teutatès, comme à Marat, des victimes humaines.

(26) *On a expliqué ailleurs toute ma pensée sur la condamnation du duc d'Enghien....* Page 56.

« Un jeune prince, collatéral de l'ancienne maison royale, vivait solitaire sur un territoire neutre : le Premier Consul le fait enlever, traduire devant une commission militaire, et fusiller quelques heures après.

« Un général, retiré dans ses terres, est accusé de complicité dans une conspiration contre-révolution-

---

* Où sont parqués les détenus politiques, ou ce qu'on appelle *l'Opinion.*

naire : cité devant une cour spéciale, il est condamné à une détention temporaire, que le Consul commue en exil.

« Avant de recueillir, sur ces deux faits analogues, les témoignages de l'une et l'autre opinions, rappelons quelques principes.

« Après le crime d'asservir sa patrie, le plus grand est de conspirer contre elle. C'est conspirer contre sa patrie que de conspirer contre le Gouvernement que son vote exprès a légitimé. Je pourrais étendre cette doctrine plus loin, en ajoutant que c'est conspirer aussi contre sa patrie que de conspirer contre l'homme ou les hommes qui la gouvernent de son consentement tacite. Cependant, sans offenser saint Paul, qui préconise le gouvernement de fait, en recommandant la soumission aux puissances, je m'en tiens à la première proposition, dont je crois qu'on ne contestera ni la justice, ni la justesse, ni l'évidence, ni la nécesssité. Peuples et princes s'accorderont pour qu'en thèse générale, elle soit mise hors de discussion; et il n'y aura que quelques jésuites qui voudront l'y replacer par des exemples particuliers.

« Maintenant m'accordera-t-on deux choses : la première, que Bonaparte, par le vote exprès de la nation, était Premier Consul de France; et dans la supposition qu'on chicanât sur ce vote *exprès*, m'avouera-t-on que du moins il était Consul, c'est-à-dire gouvernant par consentement tacite ?

« La seconde concession que je demande ne peut pas souffrir plus de difficulté. Était-il constant (pour me servir de la formule judiciaire) que le duc d'Enghien

eût *machiné* contre la France, ou seulement *intrigué*
contre le Premier Consul? *

---

* Voici, sur ce point historique, encore en litige, ce qu'on lit dans
les *Lettres du Cap*, et que l'on peut regarder comme dicté par Napoléon. Après avoir décrit l'explosion de la machine infernale et les
désastres qu'elle occasiona, l'auteur ajoute, en ce qui concerne le
duc d'Enghien (*Pièces sur le Captif de Sainte-Hélène*, tome 2,
pages 436 et suivantes) : « Georges et plusieurs émigrés résidans à
Londres furent reconnus pour les véritables auteurs de la machine
infernale. Georges et Pichegru avaient été jetés sur les côtes de France
par un bâtiment anglais. Tandis qu'ils cherchaient des complices en
France, ils étaient secondés en Allemagne par Dracke à Munich, et
Windham à Stuttgard. On assura, dans le temps, qu'un prince de la
maison de Bourbon devait débarquer à la falaise de Béville, aussitôt
qu'on eût appris la mort de Napoléon; et comme on craignait que le
vent, toujours indépendant du vain calcul des hommes, ne fût pas
favorable et n'empêchât le débarquement, on décida que le duc d'Enghien, alors en Allemagne, se rendrait à Paris, comme représentant du Roi, aussitôt que Napoléon serait mort. Ce jeune prince,
dont la bravoure était digne de ses ancêtres, résidait à quatre lieues
des frontières de France. Il fut prouvé qu'il avait des intelligences
à Strasbourg, où ses agens s'étaient montrés, et que, plusieurs
fois, sous prétexte de parties de chasse, il avait eu des entrevues
avec des agens de l'intérieur. Il était également prouvé que tous
les agens soldés par l'Angleterre avaient reçu l'ordre de se rendre
dans le Brisgaw et dans le duché de Bade; que le prince avait avec
lui un émigré, nommé *Masfey*, qui servait d'intermédiaire à Dracke
et à Windham, et fournissait tout l'argent nécessaire au succès de ces
complots. Napoléon jugea qu'il était de toute nécessité de s'assurer de
la personne du duc d'Enghien. On donna ordre à un régiment de dra-
gons de passer le Rhin à Neuf-Brisack, à sept heures du soir, et d'investir la maison du prince pendant la nuit. Il fut fait prisonnier (par
le général Ordenner, et non par M. de Caulaincourt), conduit à
Strasbourg, amené à Paris devant une commission militaire, condamné
à mort et exécuté. Son jugement *motivé* fut affiché avec profusion

Était-il constant que Moreau, dans l'hypothèse même
du salut de la France, eût conspiré contre son suprême

---

dans la capitale et inséré dans tous les journaux. La commission n'avait pas été formée arbitrairement, mais composée, suivant la loi,
de colonels pris parmi ceux de la garnison de Paris. Le prince avoua
« qu'il avait porté les armes contre la république, et qu'ayant solli
« cité et obtenu du service en Angleterre, il avait pris part *à tous*
« *les événemens de la guerre* ». Le duc d'Enghien était donc un des
chefs, au moins par son nom, de la conspiration qui se tramait. Ceux
même qui nièrent que ce prince eût connaissance de cette conspiration avouent que du moins sa mort doit être attribuée aux mauvaises
mesures prises par ceux qui la dirigeaient. En effet, quelle inconséquence de laisser un prince du sang anciennement royal sous la
main du Premier Consul, au moment où l'on tramait la destruction
de la république et la mort de son chef! Si, lors de l'échauffourée de
Berton, on eût trouvé à quelques lieues de Saumur l'ex-roi Joseph,
ou tout autre membre de la famille au profit de laquelle ce général
tentait le mouvement; si, dans les papiers ou par les interrogatoires
de Joseph, on eût découvert qu'il y avait connivence entre lui et les
conspirateurs, je demande si le sort de ce prince n'aurait pas été prescrit par la circonstance? — « L'affaire du duc d'Enghien, dit Napoléon, doit être envisagée sous deux rapports : d'abord selon la loi naturelle, ensuite selon les règles de la politique. Selon les lois de la nature, il était, dit-il, non seulement autorisé à le faire juger, mais
encore à le faire mettre à mort. Que peut-on alléguer, continue-t-il,
en faveur de ceux qui sont convaincus d'être les auteurs de la machine infernale (machine dont l'explosion renversa dix maisons, en
ébranla un grand nombre, tua douze personnes et en blessa plus de
trente), qui, depuis cette époque jusqu'en 1804, ont renouvelé cinq
fois leurs tentatives d'assassinat, et qui alors envoyèrent à Paris
soixante émissaires pour me faire assassiner? N'avais-je pas le droit
naturel de faire tuer ceux-là qui vendaient et achetaient mon sang?
Si l'on juge par les lois de la politique, la république jetée sur le bord
d'un précipice, et le duc d'Enghien étant, au moins nominalement,
un des chefs de la conspiration, n'était-il pas nécessaire d'effrayer

magistrat ? Si je consulte la déclaration unanime de la
commission qui condamna le duc d'Enghien, ce prince
avait ou machiné contre la France ou intrigué contre le
Consul ; si je lis la déclaration de la majorité qui condamna Moreau, ce général avait conspiré contre le Gouvernement. Que la première de ces déclarations ait été
l'expression d'une opinion intéressée, plutôt que celle
d'une vérité mathématiquement démontrée, je le crois
comme homme, et j'appellerai peut-être *assassinat politique* l'exécution qui l'a suivie ; mais, en qualité de
narrateur, il faut bien que je dise que ces actes de ma-
chination ou d'intrigue ont été ou ont paru être con-
statés, et qu'il en est résulté des faits que la commission
a réputés coupables, ou que du moins elle a punis comme
tels. En ce qui concerne les actes sur lesquels fut prononcée la culpabilité de Moreau, comme leur intention
a été démontrée par les événemens subséquens, le fait
judiciaire que la cour en avait tiré a cessé d'être pro-
blématique.

« Présentement, que quelques circonstances, si faciles
à naître dans la main d'un Gouvernement, aient favo-
risé leur perte et son triomphe, je le crains ; et c'est ici
qu'un point décidé judiciairement rentre dans un nouveau débat provoqué par l'opinion.

« A la nouvelle de l'exécution du duc d'Enghien, elle
se souleva avec une sorte d'horreur contre celui qu'elle

et de punir ceux qui avaient envoyé soixante de leurs adhérens à
Paris, parmi lesquels n'étaient ni des agens subalternes, ni des assassins, mais d'importans conspirateurs ? »

flétrit à l'instant même du titre de son assassin. Tant qu
dura le procès de Moreau, elle exhala en longs mur-
mures et quelquefois en menaces l'irritation qu'elle res-
sentait; et lorsque ce général fut condamné, elle faillit
éclater pour sa délivrance, et peut-être pour la perte de
l'homme dont il était le rival et qu'il regardait comme
son ennemi.

« Toutefois, qu'on ne s'abuse pas : l'intérêt vif et
tendre que tous les cœurs portèrent au duc d'Enghien
n'avait, avec la circonstance politique qu'un rapport
partiel et fort éloigné ; on plaignit, dans ce prince, sa
jeunesse, sa bravoure, ses amours même si tragiquement
interrompus; on gémit sur le sort de ces noms historiques qui, s'ils ne continuent pas à s'illustrer sur un
trône, semblent prédestinés à s'éteindre sur un échafaud,
enfin, au récit des lugubres accessoires qui avaient entouré sa mort, on frémit de cette terreur que le retour
des révolutions inspire, et qui s'augmente encore des
larmes d'une stérile pitié.

« Quant à Moreau, si renommé dans l'armée, si considéré parmi le peuple, son procès, ainsi que je viens de
le dire, et sa condamnation, produisirent sur l'une et
l'autre un effet plus profond et des émotions plus sé-
rieuses. Il répugnait aux hommes impartiaux de voir ce
général, si long-temps républicain, assimilé au royaliste
Pichegru, et assis à côté de chefs vendéens. Qu'il eût
connivé avec eux, c'est ce qu'on ne voulait pas savoir,
afin de ne le croire pas. Qu'il fût coupable, ou seulement imprudent, c'est ce dont on ne se permettait pas
l'examen. Et quand sa condamnation fut prononcée, on

ccueillit comme un outrage la clémence qui semblait lui en ôter l'honneur.

« Veut-on maintenant toucher à quelques uns des ressorts secrets de ces deux sanglantes affaires ? Parmi les hommes auxquels Bonaparte avait confié le pouvoir était un personnage que des crimes révolutionnaires avaient, pour ainsi dire, marqué de sang, et qui, sur ces affreux stigmates, étalait plus horriblement encore l'empreinte du sang du Roi ; d'ailleurs, ne manquant ni d'une sorte de bienveillance circonstancielle, que ceux qu'il obligeait appelaient bonté, que ceux qu'il trahissait nommaient perfidie, et qui, n'avait dans cette âme essentiellement personnelle, d'autres mobiles qu'une prévoyance égoïste et des calculs intéressés. Si depuis long-temps les jacobins accusaient Bonaparte de marcher à la dictature, les royalistes feignaient de soupçonner qu'il n'y tendait que pour en faire le marche-pied de la royauté. En prodiguant avec affectation des éloges à Monck, ils entendaient que dans le portrait de ce restaurateur des Stuarts on démêlât celui du restaurateur des Bourbons, et ils présentaient la conduite de l'un comme devant bientôt servir de modèle à l'autre. Ainsi l'opinion se détériorait insensiblement, et à tel point, que ces attaques atteignirent l'homme du monde qui plus impunément que personne aurait pu les mépriser. Déjà dans le rêve que ses terreurs réalisent il voit la perte de son immense fortune et redoute peut-être davantage. En jetant un regard d'effroi sur la restauration de Charles II, déshonorée par une réaction sanglante, il lit son nom parmi les noms de ceux qu'elle a pro-

scrits. C'est avec du sang qu'il l'effacera. Par un fatal
concours de circonstances, comme chargé de la police,
il venait de surprendre la correspondance du duc d'Enghien avec quelques contre-révolutionnaires de Strasbourg. On trouvait dans cette correspondance des
imprudences peut-être répréhensibles, quelques fanfaronnades, et l'ébauche vague, sans liaisons et sans possibilité, d'un projet criminel. Par une singularité digne
de remarque, le jeune prince parlait de Bonaparte avec
admiration; et, quoique intéressé à le haïr comme usurpateur, il se montrait le digne descendant du grand
Condé, en l'appréciant comme général. C'est ce qu'on
eut soin de cacher au Consul, auquel, dans un rapport
envenimé par la crainte, on exagéra un écart que le
nom de son auteur montrait comme important, et que
l'occasion rendait criminel. Voilà, lui dit un perfide
conseiller, voilà l'instant de rompre avec les royalistes,
comme naguère vous avez rompu avec les républicains.
A ceux-ci, qui caressaient encore leur chimère, vous
avez répondu par la réduction du tribunat; réfutez ce
surnom de Monck, dont les autres vous flétrissent, en
vous dérobant à l'occasion qui pourrait vous le mériter.
Ce sophisme, que la plus insigne mauvaise foi inculquait
à l'ambition, ne justifie pas le Consul : sans doute, il ne
fait qu'expliquer sa conduite; et, s'il est vrai que sur la
tombe ensanglantée du prince on ait fait briller une
couronne plus splendide que celle des Bourbons, doit-
on s'étonner que, pour s'aider à la saisir, il n'ait pas
dédaigné la main des bourreaux? Appliquerons-nous
cette réflexion à la catastrophe qui épargna Moreau et

enveloppa Pichegru avec Georges ? Une analyse exacte
ne s'y trouverait peut-être pas étrangère ; cependant
quelques aperçus moins subtils jetteront plus de clarté
et d'intérêt sur la matière qui nous occupe.

« Bonaparte n'était point le rival de Moreau, comme
une erreur intéressée l'a prétendu ; mais il ne serait pas
impossible que Moreau se fût cru le rival de Bonaparte.
Avant de se décider à cet égard, si l'on consulte les
gens du métier, que l'on présente auparavant leur système et leurs opinions. Celles-ci, au temps où nous
vivons, inspirent la plupart des jugemens ; et j'ai vu
des militaires qui, d'ailleurs, n'étaient point insensés,
refuser la bravoure personnelle au vainqueur de Marengo,
d'Austerlitz, d'Iéna et de Friedland, par la raison qu'un
despote est toujours lâche. Avec une telle logique, on
va loin ; mais on ne marche guère plus sûrement lorsqu'on s'appuie sur un système exclusif. Ainsi les admirateurs de la tactique lente et circonspecte de Wellington invectivent contre les vastes conceptions, les grandes
manœuvres et la fougueuse stratégie de Bonaparte ; par le
même motif, les mêmes hommes regardent Moreau
comme le restaurateur de la science militaire ; et, con-
fondant deux rapports sans analogie, ils vantent son
humanité, au lieu de prouver son génie. Le génie de
Moreau, d'un genre tout autre d'ailleurs que celui de
Wellington, avait avec lui cette ressemblance, que, profondément méditatif, il faisait entrer dans ses plans une
foule de petites circonstances étroitement liées entre
elles, et si heureusement, que de leur enchaînement ou
simultané ou successif devaient résulter des succès

moins brillans que sûrs, ou des échecs moins éclatans et plus réparables. De là ces développemens si ingénieux dans les ordres de bataille; ces ressources presque inaperçues, mais sensibles, pendant les besoins de l'action ; ces moyens inattendus qui en décident la crise ; et surtout ces retraites également savantes, majestueuses et adroites, qui réparent de grands désastres et conservent de beaux débris.

« J'ai dû caractériser le talent de Moreau, parce qu'il fut à la fois le principe de sa gloire et la cause de sa perte. En effet, dans un talent de ce genre, la défiance qu'il inspire à celui qui la possède n'est pas toujours de la modestie, et la résistance qu'il oppose à des conceptions qui dérangent ses calculs est souvent de la rivalité. Celle de Moreau avait pu être pressentie dans diverses occasions : elle éclata sans ménagement lors de la campagne d'Italie. Aux ordres du Premier Consul, décidé à porter au delà des Alpes les efforts de la guerre, quoique la ligne de ses opérations demeurât sur le Rhin, Moreau avait répondu d'abord par des subterfuges, enfin par un refus formel. On ne croit pas qu'il ait alors envié le pouvoir, pour lequel il se sentait moins de moyens que de penchans, mais qui, plus tard, lui parut plus facile à aborder, lorsqu'une imposante complicité eût promis de lui en faciliter les approches. Quoi qu'il en soit, cette résistance aux ordres d'un homme qu'il regardait comme son inférieur en talent attira d'autant plus sa haine qu'elle lui fut pardonnée. Bonaparte fit plus : la partie principale du plan de campagne de Moreau fut adoptée, c'est-à-dire qu'au lieu de dé-

tacher une division de l'armée du Rhin, destinée par
lui à courir les défilés de la Suisse, il se contenta [de
fournir à l'armée de réserve un petit nombre de batail-
lons, et d'envoyer le général Moncey à la place du général Lecourbe, que le Consul demandait, comme plus
habile pour diriger la guerre dans les montagnes.

« Qui ne voit dans cette opposition la première érup-
tion d'une inimitié que le temps ne fit que fortifier, et
que nourrirent les succès politiques du Premier Consul?
Ceux de Moreau, non moins importans sans doute,
mais plus limités, mais moins décisifs, servaient moins
à sa gloire qu'à l'agrandissement de son rival : nouveau
motif pour le détester davantage. Ajoutons pourtant
aussi celui qui honore le vainqueur d'Hohenlinden : il
était républicain. A mesure que Bonaparte marchait au
pouvoir suprême, Moreau sentait croître sa haine, bientôt aveuglée par un sentiment coupable. Bonaparte
moins puissant eût rendu Moreau moins conspirateur.
Et peut-être ai-je tort de qualifier si sérieusement un
caractère si incertain, des plans si vagues, ou peut-être
des projets si mal concertés. Ceux de Pichegru, au contraire, étaient fixes, et joignaient à cette qualité celle
d'une opiniâtreté que le temps ni les obstacles n'avaient
point usée. Depuis long-temps ce général voulait ce que
depuis a paru vouloir la France, je veux dire le rétablissement de la maison de Bourbon. Mais, avec beaucoup
de constance dans son courage, il manquait souvent de
direction dans sa conduite. Deux fois il avait échoué par
défaut d'opportunité. Il devait échouer une troisième,
dans un moment où rien n'était préparé pour une res-

tauration royale. Peut-être aussi n'était-il pas très-efficace de s'adjoindre Georges, homme énergique et dévoué sans doute, mais que rien ne recommandait auprès de ceux qui, dans les précurseurs d'un Roi annoncé comme un père, désirent que les qualités du partisan soient moins célèbres que celles du conciliateur et de l'homme d'État.

« On connaît l'issue du procès, et j'ai déjà parlé de son effet sur le public. La catastrophe qui termina la vie de Pichegru est restée sous le voile; et quoique la prévention ait voulu y reconnaître la main du Premier Consul, l'impartialité historique, qui ne la trouve appuyée que sur de frêles conjectures, ne saurait l'adopter. A ces conjectures mêmes il est de toute équité d'en opposer de contraires. Puisqu'on laissa Moreau se défendre, puisque Georges eut la liberté de parler, pourquoi eût-on ôté ces facultés à Pichegru ? Surtout on n'aperçoit nullement le motif qui les lui eût fait ôter par un assassinat. Le peuple le connaissait peu, et il y avait long-temps qu'il était suspect à l'armée *. Enfin, si, comme on l'a prétendu, il avait le projet et le pou-

***

* Dans les papiers saisis sur le comte d'Entraigues, lors de sa fuite de Venise, papiers imprimés par ordre du Gouvernement, et qui ont été produits au procès de Pichegru, on trouva toutes les preuves de la trahison de ce général, qui plus d'une fois AVAIT SACRIFIÉ SES SOLDATS *pour faciliter les opérations de l'ennemi.* « Les deux plus grands crimes qu'un homme puisse commettre, s'écriait avec indignation l'empereur (jeudi, 10 octobre 1816): celui de faire égorger froidement les hommes dont la vie est confiée à votre discrétion et à votre honneur ; celui encore de favoriser, par leur carnage, le triomphe

voir d'entraîner dans sa perte le Premier Consul, dont, en exhibant un traité secret de restauration royale, il aurait démasqué la perfide hypocrisie, n'y avait-il aucun moyen de prévenir son indiscrétion et de soustraire sa personne; et devrait-on préférer précisément celui qui exige une coopération difficile et qui laisse des vestiges dangereux? »

(INTRODUCTION A L'HISTOIRE DE L'EMPIRE
FRANÇAIS, par M. Regnault-Warin,
tome 1er, livre 1er, chapitre 3, 2e édit.)

(27) *Les sallons d'un ministre se vident, le pouvoir lui échappe, il reste seul, sinon avec ses remords, du moins avec ses regrets.....* Page 58.

Sept ministères, je crois, et plus de trente ministres ont, je ne dirai pas foulé, mais *piétiné* la France depuis dix ans. Il n'a pas tenu à eux qu'ils eussent gâté la restauration; et la preuve qu'il y a dans le fond des cœurs une racine d'amour pour les Bourbons, c'est que, malgré leurs ministres, ils ne sont point haïs. Il est vrai

---

parricide de l'ennemi qu'on a juré de combattre ! » — Ici, toutes les notions de l'équité naturelle et de l'ordre social sont renversées : l'homme coupable de ces deux énormités assassine ses amis, ses compagnons, ses défenseurs, en même temps qu'il presse de sa main rougie de leur sang la main de l'ennemi de sa patrie, devenu son complice. (*Mémorial de Sainte-Hélène*, tome 6, page 356. Voyez aussi les *Mémoires de M. de Montgaillard.*)

Arbois et Besançon viennent de se disputer *à qui érigerait une statue à Pichegru :* la victoire est demeurée à Besançon.

qu'on pourrait les aimer davantage ; mais à qui la faute ? Demandez à Fouché, à M. Ferrand, à M. de Villèle, à M. de Châteaubriand.

Ce dernier, la plume à la main, aime beaucoup la liberté et la préconise : c'est que, comme toutes les choses grandes, bonnes et belles, la liberté est inspiratrice des nobles pensées et des expressions énergiques. Mais, s'il faut le dire, le civisme de cet écrivain est tout en phrases : lorsqu'il a bien parlé, il croit avoir agi. Ministre d'état en 1815, depuis ministre à portefeuille, qu'a-t-il fait ? Sa position cependant lui permettait de réaliser ce qu'il avait promis, de le tenter au moins. Tout s'est borné à contrarier la conception de M. de Villèle sur le remboursement, devenue, par adoption, la pensée favorite du feu Roi ; tout s'est borné à proposer le viol de la Charte par la septennalité ; tout s'est borné à préparer non la fusion des partis et l'organisation de la monarchie renouvelée, mais le triomphe des supériorités aristocratiques, car c'est toujours là qu'aboutit le patriotisme du noble pair. Il ne faut pas demander si, durant cette période, le *Journal des Débats* était ministériel. Quand son principal auteur fut éconduit, il ne faut pas demander qui devint clef de meute de la contre-opposition. Les intérêts venaient de chanceler : les oppositions firent volte-face. C'est spécialement dans le parti dont M. de Châteaubriand est le chef nominal que les opinions ne sont que des intérêts transformés.

Le ministère Villèle a contre lui la France qui sent, aussi-bien que la France qui raisonne. Il a fait trop de mal, il a surtout empêché trop de bien, pour permettre à un honnête homme de le défendre. Qui, sans avoir foulé toute pudeur, oserait parler pour le législateur des *trois pour cent* *, pour l'inventeur de la septennalité **, pour le *créateur* du sacrilége ***? En devenant l'avocat de ces triumvirs, qui, comme ceux de Rome, se sont partagé la patrie, qui pourrait oublier que, pour abriter leurs attentats, ils avaient arraché à l'agonie de l'auteur de la Charte la censure, qui en est le plus mortel poison?

Voilà sur quels textes, aussi abondans que déplorables, avaient à sermoner les prédicateurs des *Débats ;* voilà sur quels textes ils ont gardé un silence religiéux durant tout le ministère de M. de Châteaubriand, et voilà sur quels textes son renvoi leur a rendu l'intrépidité de l'attaque et le courage de la loquacité.

Pour ceux à qui l'habitude des événemens a fait *apprendre par cœur* M. de Châteaubriand et ses *Débats,* ce changement n'eut rien que de naturel. L'opposition feignit de le trouver admirable et s'en empara. Tout est de bonne guerre contre un ennemi perfide, et le désespoir fait arme de tout. Il fut peut-être un peu plaisant de surprendre des relations, jusque alors insolites, entre la rue des Prêtres **** et la rue Montmartre *****! deux camps, jusqu'ici baïonnettes croisées l'un contre l'autre,

---

* M. de Villèle.

** MM. de Châteaubriand et Corbière.

*** M. Peyronnet.

**** Où s'imprime *le Journal des Débats.*

***** Où se publie *le Constitutionnel.*

aujourd'hui combattant sous le même drapeau ! Et notez que le fier *Constitutionnel* ne changea pas le sien. De quelles nuances les *Débats* ont-ils donc enluminé leur blanche bannière? Je ne les distingue pas parfaitement ; mais j'ai vu des philosophes, des libéraux, voire même des républicains, sourire à la lecture descolonnes au pied desquelles se lisent les hiéroglyphes Z., T. L., V., etc. *

Il y a dix-huit mois que M. le président du conseil renvoya lestement le collègue qui le gênait moins qu'il ne contrariait le Roi; mais ce gênant, ce contrariant collègue est un pair de France, il est surtout un homme à talent, et il ne fallait pas être grossier avec un pair de France, même quand il a du talent. C'est que l'esprit (et M. de Villèle ainsi que M. de Corbière en ont infiniment) n'a pas toujours assez de sens pour comprendre le génie.

Celui de M. de Châteaubriand, auquel M. de Corbière, qui se connaît en entêtement **, reproche d'être entêté, et auquel M. de Villèle, qui se connaît en finances, reprochait d'en parler sans s'y connaître; ce génie, dis-je, illuminé par la persécution, fortifié par l'injustice, a soudain créé, dans la rue des Prêtres, une espèce de ministère des finances, dont son journal recueille les actes, et qu'il administre au gré de ses abonnés. Là, tous les matins, chacun d'eux a le double plaisir de fronder l'ineptie du ministre en pied et d'admirer la

---

* La lettre A seule (M. *de Féletz*) a conservé son incorruptible immutabilité.

** M. Corbière et M. de Chateaubriand sont Bretons.

sagacité du ministre *in partibus.* De temps en temps,
M. Fiévée, qui est, dans cette haute administration, une
espèce de sous-secrétaire d'État, M. Fiévée ouvre son
portefeuille, où, à côté de la nouvelle édition de *la Dot
de Suzette* *, reposent, sur quelques carrés de papier
tellière, le salut de l'État et la restauration des finances **. Le jour qu'apparut certain numéro décisif, il
y eut tremblement de terre rue de Rivoli : c'est depuis
cette époque que M. de Villèle, qui, comme on sait,
ne garantit pas toujours ses collègues, se croit un *tiers
consolidé.*

(27 bis) *On osa invoquer l'attestation de Pie VII....*
Page 59.

« Écrivez à votre illustre neveu, disait S. S. au cardinal Fesch, que, soit comme homme, soit comme
évêque, je ne conserve aucune animosité contre lui. Si
sa politique lui a commandé certaines mesures, je suis
convaincu que sa religion les lui faisait blâmer. Et si,
dans le malheur que le Ciel lui a envoyé en punition de
trop de gloire, mon souvenir paternel et ma bénédiction
apostolique peuvent lui être de quelque consolation,
j'autorise Votre Éminence à les lui transmettre. » ***

(Traduit de l'italien.)

---

* Joli roman de M. Fiévée.

** Autre roman de M. Fiévée, dans lequel il propose pour base et
pour gage de l'indemnité « *le rachat de la contribution foncière* ».
L'idée première de ce projet appartient à M. Pitt.

*** On trouvera, dans ce fragment, la douceur évangélique qui faisait le caractère de Pie VII. Il n'a jamais cessé d'avoir pour l'homme

(29) *Un seul homme......* Page 64.

Pourquoi M. Fox a-t-il dit qu'une restauration était la pire des révolutions ? Moi, je pense qu'elle en contient deux. D'où vient ? C'est que, mettant d'abord en présence le vieux et le neuf, elle arme sur-le-champ des intérêts contraires ; et qu'après avoir donné gain de cause à ceux par lesquels et pour lesquels elle a été ramenée, elle se voit bientôt contrainte à les abandonner pour faire triompher les intérêts opposés. Toutefois ce triomphe ne peut être qu'une transition à la fusion de ces mêmes intérêts, facilement réduits alors, et de guerre lasse, à l'unité de direction, par l'amollissement des opinions. Cette fusion, qui renouvelle ce qui est suranné, qui vieillit ce qui est trop jeune, fait la seule vie possible d'une restauration. C'est celle dont Henri IV, homme adroit autant que bonhomme, infiltra, pour ainsi dire, les veines de l'Etat. Aussi l'Etat, sous cette main également paternelle et habile, reprit-il son existence long-temps interrompue. Plus de royalistes, plus de ligueurs, mais des français. Quand un monarque appelé ou rappelé a le bonheur de trouver un milieu où les factions peuvent se donner ou accepter rendez-vous, l'accord est possible, la réunion nécessaire ; et, en dernière analyse, la restauration et la révolution peuvent s'embrasser.

---

extraordinaire qu'il regardait comme son fils une affection toute paternelle. Lorsque, avec le départ de l'île d'Elbe, ce vénérable pontife en eut appris le succès, il dit à Lucien d'un air riant et avec un accent satisfait : *E sbercato, e arrivato.* Cela vaut le : *Veni, vidi, vici* de César.

Cette théorie pacifique ne fut point comprise par les passions de Charles II, qui ensanglantèrent sa restauration, et moins encore par les préjugés de Jacques, qui tuèrent la sienne. La portée de leur esprit n'allait pas jusqu'à concevoir qu'une restauration n'est qu'un raisonnement de bonne logique; mais qu'une contre-révolution est un sophisme, et même un contre-sens, bientôt réfuté et rectifié par une révolution nouvelle. Jeté par la tempête populaire à Saint-Germain, *où il régnait en touchant les écrouelles,* Jacques nomma sa position *un accident, une épreuve de la Providence :* il fit cette épreuve dix ans *, et ne la comprit jamais.

En mettant le pied sur la terre natale, le feu roi avait à opter entre l'exemple des Stuarts et celui du chef de sa race. Dans l'âme d'un Bourbon, n'eût-il été doté d'aucun esprit, le choix ne pouvait être douteux. La déclaration libérale qui le précéda admit de la révolution tout ce qui était admissible ; et ce fut sur ses bases, également royales et populaires, qu'il assit l'édifice incomplet, mais suffisant, de la Charte constitutionnelle. Présentée comme une concession, l'acceptation authentique de ceux qui, à cette époque, pouvaient seuls représenter la France, et bientôt l'assentiment unanime, l'adhésion presque nominale de la France elle-même, couvrirent l'irrégularité des formes de son origine. Tous s'accordèrent, en considérant la Charte comme une transaction entre le présent et le passé, à la respecter à

---

* Depuis la bataille de la Boyne (1690), qui assura le trône à la maison d'Orange, jusqu'à mort de Jacques (1701).

titre de pacte national, de contrat entre le monarque et le peuple. Ceux qui ont voulu lui conserver le caractère de *concession octroyée* n'ont pas réfléchi qu'en prétendant l'asseoir, d'une part, sur la volonté absolue, de l'autre, sur l'obéissance passive, non seulement ils lui ôtaient la sainteté, mais encore la solidité d'un engagement réciproque. Ce qu'une partie peut délier ne saurait compromettre l'autre partie; et la liberté elle-même serait un esclavage si elle était imposée.

Mais qu'est-ce qu'une charte, fût-elle parfaite? que sont les meilleures lois sans exécution? Et je dis exécution pleine, loyale, sincère, et dirigée par une intention droite et des vues désintéressées. Ces caractères furent-ils manifestés par les ministres de la restauration? Presque tous, soit qu'ils ne la comprissent point, soit qu'ils ne voulussent point la comprendre, changèrent en fléau ce qui devait être un bienfait. Au lieu d'exécuter la Charte par le bon sens, ils voulurent l'expliquer par la grammaire; au lieu d'en saisir le facile esprit, ils équivoquèrent sur la lettre; au lieu de ne voir dans la loi fondamentale que des principes généraux, de l'application la plus aisée, ils y découvrirent d'intarissables sources d'exceptions. Quant aux prétextes, ils ne manquent jamais à qui veut substituer l'abus à l'usage; et, quant aux sophismes, ils manquent encore moins pour justifier l'abus.

Averti par l'opinion, sans doute aussi par son excellent esprit, le feu roi comprit que des mains maladroites ou perfides gâtaient son œuvre et la calomniaient auprès de son peuple. En dépit de je ne sais quel conseil oc-

culte qui le contrariait ou l'entraînait, ce prince voulut
et de nouveau il déclara vouloir le strict et littéral
maintien de la loi par laquelle la nation prétendait être
régie, et sans laquelle tomberait le trône constitutionnel.
Ce fut alors que M. Decaze, depuis long-temps éprouvé
pour ses principes comme pour ses talens, fut appelé
aux conseils.

Quel que soit le jugement que l'histoire porte de cet
homme d'Etat, elle commencera par établir, et toute
son administration le démontre, qu'il arriva au pouvoir
avec l'intention formelle *de ne pas faire mentir le Roi*.
Jusque alors, en effet, c'était encore plus par des gau-
cheries que par des méchancetés que les conseillers du
trône en avaient terni l'éclat. Ils avaient oublié l'adage
du roi Jean *, et ne regardaient pas la vérité comme le
plus beau diamant de la couronne.

Monsieur Decaze pensa autrement. Assez jeune pour
n'avoir pas trempé, même un doigt, dans le sang versé
par la révolution; assez âgé pour l'avoir vue passer avec
toutes ses fureurs, et assez spirituel pour y démêler de
nombreux avantages, il jugea que les fureurs devaient
charger la mémoire de la révolution expirée, mais que
les avantages pouvaient enrichir la restauration naissante. Ici le jeune Télémaque, sans en vouloir remontrer
au vieux Mentor, avait, avec quelque peu de sa sagesse,
les connaissances positives que donne la vue habituelle
des choses. Le royal Mentor d'Hartwell ne les avait

---

* « Si la vérité était bannie de la terre, elle devrait se retrouver
dans le cœur du roi de France. »

aperçues qu'à travers les brouillards de la Tamise, je veux dire ces tristes préjugés britanniques qui les ont si long-temps défigurées.

Du seuil de son ministère, et avant d'y pénétrer, M. Decaze promène sur la France un regard inquisiteur; il en parcourt tous les rangs, il en consulte toutes les opinions; il en pèse, il en compare tous les intérêts. Quel est le résultat de cette investigation? Premièrement, que la révolution, dont chaque gouvernement enfanté par elle a cru poser le terme, est loin d'être épuisée dans ses causes, qu'elle n'est tout au plus que suspendue dans ses effets; en second lieu, que l'esprit d'indépendance qui d'abord avait semblé jaillir du milieu de la multitude dépendante a gagné toutes les conditions, et les rend toutes impatientes du joug et dégoûtées de gouvernement; troisièmement, que cet enthousiasme de la liberté politique, qui ennoblit les premières années et les premiers efforts de la révolution, a été remplacé par le goût, par le besoin, par la passion d'une liberté licencieuse qui voit une chaîne dans la règle et des jouissances dans le désordre; quatrièmement, que l'amour de l'égalité n'a été qu'un passage au désir de la supériorité, comme l'essai de la république n'a été qu'un moyen de domination; cinquièmement, et cette considération est d'une importance radicale, que l'esprit de famille, dès long-temps altéré par les vices des pères, est enfin venu se perdre dans l'égoïsme des enfans; les traditions des aïeux, la tendresse des mères, l'autorité paternelle, la concorde des frères, l'influence des parens, en un mot ce qui constitue la famille, a disparu pour faire place à ce sentiment individuel, insouciant du passé, indifférent sur l'avenir, tout absorbé par le présent, et qui, sans s'en douter, abjure peu à peu l'homme social pour redevenir l'homme naturel.

Voilà quelle nation, voilà quels hommes M. Decaze fut appelé à gouverner. Les a-t-il toujours régis de manière à faire tourner à l'avantage commun leurs passions incessamment déchaînées ? J'ai la conviction qu'il en eut toujours l'intention, qu'il y réunit ses moyens et ses efforts. Et ce ne fut pas, il le faut avouer, dans les gouvernés qu'il rencontra le plus d'obstacles : l'opposition venait de plus haut. Superbe, exigeante et cruelle, cette opposition commanda la suspension de la liberté individuelle, le châtiment des cris et des écrits séditieux ; elle voulut les cours prévôtales, et, par une amnistie dérisoire, sous prétexte de punir l'attentat, elle nationalisa la proscription. Entouré de ces exigences furieuses, que pouvait faire M. Decaze ? On va répondre que Roland, que Carnot, lui étaient en exemples ; mais, en se retirant, ni Carnot ni Roland ne livraient la patrie et la royauté à leurs ennemis ; et ils hurlaient derrière M. Decaze, les ennemis de la royauté, de la Charte et de la patrie. On ne donne pas d'ailleurs ce ministre comme un Romain. Tant qu'il eut la main libre, il agit en homme sensible ; quand on la lui força, en homme adroit. Emporté par la bourrasque qui ébranlait le trône, le monarque lui avait dit : Louvoyez ! et le ministre louvoya. Un grand homme eût sauvé le pays : M. Decaze ne le perdit pas.

(3o) *Attaquer l'homme du dix-neuvième siècle à*

coups de brochures , c'est vouloir renverser la colonne d'Austerlitz avec un cure-dent..... Page 72.

On sera curieux de connaître de quelles armes M. de Châteaubriand se sert dans ses attaques individuelles contre l'Empereur. Il n'est déjà que trop avéré qu'elles furent dirigées par l'esprit de parti, qui frappe à tort et à travers; mais à l'acrimonie du fiel qui empoisonne leur trempe, mais à l'aveugle fureur dont il charge un homme abattu, on croirait que M. de Châteaubriand avait à venger quelque injure personnelle. Peut-être les documens que nous joignons à cette note expliqueront-ils cet acharnement. Voici d'abord les outrages que je copie en feuilletant la brochure :

« Buonaparte est un *faux grand homme.* La nature le forma sans entrailles; sa tête est l'empire des ténèbres et de la confusion (page 48). Il veut paraître original, et n'est jamais qu'imitateur. Il essaie toujours de dire ce qu'il croit un grand mot, et de faire ce qu'il présume être une grande chose (page 49). Né pour détruire, il porte le mal dans son sein tout naturellement. Il a horreur du bonheur des hommes. Son grand plaisir était de déshonorer la vertu (page 51). Enfant de notre révolution, il a des ressemblances frappantes avec sa mère : intempérance de langage, goût de la basse littérature, passion d'écrire dans les journaux. Sous le masque d'Alexandre et de César, on aperçoit l'*homme de peu* et l'*enfant de petite famille* (page 50).... Nos enfans étaient placés dans des écoles où on leur apprenait, au son du tambour, l'irréligion, la débauche, le mépris des vertus domestiques..... L'autorité paternelle, respectée par les

plus affreux tyrans de l'antiquité, était traitée par Buonaparte d'abus et de préjugé. Il voulait faire de nos fils
des espèces de Mameloucks, sans Dieu, sans famille et
sans patrie. Il semble que cet ennemi de tout s'attachait
à détruire la France par ses fondemens. Il a plus corrompu les hommes, plus fait de mal au genre humain
dans le court espace de dix années, que tous les tyrans
de Rome ensemble, depuis Néron jusqu'au dernier per-
sécuteur des chrétiens (page 17).... S'il naissait en
France quelque branche d'industrie, il s'en emparait,
et elle séchait entre ses mains (page 20). Il avait, par
des combinaisons absurdes, ou plutôt par une ignorance
et un dégoût décidé de la marine, achevé de perdre nos
colonies et d'anéantir nos flottes (page 21). La France
entière était au pillage. Les infirmités, l'indigence, la
mort, l'éducation, les arts, les sciences, tout payait un
tribut au prince. Vous aviez un fils estropié, cul-de-
jatte, incapable de servir : une loi de la conscription
vous obligeait à donner quinze cents francs pour vous
consoler de ce malheur (page 22). Lorsque Buonaparte
fit distribuer des alimens aux pauvres dans l'hiver de
1811, on crut qu'il tirait cette générosité de son épar-
gne : il leva à cette occasion des centimes additionnels,
et gagna quatre millions sur la soupe des pauvres (pages 23 et 24).... La plume d'un Français se refuserait à
peindre l'horreur de ses champs de bataille : un homme
blessé devient pour Buonaparte un fardeau ; des mon-
ceaux de soldats mutilés, jetés pêle-mêle dans un coin,
restent quelquefois des jours et des semaines sans être
pansés ; nulle précaution prise pour eux par le bourreau

des Français; point de pharmacie, point d'ambulance, quelquefois même pas d'instrumens pour couper les membres fracassés (page 40). Absurde en administration, criminel en politique, qu'avait-il donc pour séduire, cet étranger? Sa gloire militaire? Eh bien, il en est dépouillé. C'est en effet un grand gagneur de batailles; mais, hors de là, le moindre général est plus habile que lui. Il n'entend rien aux retraites, à la chicane du terrain. Il est impatient, incapable d'attendre un résultat, suite d'une longue combinaison militaire. Il ne sait qu'aller en avant, faire des pointes, courir; remporter des victoires, comme on l'a dit, *à coups d'hommes*, sacrifier tout pour un succès, sans s'embarrasser d'un revers; tuer la moitié de ses soldats par des marches au-dessus des forces humaines. Peu importe : n'a-t-il pas la conscription et *la matière première !* C'est ainsi qu'il tendait à nous replonger dans la barbarie. Par la conscription, les métiers, les arts et les lettres sont inévitablement détruits. Un jeune homme *qui doit mourir à vingt ans* ne peut se livrer à aucune étude. En brisant les liens de la société générale, elle anéantit ceux de la famille. Accoutumés, dès le berceau, à se regarder comme des victimes dévouées, les enfans n'obéissent plus à leurs parens; ils deviennent paresseux, débauchés, en attendant le jour où ils iront piller et égorger le monde. De leur côté, les pères et mères n'attachaient plus leur affection à des enfans qu'ils se préparaient à perdre (pages 29 et 30)…. Nous voulions la monarchie assise sur les bases de l'égalité des droits, de la morale, de la liberté civile, de la to-

lérance politique et religieuse. Nous l'as-tu donnée,
cette monarchie ? Qu'as-tu fait pour nous ? Que devons-
nous à ton règne ? Qui est-ce qui a assassiné le duc
d'Enghien, torturé Pichegru, banni Moreau, chargé de
chaînes le souverain pontife, enlevé les princes d'Espagne, commencé une guerre impie ? C'est toi. Qui est-
ce qui a perdu nos colonies, anéanti notre commerce,
ouvert l'Amérique aux Anglais, corrompu nos mœurs,
enlevé les enfans aux pères, désolé les familles, ravagé
le monde, brûlé plus de mille lieues de pays, inspiré
l'horreur du nom français à toute la terre ? C'est toi *.
Qui est-ce qui a exposé la France à la peste, à l'invasion, au démembrement, à la conquête ? C'est encore
toi (pages 53, 54, 55). »

De quel monstre, de quelle hyène, de quel Néron,
parle donc M. de Châteaubriand dans cette imprécation
qu'une éloquente vertu semblerait avoir inspirée contre
le crime ? De l'homme qui, depuis l'existence des sociétés, a fait le plus de bien à la civilisation, le plus de
mal à ses ennemis, le plus d'honneur au genre humain !

---

* Dans un article du *Journal des Débats*, publié le 11 août 1823,
sur une *Histoire de l'expédition* de Russie, article d'ailleurs nourri
de faits et éloquemment écrit, M. Hoffmann, continuant cet esprit
d'injustice et de dénigrement que professe contre Napoléon le parti
qui, en héritant de son pouvoir, voudrait bien faire oublier son génie,
mais le rappelle même par ses propres fautes; M. Hoffmann analyse
et examine les causes qui décidèrent les desastres de cette expédition.
Il n'en omet que deux, qui, en effet, n'auraient pu être mentionnées
sans détruire le système dans lequel il écrit et sans anéantir son article : l'incendie de Moscow et un froid de 29-30 degrés.

— Voici les éclaircissemens promis : nous les empruntons au *Mémorial de Sainte-Hélène*, par le respectable comte de Las-Cases, en observant que ce digne ami du monarque exilé garantit leur véracité sur la foi de ses fidèles compagnons de gloire et d'infortune.

Je lis dans le tome 4 du *Mémorial*, journal du samedi 1ᵉʳ juin 1816, page 120 : « On a lu à l'empereur un discours de M. de Ch. pour rendre le clergé apte à hériter. C'était, observait-il, un discours d'Académie, et non pas une opinion de législateur : il y avait beaucoup d'esprit, fort peu de sens, aucune vue. « Laissez « hériter le clergé, disait l'Empereur, et personne ne « mourra sans être obligé de payer son absolution : car, « de quelque opinion qu'on soit, personne ne sait où « il va en quittant la vie. C'est là le grand, le dernier « compte : aussi personne ne peut répondre de son der-« nier sentiment, ni de la force de sa tête. Qui peut « dire que je ne mourrai pas dans les bras d'un confes-« seur *, et qu'il ne me fera pas faire amende hono-« rable pour le mal que je n'aurai pas fait ? » Du reste, a observé quelqu'un, ici M. de Ch. soutient une opinion

---

* Témoins Diderot, agité dans les bras de sa fille; d'Alembert, faiblement rassuré par ses amis; Helvétius, demandant un théatin; Voltaire, se confessant à l'abbé Gauthier. Dans ces derniers momens reparaissent tous les enseignemens de nos années premières, et avec eux toutes les terreurs dont les fausses doctrines d'une religion vraie ont formé son cortége. Qu'au lieu d'ouvrir l'Enfer sous nos premiers pas, nos prêtres nous les montrent précédés par un Dieu dont la prévoyance les guide et la bonté les raffermit, il sera aussi doux alors de mourir qu'il eût été agréable de vivre.

plutôt qu'un sentiment; on a des raisons de croire qu'*en religion* et *en politique* il prêche souvent ce dont il n'est pas convaincu*.

« *En religion.*—On sait qu'avant de travailler à son *Génie du Christianisme*; il publia à Londres un ouvrage très-antireligieux. Un bénédictin de Sorèze (*Dulau*), homme d'esprit et de jugement, que l'émigration avait fait libraire à Londres, et auquel M. de Ch. avait confié la vente de son ouvrage, se permit de lui donner un sage conseil. Il lui observa que les temps et les lieux n'étaient plus favorables aux déclamations antireligieuses; qu'elles étaient devenues banales et de mauvais ton; que le moyen le plus sûr de capter désormais l'intérêt public serait de prendre le contre-pied, de se vouer, au contraire, à la défense de la religion**. M. de Ch. le crut, et fit son *Génie du Christianisme*. Or le bénédictin avait si bien jugé le choix du moment, qu'il est à croire que, si le *Génie du Christianisme* venait à paraître aujourd'hui, il n'obtiendrait pas parmi nous le succès qu'il a eu.

La nomination de l'auteur précisément à la légation

---

* C'est ce qui explique à la fois la versatilité des doctrines de M. de Châteaubriand, les variations de sa conduite, et le peu d'autorité dont il jouit, même dans le parti dont il ne veut être ni le simple hérault ni le vil instrument, et qui n'en veut point pour son chef.

** Le prévoyant bénédictin répète ici auprès de notre théologue le rôle que Diderot remplit jadis auprès de Rousseau. Celui-ci, dit-on, dans l'*Examen de l'influence des sciences et des lettres*, voulait traiter l'affirmative. C'est le pont aux ânes, remarqua le philosophe de Langres; et celui de Genève établit son paradoxe.

de Rome fut considérée dans le temps comme une vraie galanterie de la part du Premier Consul, et reçue par M. de Ch. comme un premier triomphe qui lui en assurait de bien plus grands encore dans la capitale du monde chrétien, au sein des princes de l'Eglise. Mais il ne tarda pas à se convaincre d'un gros mécompte : car on se montra fort scandalisé à Rome de voir la religion transformée en roman ; et les docteurs réprouvèrent sans balancer le *Génie du Christianisme*, qu'ils disaient hérissé d'hérésies.

« Toutefois M. de Ch., intrépidement retranché derrière son mérite, eut pour ressource de prendre en pitié de pareilles niaiseries. Et, à quelque temps de là, se trouvant parrain d'une petite fille, il lui donna le nom d'*Atala* ; mais le prêtre refusa net, tandis que, de son côté, M. de Ch. insista avec toute l'obstination d'un auteur et la fierté d'un ambassadeur. Cela fit du bruit, et il porta plainte au cardinal gouvernant, qui se trouva de l'opinion du prêtre, et reçut fort mal une confidence de M. de Ch., qui, croyant avoir acquis les droits d'initié, terminait ses argumens en disant « qu'il était bien ridicule que ce fût à lui qu'on fît une pareille difficulté : car, observait-il, Votre Éminence, *entre nous*, doit bien savoir que d'Atala aux autres saintes il n'y a pas grande différence. »

« L'Empereur a été fort amusé de ces détails, qu'il disait entendre pour la première fois, et le narrateur a observé que, bien qu'il ne pût pas les garantir précisément, ils avaient, au moins pour lui, le caractère de l'authenticité, ayant été recueillis d'un des successeurs de M. de Ch. à la légation de Rome.

« *En politique.*—On a vu, continuait-on, M. de Ch. venir à Napoléon et s'en éloigner, y venir de nouveau pour s'en éloigner encore. Et lorsqu'il a été à son service, l'Empereur se plaint de sa malveillance, de sa déloyauté, notamment dans sa légation de Rome, auprès du vieux roi de Sardaigne *.

« Lors de la catastrophe de 1814, il s'est signalé par des pamphlets si outrageusement passionnés, tellement virulens, si effrontément calomnieux, qu'ils inspirèrent le dégoût, et qu'il est à croire qu'il les regrette à présent. Un aussi beau talent ne se prostituerait pas à les reproduire aujourd'hui.

« Quelques années avant nos désastres, l'Empereur,

---

* L'ancien roi de Sardaigne, après son abdication, s'était retiré à Rome, où il s'occupait entièrement d'exercices de piété. Il jouissait d'une pension annuelle de cent mille écus romains que la France lui faisait. Son frère, le roi actuel, s'étant dispensé (probablement faute de moyens) de lui payer les revenus qu'il s'était réservés, Châteaubriand crut devoir faire une visite à cette Majesté, en secret et *incognito*. D'un air doucereux, il commença par le plaindre de la violence qu'on avait employée pour le faire descendre du trône. Lorsque le vieux roi vit, dans le cours de la conversation, que celui qui lui tenait un pareil langage était secrétaire de légation, il en fut indigné; il le prit pour un espion, et le renvoya, ou, pour mieux dire, il se mit à la porte. Quelques jours après, ayant occasion d'écrire à Napoléon, il se plaignit de la visite de Châteaubriand, auquel il attribuait l'intention de troubler la retraite qu'il s'était choisie à Rome; mais il fut bientôt convaincu qu'il s'était trompé, car la disgrâce et le rappel du secrétaire de légation suivirent de près. (*Pièces authentiques sur le captif de Sainte-Hélène*, tome 2, page 468.)

lisant quelques morceaux de cet écrivain, demanda comment il se faisait qu'il ne fût pas de l'Institut. Ces paroles furent aussitôt une recommandation toute-puis-
sante : M. de Ch. s'empressa d'en aller solliciter le prix,
et fut nommé à la presque-unanimité.

 « C'était un usage de rigueur à l'Institut que le récipiendaire fît l'éloge de son prédécesseur. M. de Ch.,
assuré que, pour peu qu'on eût déjà occupé l'attention
publique, le moyen le plus sûr de devenir tout-à-fait
célèbre était de sortir de la route battue et de prendre
au rebours des autres, consacra une partie de son discours à flétrir les principes politiques de M. de Chénier,
son devancier, et à proscrire sa mémoire comme celle
d'un régicide. Ce fut un vrai plaidoyer politique, où il
discutait la restauration de la monarchie, le jugement et
la mort de Louis XVI. Ce fut alors une grande rumeur
dans tout l'Institut, les uns refusant d'entendre un discours qui leur paraissait indécent, d'autres au contraire appuyant pour qu'on en admît la lecture. De
l'Institut, la querelle se répandit dans Paris; elle remplit et divisa tous les cercles de la capitale. L'Empereur, à qui tout parvenait et qui voulait tout connaître,
se fit apporter ce discours: il le trouva de la dernière
extravagance, et en prononça sur-le-champ l'interdic-
tion *. Un de ses grands-officiers, membre de l'Institut,
qui avait opiné vivement pour la lecture du discours,

---

* Moins indulgent que Louis XV, qui, après avoir parcouru le discours dans lequel, lors de sa réception, M. de Pompignan insultait
Voltaire et aux philosophes dont il était le chef, se contenta de dire

servit à l'Empereur, à l'un de ses couchers, à manifester son opinion : « Eh depuis quand, Monsieur, lui dit-il avec sévérité, l'Institut se permet-il de devenir une assemblée politique? Qu'il fasse des vers, qu'il censure les fautes de la langue; mais qu'il ne sorte pas du domaine des Muses, où je saurai l'y faire rentrer *. Est-ce bien vous, Monsieur, qui avez voulu autoriser une pareille diatribe? Que M. de Ch. ait de l'insanité ou de la malveillance, il y a pour lui des petites-maisons ou un châtiment; et puis, peut-être encore est-ce son opinion, et il n'en doit pas le sacrifice à ma politique, qu'il ignore, comme vous, qui la connaissez si bien. Il peut avoir son excuse; vous ne sauriez avoir la vôtre, vous qui vivez à mes côtés, qui savez ce que je fais, ce que je veux. Monsieur, je vous tiens pour coupable, pour criminel. Vous ne tendez à rien moins qu'à ramener le désordre, la confusion, l'anarchie, les massacres. Sommes-nous donc des bandits, et ne suis-je qu'un usurpateur! Je n'ai détrôné personne, Monsieur; j'ai trouvé, j'ai relevé la couronne dans le ruisseau, et le peuple l'a mise sur ma tête : qu'on respecte ses actes!... »

(31, 32, 33.) Pag. 81 et 82. Toute constitution, toute Charte qui n'est point appuyée sur des garanties, et celles-ci

---

avec sa faiblesse et son bon sens accoutumés : Tout cela est on ne peut plus déplacé.

* Il faut aux Français un souverain qui ait du sérieux dans le caractère; j'ajoute qu'il faut à un fondateur un despotisme tempéré par le génie : en l'absence de toutes les lois mortes, le fondateur est la loi vivante.

sur la responsabilité des agens d'exécution, fût-elle d'ailleurs un chef-d'œuvre, où seraient *pondérés* et accordés
les droits de la société et les pouvoirs de ses chefs, demeure
une belle, mais vaine théorie ; un projet louable dans
l'intention présumée de ses auteurs, mais qu'on ne peut,
qu'on ne doit apprécier que dans son application. Qui
assurera que, donnée par la ruse, et acceptée par la confiance, elle ne soit une déception du pouvoir pour pa-
ralyser les droits ? De cette manœuvre à l'attentat de
s'en emparer, y a-t-il donc si loin ? C'est en 1106
que Henri Iᵉʳ, successeur de Guillaume-le-Bâtard, convaincu qu'il ne peut, ainsi que le conquérant, régner
par le sabre, commence à accorder les premières libertés dont ait joui le peuple conquis. Ce n'est que cinquante ans après, en 1154, que Henri Iᵉʳ institue *le
jury* ; et il faut descendre à 1215 pour trouver dans la
Magna Charta, arrachée à Jean-Sans-Terre, le germe
de l'affranchissement et de l'indépendance britannique :
je dis le germe, car, dans les garanties conquises sur le
perfide Jean par ses entreprenans barons, on voit la
large part que l'aristocratie s'est faite, et l'on cherche
celle que réclamait le peuple. C'est beaucoup plus
tard (1272), que le premier des Edouard, effrayé de
l'influence oligarchique qui le circonvient et le domine, appelle les bourgeois à la jouissance de quelques
uns des droits du citoyen. Jusqu'en 1327, le parlement
ne votait pas les subsides ; et c'est un peu plus tard qu'il
obtient le droit de pétition, converti quelque temps
après en importante initiative des lois. Enfin, c'est dans
l'intervalle de 1350 à 1377 que, sous le règne d'E-

douard III, le parlement, après avoir déclaré qu'il ne reconnaîtrait pour lois que celles qu'il aurait consenties, garantit les libertés jusque alors conquises ou octroyées, par l'établissement, *de droit*, de la responsabilité des ministres, et par l'application, *de fait*, de cette responsabilité. Plusieurs ministres exécutés dissipèrent les illusions du despotisme et déconcertèrent les manœuvres de l'arbitraire. La nation commença à croire qu'elle était pour quelque chose dans les affaires ; et le Gouvernement se convainquit, dans son propre intérêt, que, d'obstacle qu'il avait été jusque alors, il fallait qu'il devînt moyen. C'est le conseil qu'une logique saine, étayée par l'histoire nationale et étrangère, donne aussi à nos ministres.

(34) *Tout invite à fonder une institution qui fera d'autant plus d'amis à la Charte qu'elle aura contrarié la Charte davantage....* Page 88.

« Ce fut au sacre de Philippe-Auguste qu'on vit les pairs de France environner le roi, ajouter par leur présence à l'éclat de cette cérémonie ; et y figurer comme grands-officiers de la couronne.....

A côté de ces hauts barons ; et dans cette même solennité, parurent, avec le titre, le rang et les prérogatives de pairs de France, l'archevêque de Reims, les évêques de Laon, de Beauvais, de Noyon, de Châlons et de Langres....

(Des Pairs de France, par M. le
Président H. de P.)

De cette tradition isolée, certains partis, certaines

personnes concluent que l'institution des pairies ecclésiastiques eût dû être parallèle à celle des pairies civiles ; quelques uns même pensent, et ils ont écrit, que
les premières, attendu leur supériorité morale, auraient
dû précéder celles-ci. Comme il y a plus de différences
que de ressemblances entre l'ancienne et la nouvelle
pairie, et que les analogies sont plutôt de mots que de
choses, ce raisonnement porte à faux. Et voici comment
l'auteur précité répond à cette prétention et en démontre
l'inanité.

« On se demande comment a pu se présenter à l'esprit
l'idée d'une innovation aussi subversive de la loi des
fiefs, la seule qui fût alors respectée. Voici de quelle
manière cela peut s'expliquer. Il entrait dans la politique
de Louis-le-Jeune d'environner le sacre du prince qui
devait lui succéder de tout ce qui peut commander l'o-
béissance et la vénération des peuples. La mesure la plus
propre à remplir ce double objet lui parut être de réunir,
dans cette auguste cérémonie, à l'éclat des dignités civiles, le respect attaché aux dignités ecclésiastiques ; et
comme alors, par un renversement d'idées que l'on a
peine à concevoir aujourd'hui ; *la tiare avait prévalu
sur les couronnes,* et la pourpre romaine sur des plus
hauts rangs de la société, il trouva tout simple de placer
six évêques à côté de six pairs de France, et de les investir du même titre et des même prérogatives. Telle
était alors la situation des esprits, que cette innovation
ne choqua personne. »

Il n'en serait pas de même aujourd'hui : c'est aux
autels seuls qu'on veut voir et révérer le pontife ; et

ceux qui proposent de le faire passer du sanctuaire de la religion dans celui des lois pourraient bien être ceux aussi qui travaillent à ce que *la tiare prévale sur la couronne.*

. (35 et 36) *Et vous la verrez se déployer avec une activité d'autant plus dévorante, qu'après l'avoir déposée dans les choses, elle fera explosion dans la main des hommes....* Page 93.

Ceci était écrit en 1823, comme on l'a expliqué dans l'avant-propos. A cette époque, la contre-révolution, timide et contenue, tâtonnait, s'essayait, jetait la sonde, et, menaçant tout de son invasion, elle n'était assise nulle part. Voyons le chemin qu'elle a parcouru depuis, et le terrain qu'elle a gagné.

Je suis bien éloigné de penser qu'elle siége au conseil, puisqu'elle voudrait le dévorer, et que du moment qu'elle y paraîtra, ceux qui le composent seront anéantis; mais je suis persuadé qu'elle est à la porte. Elle guette également à celle des tribunaux et des administrations, prête à remplacer par ses créatures ceux qu'elle a marqués pour en être chassés.

Une minorité à peine *numérable* veut la contre-révolution, et une majorité innombrable ne la veut pas; mais cette minorité a pour elle la ruse, l'audace, l'activité et certains hommes du pouvoir. Ces hommes ont pour complices certains préjugés réveillés, des opinions de commande, des intérêts calculateurs. Ils appellent aussi à la conspiration les passions basses, qui sont nombreuses, et les passions atroces, qui suppléent au nombre par l'atrocité.

Les chambres, sans donner l'appel formel de la contre-révolution, ont provoqué les changemens par la septennalité. La septennalité viole la Charte dans sa lettre comme dans son esprit ; elle change la constitution, dont la partie démocratique dégénérera en ochlocratie, si les députés des communes sont légitimement et légalement élus par les communes, ou en oligarchie, si l'élection de ces mêmes députés est livrée au ministérialisme ou à l'aristocratie. Et c'est précisément le cas d'aujourd'hui : la majorité des noms qui composent la chambre appartient aux classes privilégiées ; la majorité des opinions appartient aux préjugés que donnent les priviléges ; la majorité des lois portées par cette chambre appartient à l'ignorance que le préjugé donne et à l'égoïsme que le privilége inspire. Le fait de la contre-révolution n'est pas encore dans la chambre septennale ; son esprit y est déjà.

Il ne faut pas supposer que cette contre-révolution qui se prépare se fasse par le renversement violent des institutions constitutionnelles : on l'essaya sans succès en 1815. Instruits par l'expérience, ses entrepreneurs, plus adroits, obtiendront aussi plus de succès. Naguère, certains de leurs coryphées ont parlé de dîmes, de corvée, de féodalité : on a désavoué ces bétises, qui d'ailleurs avaient peut-être l'avantage de donner le change sur les véritables intentions. Les véritables intentions sont *d'étager la nation sur gradins*, de la classer par conditions ou par fortunes, de la répartir en catégories, de manière que chacune, enfermée dans son cercle, n'en puisse descendre, ne puisse monter, n'en puisse sortir sans *le congé* des classes supérieures, dominées elles-même par un *ordre* suprême, en qui résiderait la puissance active et réelle, dont le nom, le titre et les honneurs demeureraient au monarque. Sous quelque étiquette, avec quelque forme que se présente la contré-révolution, soyez persuadé que tel est son objet : l'absolutisme nominal, l'oligarchie réelle, l'aristocratie influente, et la démocratie dans le néant. Examinez dans ce point de vue tout ce qui a été dit, écrit, tenté et fait depuis dix ans, et prononcez.

Lorsque ce virus aristocratique, ou, si vous l'aimez mieux, ce souffre glacial de la minorité, aura pénétré toutes les parties morales, tous les ressorts mécaniques, toutes les capacités intelligentes du corps social, et les aura pétrifiés, alors apparaîtront en masse les hommes de la contre-révolution, dont ses prédécesseurs, pour la plupart du moins, n'auront été que les précurseurs imprévoyans. De quelle nature sera, dans leurs mains, *l'explosion* dont parle le texte; et, dans leurs intérêts mêmes, auront-ils assez l'amour du pouvoir pour en apprendre, pour en pratiquer la science? Peut-être serait-il d'un patriotisme bien entendu de désirer qu'ils ne connussent de l'autorité que l'abus, et qu'avec *les sept hommes* dont M. de Châteaubriand leur a prescrit la réunion organisée, ils abrégeassent, par les excès, une carrière que la modération prolongerait à notre préjudice. Mais à quoi servent les calculs, les combinaisons, les conjectures? Organiser la révolution, ainsi qu'un grand homme l'avait su faire, était l'œuvre du génie et de la sagesse; tenter, opérer la contre-révolution, pourrait bien n'être que celle des passions en démence et de l'ignorance en délire.

(37) Pag. 98.

M. de Châteaubriand sait écrire et ne sait point parler. Il aurait dû gouverner comme il écrit ; mais il a gouverné comme il parle : voilà tout simplement la cause de ces deux disgraces. La dernière a été grossière, parce qu'elle lui a été signifiée par un homme fin, qui, la veille, avait failli être joué par lui. C'est ainsi que l'esprit rusé se venge du génie privé du bon sens. «M. de Châteaubriand, a dit un malin *huron* *, était entré au ministère par une fausse porte : il n'avait pas l'aveu de Mont-Rouge.» On ne l'avait reçu au ministère que parce qu'il arrivait de Vérone en croupe derrière un cosaque, qu'il avait eu l'honneur de recevoir la pensée de l'empereur Alexandre **, et qu'en expulsant M. de Mont - morency ***, on ne voulait pas choquer la Sainte-Alliance. Les talens du diplomate n'entrèrent pour rien dans la détermination de M. de Villèle à son égard. Quant au feu roi, qui avait trop d'esprit pour comprendre celui qui *écume parfois sur le génie de M. de Châteaubriand*, il eût volontiers renvoyé cet auteur, portant un beau calumet, faire de la diplomatie chez les Natchez. On

---

* *De Mont-Rouge*, par M. F. Verneuil.

** Les sifflets libéraux n'ont pas oublié le concert dont ils régalèrent cette communication.

*** Le ministère, en faisant un duc de M. de Montmorency disgracié, aurait - il eu la prétention de constater qu'il est gentilhomme, comme l'Académie, en lui donnant un fauteuil, a eu celle de déclarer qu'il est homme d'esprit?

raconte que, quand fut présentée à la signature royale,
l'ordonnance qui destituait ce ministre, un grand personnage, *qui était présent*, se prit à sourire, et dit :
Le voilà libre d'aller rêver à l'Abbaye-aux-Bois.—Ou à
la Louisiane, interrompit vivement une autre personne
qui avait le droit du dialogue et de l'interruption. Je
veux croire l'anecdote, sinon controuvée, au moins ar-
rangée; mais toujours est-il que le feu Roi voulait le
remboursement et que M. de Châteaubriand n'en voulait point; toujours est-il que M. de Villèle ne voulait la
guerre d'Espagne que dans un temps donné, et que M. de
Châteaubriand, encore tout gonflé des entretiens russes, la
voulait sans remise ni delai ; toujours est-il que M. de
Châteaubriand avait arrangé la septennalité avec variations, et que son compatriote et collègue Corbière,
plus Breton et plus ministre que lui, la voulait, l'a
voulue et la fait adopter dans tout son positif ministériel, dans toute sa crudité anticonstitutionnelle; toujours est-il enfin que, depuis l'avénement de M. le
vicomte à son huitième de souveraineté, *le coche* du
gouvernement était importuné par certaine *mouche* brillante et bourdonnante, qui, devant, derrière, au-dessus,
aux côtés, au-dessous, harcelait l'équipage, aiguillonait
les coursiers, faisait cabrer le cheval-porteur; et,
quand, après s'être couverte d'une noble poussière,
elle croyait avoir imprimé au coche un demi-tour de
roue, se carrait, se prélassait et sonnait la victoire,
comme elle avait sonné la charge. De ces fanfaronnades
à l'indiscrétion il n'y a pas loin; et M. de Villèle, qui,
à titre de Gascon, pourrait se permettre la fanfaronnade,

a plus de motifs encore pour détester l'indiscrétion, en qualité de ministre. Après avoir reproché à la mouche, qui se dit une abeille travailleuse, de n'être qu'un bourdon, et d'avoir joué *cartes sur table*, il la chasse de la ruche. M. de Châteaubriand s'étonne et se rengorge, le faubourg s'émeut, la faction s'indigne, les *Débats* éclatent. Mais comment fulminent leur colère et leur désappointement ? En foudres libérales !... Pendant dix-huit mois, nous avons pu lire, chaque matin, huit colonnes du *Constitutionnel II*, maculé rue des Prêtres ; chaque matin, un paquet libéral expédié pour Mont-Rouge, pour la trésorerie, pour M. Corbière, pour M. Frayssinous. La canaille jacobite criait à la conversion, le noble faubourg au rénégat. Il n'y a ni apostasie, ni conversion : il y a cinq mille francs que la trésorerie oublie, chaque trente jours, d'envoyer à Le Normant. L'affaire d'Haïti et celle de Bessières ont jeté du froid dans la risible alliance des deux oppositions. Celle qui n'est point bâtarde a, comme à l'ordinaire, défendu les principes, heureuse même d'avoir à louer une fois le ministre qui, une fois aussi, les a fait triompher *. M. de Châteaubriand démontre à sa manière qu'après

---

* Cette émancipation décide, autorise et précipite celle de toutes les colonies ; elle présage et garantit l'indépendance et les libertés constitutionnelles des deux Amériques ; elle aide à l'affranchissement de la Grèce, et peut-être le détermine ; elle réduit à leurs proportions européennes l'Espagne et le Portugal ; elle diminue l'influence de l'Angleterre et les prétentions de la Russie ; elle élève au rang de nation libre une peuplade noire, et résout en l'honneur de l'humanité le problème de la traite. Honneur à Charles X !

son renvoi du conseil , l'émancipation de Saint-Domingue est le plus grand crime de M. de Villèle; et c'est
sur ces deux chefs d'accusation , près desquels les
3 pour cent ne sont que peccadille, que la contre-opposition a compté pour *faire sauter le triumvirat* (Villèle, Corbière, Peyronnet).

NOTICES

POUR SERVIR A L'HISTOIRE DU TRIUMVIRAT.*

——

DOCTRINES DE M. DE VILLÈLE EN 1814.**

§ Ier.

Demande. Qu'est-ce qu'une Chambre des députés?

Réponse. C'est un corps qui *a la prétention,* de représenter la nation.

D. Pourquoi dites-vous *qui a la prétention?*

R. Parce qu'elle n'en a pas le droit.

D. Qui donne le droit de représenter la nation?

R. L'hérédité.

———

* MM. de Villèle, Corbière et Peyronnet.

Le reste ne vaut pas l'honneur d'être nommé.

** Esprit d'une brochure intitulée : *Observations sur le Projet de constitution* (du sénat), par un membre du Conseil général de la Haute-Garonne (M. de Villèle).

D. Qu'est-ce que l'hérédité ?

R. En matière politique, c'est la transmission du pouvoir, en vertu de lois fondamentales, ou de traditions reçues et suivies comme lois.

D. Comment appelle-t-on ces lois ou traditions ?

R. Constitutions.

D. Quel effet produisent-elles dans la transmission du pouvoir ?

R. La légitimité.

D. Une Chambre des députés à laquelle le pouvoir ne serait pas transmis par lois ou traditions ne serait donc pas légitime ?

R. Elle ne serait qu'*imprudente* et *dangereuse* ?

D. Dans quelles circonstances ce danger et cette imprudence se feraient-il sentir davantage ?

R. Si la France sortait des crises d'une révolution.

D. Pour quels motifs ?

R. Premièrement, parce qu'une Chambre ne pouvant être que le produit des élections, ces élections nécessitent des convocations, des rassemblemens, amènent des discussions et peuvent déterminer des troubles ;

En second lieu, parce qu'un corps nommé directement par la nation aura, comme je l'ai dit, la prétention, et se croira le droit de la représenter : ce qui met en fait et en action la souveraineté du peuple, objet permanent de la révolution, et qu'il faut anéantir, si l'on veut anéantir aussi la révolution;

Enfin, parce que c'est un corps délibérant, qui délibère publiquement, et sur les objets les plus sensibles comme les plus élevés de la politique et de l'administration ; de là, une assemblée permanente ou du moins temporaire, une tribune et des orateurs, des discussions et des débats, des spectateurs et des journaux; de là, l'opinion invoquée, l'autorité attaquée, le mystère du pouvoir compromis, et des secousses périodiques et sans cesse renaissantes données aux masses populaires, toujours promptes à se soulever, toujours lentes à se rasseoir.

D. Sont-ce là les seuls dangers que ferait courir au pouvoir l'institution dangereuse d'une Chambre des députés ?

R. Ceux-là suffisent pour l'ébranler ; il en est un qui le renverserait.

D. Quel est-il?

R. Le droit de poursuivre et de juger les ministres du Roi.

D. Comment cela?

R. Sous le nom d'Opposition, il se formera

un parti qui professera pour doctrine systématique *la résistance au pouvoir;* et quoique ce
parti justifie ses attaques, en prétendant que
tout ce qui résiste appuie, il n'en est pas moins
démontré par l'exemple des parlemens français
et du parlement d'Angleterre que l'Opposition
n'a et ne peut avoir qu'un but et qu'un moyen :
ee but, c'est l'envahissement du pouvoir; ce
moyen, c'est l'attaque du pouvoir. Or, pour
donner la vie, l'aliment, le ressort à ce moyen,
l'Opposition est forcée d'appeler à soi tous les
mécontentemens; et comme, dans l'immense population qui fourmille sur l'immense surface de
la France, les mécontentemens sont en majorité,
puisque chaque parti a fait les siens, il en résulte que l'Opposition, secondée par ces nombreux auxiliaires, attaquera le pouvoir avec
force et s'en emparera avec succès. Je laisse à
penser, dans une telle occurrence, ce que deviendront les ministres que l'Opposition en
minorité aura attaqués et poursuivis, que l'Opposition en majorité, c'est-à-dire quand elle
aura le pouvoir, jugera et pourra condamner.

D. Vous croyez donc que la responsabilité
ministérielle est dangereuse ?

R. Tellement que, si elle est instituée, nul
homme de bon sens ne voudra accepter le porte-

feuille ; puisqu'il ne pourrait gouverner deux jours sans être attaqué, sans tomber, sans être puni, même pour le bien qu'il aurait voulu faire.

D. Il semble pourtant que, dans une monar-chie dont le chef héréditaire est inviolable, il faut donner à la pensée, à l'opinion, à la vo-lonté publiques, une garantie qui ne soit pas illusoire. Cette garantie ne serait-elle pas la responsabilité des ministres ?

R. Dans une monarchie bien réglée, la pensée nationale ne devient jamais publique, et consé-quemment ne se transforme pas en opinion ; dans une monarchie héréditaire, le chef repré-sente l'opinion de tous, puisqu'il en possède la pensée et en exprime la volonté ; dans une mo-narchie dont tous les pouvoirs émanent du chef et y remontent, les ministres, choisis par lui, sont responsables devant lui. Mais comme l'ac-tion de cette responsabilité, si elle était excitée par une assemblée délibérante et exercée par les tribunaux, dévoilerait le mystère du pouvoir, les secrets du Gouvernement, et paralyserait l'administration, il faut la concentrer entre les mains du Roi, qui en use selon sa sagesse, ainsi qu'il use de tous les autres moyens de sa puis-sance héréditaire, perpétuelle, incontestée. Le plus rude châtiment que puisse entraîner la responsabilité ministérielle entre les mains du monarque est le renvoi.

D. Cette théorie de la responsabilité, comme celle qui précède sur l'institution et l'organisation d'une Chambre représentative, ne conduirait-elle pas insensiblement au pouvoir absolu ?

R. Elle y conduit directement et nécessairement.

D. C'est donc, selon vous, le meilleur des gouvernemens ?

R. Sur mon âme et sur ma conscience, c'est le seul qui convienne à la France.

D. Quel moyen alors de l'instituer ?

R. Il ne s'agit pas de l'instituer, mais de le lui rendre.

D. Et comment ?

R. En rejetant également le projet de constitution présenté par le Sénat*, et en n'admettant

---

* 15 avril 1814. *Monsieur* (aujourd'hui Charles X) en admit toutes les bases, et les énonça, sous forme d'énumération, au nom du Roi son frère, qui, avant de donner la déclaration de Saint-Ouen, sommaire de la Charte, et avant d'*octroyer* la Charte elle-même, en avait reconnu et proclamé les principes dans un acte du 1er janvier.

pas comme émanée du Roi la proclamation du
1er janvier.

D. Mais si le Roi possède le pouvoir absolu,
ou qu'il s'en investisse par suite des événemens,
peut-on, doit-on, est-il convenable, est-il légal
de rejeter sa proclamation ?

R. Oui, puisqu'on suppose qu'elle n'est pas,
qu'elle ne peut-être de lui. Elle n'en peut être,
car elle méconnaît l'antique droit public de la
France, en appelant la nation au partage du
pouvoir ; elle n'est pas de lui, car il est contre
l'intérêt, et conséquemment contre la volonté des
classes supérieures, qu'elle en soit.

D. Expliquez ceci plus clairement ?

R. Dans un État où le pouvoir absolu réside
entre les mains d'un seul, comme il ne peut
l'exercer, il est obligé d'appeler à cet emploi
les classes qui approchent le trône : l'une le
garde avec l'épée, c'est la noblesse ; l'autre le
protége par l'influence spirituelle, c'est le clergé.
Il est simple, il est naturel, il est nécessaire que
ces signalés services, d'où dépendent son existence, sa solidité, sa dignité, sa perpétuité,
soient payés par des émanations de pouvoirs,
par des reflets d'honneurs : ce ne sont, comme
on voit, que des échanges. Mais pour que ces
échanges conservent leur valeur, il est impor-

tant qu'ils ne se déplacent point; pour qu'ils exercent le double ascendant de l'illustration et de l'autorité · il est indispensable qu'ils ne descendent point. Les classes inférieures, que dis-je; la *tourbe infime* ne peut donc être appelée à leur bénéfice, sans les avilir. Or c'est ce qui arriverait si l'on acceptait comme émanées du Roi et sa proclamation du 1er janvier 1814; et les allocutions des princes à Bordeaux, à Caen, à Nanci, à Vesoul. Par respect pour le trône, par égard pour leurs augustes titulaires, nous rejetons ces actes, ou comme subreptices et supposés, ou comme arrachés à la tyrannie des circonstances.

D. Partant, nuls de toute nullité. Que reste-t-il donc?

R. La constitution de nos pères.

§ II.

D. Qu'est-ce qu'un *domaine national?*

R. C'est une propriété territoriale qui, de patrimoniale qu'elle était, d'origine légale et létime, est devenue, par la confiscation, ou la conquête, la propriété, ou, pour parler plus correctement, la possession de l'Etat.

D. Pourquoi dites-vous par la confiscation ou la conquête ?

R. Parce qu'il y a deux sortes de domaines nationaux : ceux qui ont été usurpés sur le clergé par décret du 2 novembre 1790 et qui formaient le domaine ecclésiastique : je les appelle conquis ; ceux qui ont été séquestrés et par suite confisqués, tant sur les émigrés de diverses époques que sur les condamnés par les tribunaux révolutionnaires. Les uns et les autres sont le fruit du vol, de la violence, de la spoliation.

D. Si cette doctrine est admise, l'aliénation de ces domaines n'est point légitime, et l'irrévocabilité de cette aliénation ne peut faire un article de la constitution ?

R. La conséquence est forcée. Cette aliénation a pu être légale, puisqu'elle était faite en vertu d'une loi ; mais la loi n'était et ne pouvait être légitime, puisqu'elle était faite par des usurpateurs. La Convention, pas plus que les Assemblées constituante et législative, n'exerçaient l'autorité de droit ; elles n'avaient qu'un pouvoir de fait.

D. Cependant le Roi sanctionnait les décrets ; et quand le Roi fut mort, le peuple ratifiait à sa manière les actes législatifs ?

R. Le Roi fut captif du moment où la Con-

(206)

stituante s'empara de l'autorité : sa captivité annulle tous les actes émanés de lui.

« Quant au peuple, il n'a jamais possédé une
autorité légale et ne peut posséder une autorité
légitime. Son souverain mort, un successeur
prenait sa place. L'exercice de la souveraineté
qui est le résultat de la violence n'est qu'une
usurpation.

D. Vous faites ainsi le procès à la révolution ?

R. « La révolution n'est qu'une rébellion de
vingt-cinq années. » *

D. Pourtant l'Europe l'a reconnue. En trai-
tant avec la république, avec l'empire, elle
avoua la légalité de leur pouvoir et la légitimité
de leur origine ?

R. L'origine de la république est la souveraineté du peuple, doctrine insoutenable, subversive, impossible. L'origine de l'empire est l'usurpation, doctrine excessive, illégitime, criminelle. L'une et l'autre ont amené le gouverne-

---

* On lit cette phrase dans une adresse de la Seine-Infé-
rieure ; mais je la crois empruntée à M. Ferrand, ce même
ministre d'État moins connu par ses écrits historiques que
fameux par ses subtiles démarcations entre la *ligne droite*
et la *ligne courbe* dans la conduite révolutionnaire. *Suum
cuique.*

ment de fait, qui ne prescrit point contre le gouvernement de droit.

D. Mais l'Europe, ai-je dit, parut avoir mis en oubli le gouvernement de droit, pour fléchir, durant vingt-cinq années, devant le gouvernement de fait ?

R. Et depuis quand la violence légitime-t-elle la tyrannie? Depuis quand l'esclavage est-il justifié par la faiblesse? La France, forte dans ses convulsions révolutionnaires ou dans ses excursions guerrières, commandait la peur; l'Europe tremblante la recevait : je ne vois là que deux faits, dont l'un est la conséquence de l'autre; je n'y vois point de droits, ni de doctrine à établir sur eux.

D. Mais le Roi, à la face duquel rentrent dans le néant toutes les habitudes révolutionnaires, le Roi ne pourrait-il pas donner à celles qu'il jugerait nécessaires aux besoins du siècle et aux exigences du peuple le caractère de la légitimité ?

R. La morale avant la politique; ou, pour mieux dire, il n'y a pas de politique sans morale. Le Roi, tout souverain qu'il est, tout absolu qu'il doit être, ne peut rendre légitime ce qui ne l'est pas, attendu qu'il ne peut changer le crime en vertu, ni le coupable en innocent.

D. Ainsi, vous excluez de la *légitimation* royale la vente des domaines nationaux ?

R. C'est la première clause qui ne doit pas être dans la constitution, si toutefois il est besoin d'une constitution. L'objet moral de la révolution était l'émancipation des classes infé-rieures, travaillées depuis cinquante ans par ce que la philosophie appelle emphatiquement « le progrès des lumières ». Pour arriver à cette émancipation, il fallait y intéresser ceux qu'elle concernait et qui ne l'auraient pas comprise sans un intérêt matériel : cet intérêt ne pouvait être que le changement de propriétés, change-ment auquel l'émigration, facilitée par ceux qui la condamnaient et se préparaient à la punir, servit de prétexte. En effet, les confiscations et les condamnations, sources sanglantes des ventes nationales, avaient commencé ce changement, rendu d'ailleurs si facile par les émissions tou-jours croissantes des assignats. Par eux tombè-rent aux mains de la classe insurgente les pro-priétés des classes qui étaient les objets de l'in-surrection ; et ces nouvelles possessions de-vinrent d'autant plus considérables, que le signe du paiement était plus avili. De là une ban-queroute nationale, des spoliations continues, une possession scandaleuse ; ou plutôt de là un acheminement rapide à l'usurpation de la souveraineté territoriale par la lie de la société et à l'esclavage des classes qui en sont l'élite. Je vous demande si une restauration, qui doit tout réparer, peut laisser subsister les déplorables effets d'une cause si criminelle?

D. Mais un demi-siècle s'est écoulé depuis les premières aliénations, et elles ont été divisées, réunies, morcelées encore, enfin altérées de toutes manières en passant comme à travers les filières multipliées des transactions : comment anéantir cette longue succession d'actes? comment, pour leur donner une autre existence, ressusciter des faits consommés? Peut-on faire marcher le temps à rebours; peut-on faire rétrograder les événemens?

R. La politique, qui voit les masses, doit redresser les erreurs que l'administration ou la justice commirent en détail. Ici ces erreurs ont été des crimes, que la restauration, dans sa clémence, peut ne pas punir, mais que, dans sa justice, elle est obligée de réparer.

D. Aux dépens de qui?

R. Premièrement des acquéreurs de *première main*, car ils ont été de mauvaise foi, ou du moins de conscience facile, en payant des objets réels avec des valeurs fictives, ou, pour mieux dire, des signes sans valeur ; en second lieu, aux dépens de l'Etat, quant aux biens de tierce origine, quand il aura été démontré que leurs détenteurs actuels les ont payés plus de la moitié de leur valeur. Ces deux mesures sont indulgentes et raisonnables.

D. Si raisonnables, et surtout d'une exécution si facile, qu'après avoir irrité l'une contre l'autre les deux classes de confisqués et d'acquéreurs, elles doivent nécessairement faire éclater entre elles une véritable guerre civile qui pourrait bien ne finir que par l'extermination de toutes deux. Soit que la légitimité des ventes soit infirmée, soit que leur irrévocabilité soit maintenue, n'y aurait-il pas un meilleur moyen de tout arranger ? *

R. Et quel serait ce moyen ?

D. Une indemnité en faveur des acquéreurs, s'ils sont contraints à rendre ; en faveur

---

* Ce moyen (*l'indemnité*) n'entrait nullement dans les idées que M. de Villèle avait alors. Il n'est devenu le projet du Gouvernement dont ce ministre est le chef que par la volonté de Charles X, en cela exécuteur testamentaire du feu Roi. Peut-être aussi, à la faveur de l'indemnité, le président du Conseil a-t-il voulu faire passer sa conversion des 5 en 3 p. 100.

des confisqués, si les acquéreurs peuvent garder.

R. Et qui paierait l'indemnité ?

D. L'Etat, puisque c'est sur sa foi qu'on avait acquis, puisque c'est par sa vengeance qu'on a perdu.

§ III.

D. Qu'est-ce que l'impôt ?

R. Une portion de ma fortune payée à l'Etat, pour qu'il me conserve ma fortune tout entière.

D. Comment cela ?

R. En employant cette contribution à payer les magistrats qui me jugent ou m'administrent, l'armée qui me défend, et le Gouvernement qui me protége.

D. Par qui l'impôt doit-il être voté ?

R. Par ceux qui le fournissent ou par leurs représentans.

D. Pourquoi ?

R. Parce que les uns et les autres ont tout à la fois la connaissance de ce qui peut être imposé et un intérêt direct à fixer la quotité de la contribution.

D. C'est donc une réunion de mandataires qui doit voter l'impôt ?

R. Le Gouvernement, qui en connaît le besoin, doit en présenter le budget; les mandataires peuvent en délibérer la quotité, et même en déterminer l'assiette et la répartition.

D. Quels doivent être ces mandataires ?

R. Comme nous avons démontré les dangers d'une constitution représentative, et conséquemment ceux d'une chambre de députés, *il faut chercher dans nos anciennes institutions des moyens* *

---

* Propres expressions de M. de Villèle dans son pamphlet, dont ces fragmens de catéchisme ne sont que l'esprit et le développement. Par certaines phrases décisives que nous devons à nos lecteurs, qui ont déjà jugé la théorie de l'auteur quand il n'avait aucun pouvoir, ils pourront préjuger la pratique, maintenant qu'il le possède.

1° *Pas de gouvernement représentatif. Pas de responsabilité ministérielle.* — « Une chambre des députés, un corps qu'il faudra élire, un corps délibérant, un corps qui, nommé directement par la nation, aura la prétention de la représenter, un corps qui aura le droit de poursuivre et de juger les ministres du Roi, sera nécessairement pour la France, à peine sortie des crises de la révolution, une institution dangereuse et imprudente. »

2° *Révocation des ventes de domaines nationaux.* — « Faire de l'irrévocabilité de la vente des biens nationaux un article fondamental de notre constitution, c'est bien de soumettre l'impôt à un vote national, mais qui n'entraîne pas d'inconvéniens. Je n'en vois pas de plus favorables que ces assemblées provinciales en première instance, le conseil d'Etat pour la formation du budget, et les parlemens pour l'enregistrement définitif.

réellement consacrer une injustice, c'est maintenir une mesure révolutionnaire, c'est conserver des germes dangereux de division entre les Français, c'est intéresser une partie essentielle et influente de la population au renversement de cette population ; c'est faire plus encore, c'est porter la profanation dans un lieu sacré. »

3° *Le vote de l'impôt retiré à la nation. Pas de garanties constitutionnelles contre l'arbitraire.* — « S'il faut des garanties, s'il faut soumettre le vote de l'impôt à quelques formalités, s'il est bon que l'on en puisse appeler à quelque autre qu'au Roi des actes arbitraires commis en son nom, cherchons dans nos anciennes institutions des moyens d'atteindre ce but. »

4° *La contre-révolution, point de départ et d'arrivée de la restauration.* — « Revenons à la constitution de nos pères. » (Laquelle ? Est-ce celle de Charlemagne, de Louis-le-Gros, de Saint-Louis, de Philippe-le-Bel, de Louis XI, de François Ier, de Charles IX, de Henri IV, de Louis XIV, de Louis XV, de Louis XVI, de la Constituante, de la république, du consulat, de Napoléon ? car toutes ces autorités ont fondé, sous différentes formes et sous des noms divers, des institutions constitutionnelles ; et les générations qu'elles ont gouvernées, même la dernière, se composent de nos pères.)

D. C'est revenir aux traditions de nos pères ?

R. Pour n'être pas écrite, leur constitution n'en valait que mieux. Un peuple laborieux et docile, des ordres bien séparés, des classes bien distinctes, un clergé respecté, une noblesse honorée, et, planant sur toute cette belle hiérarchie, un monarque redouté : voilà ce qui constitue un gouvernement fort et stable, une nation populeuse et tranquille avec elle-même, terrible pendant la guerre, fidèle alliée après la paix.

D. C'est le beau idéal de l'ancien régime. Il n'y manque qu'une chose.

R. Quoi donc?

D. La vérité.

SOLILOQUES. *

Ier.

Qu'est-ce que le talent ? C'est l'audace. Qu'est-ce que la vertu ? C'est le succès. Est-ce ma faute si ces définitions, qui sont peut-être dans Sénèque, mais qui ne sont point dans Montaigne, se lisent dans un libelle du dix-huitième siècle, et dont on veut faire un livre au dix-neuvième ? Ce livre ou ce libelle est intitulé *Révolution*.

Ce n'est pas ce qu'on appelle talent qui a manqué aux *faiseurs* : c'est l'audace. Elle ne consiste pas dans un discours insolent, mais dans une action continue. Comme Châteaubriand, il ne faut pas crier sans cesse : Je ferai ! Il faut faire.

Donnez un grain d'audace à Louis XVI, il sera encore roi. Mirabeau, Robespierre, le Directoire, tous ces gens-là sont tombés le jour qu'ils ont manqué d'audace. N'est-il pas vrai que

---

* C'est le rédacteur qui parle, c'est le ministre qui pense.

si ; dans la matinée du 18 brumaire , Bonaparte , amené dans les cours du Luxembourg , y eût été fusillé , selon le conseil de l'adjudant-général Beauvais , et selon l'ordre de Moulins et de Gohier *, n'est-il pas vrai que nous n'aurions eu ni les conquêtes, ni la gloire sanglante, ni le terrible empire qui força l'Europe étouffée à se retourner contre lui pour respirer? Et si , dans trois ou quatre circonstances ; le fort Napoléon lui-même , qui a tant osé, eût osé davantage **, n'est-il pas vrai que l'empereur Alexandre n'eût pas reçu des mains du sénat la couronne de France , pour la rendre au prétendant, et que le régent d'Angleterre n'eût pas ceint ce prince d'une jarretière et d'une épée ?

Si de ce théâtre de mélodrame nous descendons sur une scène amoindrie, dans un intérieur,

---

* Anecdote peu connue , mais authentique , et qu'on tient d'un personnage qui y figura.

** En n'annulant pas la Prusse , à laquelle , en lui laissant la moitié de ses États , il avait fourni les moyens de reprendre l'autre ; en refusant sa nièce au roi d'Espagne Ferdinand , qui la demandait pour femme; en n'affaiblissant pas ; en fortifiant la maison d'Autriche ; et, surtout, en ne rétablissant pas le royaume de Pologne, etc... — Il est vrai qu'il est facile de parler après l'événement.

qu'y voyons-nous ? Pour ne parler que de ce qui m'intéresse personnellement, madame de Balby remplacée par M. d'Avaray, M. d'Avaray par le père Élysée ou M. de Blacas, et l'important Blacas par l'aimable Decaze. Je ne dis rien de madame Princeteau, donc le triomphe n'a été que d'un matin, ni de madame du C:., dont le règne n'a été que d'un soir.' Eh bien, si tous, hormis la dernière, se sont successivement culbutés, c'est qu'ils ont manqué de *tenue,* de mesure, de persévérance surtout : c'est ce que j'entends par audace.

' Du moins, c'est de l'audace à ma manière et à mon usage. Chacun, dans ce tortueux sentier de la vie, met ses idées, son caractère, son allure. La mienne, adroite et sinueuse, obéit au mouvement du terrain et fléchit sous la circonstance. Mais le temps, qui agite sans cesse son sablier, en tire bientôt une circonstance qui me relève. A quoi servirait d'avoir rompu en résistant? Un homme brisé n'est plus propre à rien. On dit de lui : Il était franc, mais maladroit. Lorsque, après avoir plié, on me retrouve debout, certes on n'en dit pas autant de moi. Et en effet, quand je me tâte, que je vois la noble Toison-d'Or sur ma poitrine roturière, et le Cordon-

Bleu * sur mes *trois-pour-cent*, je me dis avec quelque satisfaction : Petit bonhomme vit encore !

---

* Le mouvement du siècle entraîne les rois même à l'égalité : n'est-ce point passer sous son niveau que de décorer d'insignes naguère attribués à la naissance, des roturiers, des *vilains*, des bourgeois, ou plutôt des hommes qui n'ont d'autres titres pour les obtenir que des vertus présumées et des talens mal prouvés ?

IIe.

Si la nation, qu'on fait crier contre moi, mais qui pourtant est fort tranquille, s'assemblait pour examiner, pour juger ma conduite, croit-on que je fusse embarrassé de la justifier? Je leur demanderais d'abord quel est celui d'entre eux qui, à ma place, eût fait mieux; quel est celui que son innocence rendrait digne de me jeter le premier la pierre. Les coupables (et tous ici le sont par hypothèse), les coupables sont effrontés : tous répondraient avec insolence que peu importe la moralité des juges, et qu'ils n'ont à prouver, pour l'être, que leur légitimité. C'est où je les attendrais. Leur légitimité! Et depuis quand les agens de pouvoir sont-ils justiciables des hommes des factions? Oui, c'est bien là la doctrine réelle des libéraux, comme c'est la doctrine apparente de la Charte. Mais jusqu'à ce que la Charte ait défini la trahison et la concussion, seuls crimes pour lesquels les ministres peuvent être poursuivis, la responsabilité est un épou-

,vantail pour les sots , un leurre pour les bonnes gens , ou , si vous l'aimez mieux , un glaive scellé dans le fourreau.

Néanmoins , je me suppose responsable , et je veux bien répondre comme si je l'étais. Mais à qui ? Au roi , qui m'a nommé , dont j'ai reçu et duquel j'exerce le pouvoir ; au roi qui peut me destituer , en m'exilant sur les bancs de la pairie. Il n'est pas temps encore que je sois pair. Je n'ai point parcouru tout l'orbite ministériel , et l'astre de ma fortune ne doit se coucher que dans un nuage d'or. Jusque là , je gouverne , selon les uns ; j'administre , selon les autres. Je gouverne , si l'on en croit le *Journal de Paris*, que je paie ; j'administre , si l'on juge d'après les *Débats,* que je ne paie plus. Homme d'état dans les courtes *incises* de M. Linguay *, homme d'affaires dans les magnifiques *périodes* du romantique vicomte ; un Colbert sous telle plume , un Law et un Terray sous telle autre.

Né sans fortune , mais aussi sans misère ; ni gentilhomme , ni roturier , mais convaincu que,

---

* Écrivain qui n'avait besoin que de son talent lorsqu'il parlait pour la liberté , mais auquel il faut du courage pour défendre , comme il le fait depuis deux ans , le pouvoir et ses excès.

par la nature des choses, la *fleur* surnage et la *lie* se précipite, c'est avec cette seule idée que j'ai commencé ma carrière. Un seul principe, une idée unique, un axiome isolé, peuvent suppléer l'expérience : la mienne n'était point arrivée encore, que j'agissais déjà comme si l'âge l'eût amenée, comme si les événemens l'eussent mûrie.

Ma première campagne de Saint-Domingue ne fut qu'un essai : j'avais à *tâter* la mer, le service, les colonies, les hommes. Dans une seconde, je voulus les soumettre à une sorte de contrôle, à une vérification : L'Inde, où je suivis un de mes parens, commandant d'une station (Saint-Félix), m'offrit de nouvelles mers, d'autres cieux, des climats différens : c'étaient, sous des visages variés de formes et de couleurs, les mêmes hommes, c'est-à-dire les mêmes passions, et conséquemment des intérêts opposés et des vices belligérans. Ce furent ces derniers que je dus étudier : car, n'en déplaise aux philosophes qui rêvent des *utopies*, c'est par la connaissance des vices qu'on arrive à celle du cœur humain, et c'est par le spectacle des luttes qu'ils se livrent qu'on parvient à deviner comment on les peut gouverner. Je dis *deviner;* car, quoiqu'en ait dit Mazarin, qui appelait la machine du gouvernement un tournebroche *, cette machine n'est pas tellement automatique, qu'elle marche précisément comme on croit l'avoir montée. Les rouages qui la composent sont sensibles, et qui dit sensible, dit peu raisonnable. Je conçois que la raison procède avec méthode et marche avec régularité; mais demandez donc de la régularité aux passions, de la méthode aux vices; et c'est sur eux qu'agit le Gouvernement. Sans vices, sans passions, ce qui supposerait l'absence des intérêts, aurait-on besoin d'être gouverné? Tant que les anges furent désintéressés, ils obéirent, et ne devinrent des démons que lorsque les vices, endormis au fond de leurs cœurs, se furent révélés par les passions. Alors surgit le gouvernement du dieu-maître, et maître terrible : il se manifesta par des coups de foudre. Jusque alors la création tout entière était bercée dans les bras paternels de son divin auteur.

L'époque des anges est passée; celle des diables se reproduit vivace, entreprenante, opiniâtre. Voilà du moins comme m'apparurent les

---

* C'est Richelieu qui a fait cette comparaison, juste du moins en ce sens que le peuple est *le dindon qui rôtit* pour les plaisirs des grands. Il y a loin de là à la poule au pot *promise* par Henri IV et ses successeurs.

hommes de la révolution. Toutefois, de ce que ce fut par les voies du crime qu'ils s'acheminèrent et parvinrent à leur but, je n'en concluerai certainement pas que leurs adversaires étaient exclusivement vertueux : ne seraient-ils pas là pour me démentir ?

Celui qui partage des opinions détrônées est à plaindre ; celui qui les professe est à blâmer. A moins d'être le plus fort, pourquoi tenter de remonter un torrent ? Laissez, laissez écouler ses eaux turbulentes ; et lorsqu'elles seront taries, passez à pied sec. Mon parent, plus téméraire, se hasarda à la lutte. Qu'en résulta-t-il ? Une persécution contre lui, et de laquelle je reçus le rude contre-coup. Ce contre-coup, il s'agissait d'en amortir la rudesse : ce fut le premier emploi de cette souplesse, de cette dextérité qu'au défaut de la force, le Ciel me donna en partage. Dans quelle circonstance plus urgente en aurais-je fait un usage plus efficace ? Sans renoncer à mon évangile politique, je ne crus pas défendu de l'accommoder aux temps et aux lieux. On dit que les Hollandais qui commercent avec le Japon n'y peuvent entrer qu'en marchant sur le crucifix : mes antagonistes d'aujourd'hui (peut-être mes amis de demain) ne manqueront pas de soupçonner, peut-être même d'imprimer que, moi aussi, j'ai marché sur l'évangile de mes croyances politiques. A ces soupçons, aux belles phrases que le noble vicomte n'hésitera pas de broder sur ce texte, je n'ai rien à répondre, ou plutôt je répondrai : Qu'en voulez-vous dire? Me voilà ! Ai-je eu tort, puisque j'ai réussi?

C'était à Bourbon que se passait cette épisode de la révolution. Et là aussi le vent orageux de cette révolution soufflait des bourrasques périodiques ; là aussi l'indépendance s'était mise en face de l'autorité. Mon premier succès m'en valut un second. Un honnête planteur préjugea que la tête qui venait de glisser entre le marteau et l'enclume ne manquait ni d'intelligence ni d'à-propos : il m'intéressa à sa plantation, dont je devins bientôt régisseur. En méditant sur les moulins à café, sur les pressoirs à sucre, je m'essayais à monter, à conduire une machine tout autrement vaste et compliquée. Pourtant, qu'on ne croie pas que cette idée s'offrit à moi, même dans le lointain le plus nébuleux et le plus éloigné. Sur la fortune, sur l'élévation d'un homme, les sots calculent sa marche comme une courbe astronomique, et lui assignent des phases, des stations, une révolution complète. Les événemens qui se compliquent, l'homme qui se passionne, dérangent les combinaisons et décon-

certent la prophétie. Napoléon, le grand Napoléon lui-même, qui avait tant d'avenir dans la
tête, croit-on qu'il rêvât la couronne impériale de
France sous l'épaulette de lieutenant? La circonstance le souleva, il poussa la circonstance,
et, l'un aidant l'autre, il parvint. Un observateur a dit de lui : « Partout où il y aurait eu une
patrouille de cinq hommes, il eût été caporal. »
Ce mot est le secret du sort : moi, j'en avais un
autre.

L'intendant de l'île avait une fille. Ne demandez
pas si elle était spirituelle, aimable : la fille d'un
homme en place ou en crédit l'est toujours. Le
fait est que tous ceux qui ont connu madame de
Villèle sont, à cet égard, de l'avis de son mari.
Il s'agissait, je ne dirai pas de lui plaire, mais
de lui convenir, et de l'obtenir de son père.
Ceux qui ne connaissent que ma figure préjugent
que cela fut difficile; ceux qui déchiffrent
l'homme à travers son enveloppe jugent que
rien ne dût m'être plus aisé. Ici, je ferai une réflexion. On fait aux femmes une injure bien gra-
tuite, en attribuant au goût de leurs passions ce
qui n'est que le choix de leur jugement. Tel
homme déplait à l'une qui a de l'esprit, précisément par ce qu'il plairait à une sotte; tel autre,
sans figure et sans manières, a trouvé grâce de-

vant celle qui fait cas de qualités plus solides.
Peut-être dois-je être rangé dans cette catégo-
rie ; et cela seul ferait de ma femme plus d'éloges
que n'en aurait pu faire Thomas * ; il est certain
du moins que si je l'ai captivée, ce n'est pas par
ce que j'étais un Adonis.

Mais, sous ce masque, dont Pigal et Charlet
font des faciles caricatures, je cachais la cervelle
d'un Barême, c'est-à-dire l'esprit systématique
qui abrége tout, l'esprit d'ordre qui simplifie
tout. C'est avec ce double esprit, dont la France
profite sans reconnaissance, que je préludai à la
gouverner, en gouvernant les immenses possessions de mon beau-père ; et, par des conséquences qui appartiennent à l'adresse de mon
caractère et à la souplesse de mon talent, en me
glissant, en m'insinuant dans le gouvernement
de la colonie elle-même, c'est ainsi que je devins membre de son assemblée représentative.
J'en remplis les fonctions durant quelques an-

---

* Celui qui, comme cet académicien, loue les femmes
ex professo, ne les connaît pas. Après la femme dont on
ne dit rien, celle dont on dit le plus de mal est certainement la plus aimable : voilà ce que ne pouvait deviner
l'adorateur extatique de madame Necker, et ce que savait
si bien le bon, le sensible, le mélancolique Jean-Jacques.

: nées , au terme desquelles je revins à Toulouse :
c'était en 1807.

Alors grandissait le géant de l'empire. A son
aspect, s'éclipsaient les talens d'un certain ordre.
Les miens sont de nature à ne briller que dans
l'obscurité ; et durant la splendeur qui couvrait la
France, je dus me tenir *clos et couvert* dans un
coin du conseil-général de la Haute-Garonne.

Mais enfin arriva le jour plus doux de la restauration. Plus une restauration est modérée ,
plus elle convient à tous les genres de médiocrité. Sous une révolution où tout fut excessif,
des talens difformes et sauvages avaient épouvanté
le monde et sauvé la France ; sous l'empire ; elle
venait d'être illustrée par des talens non moins
vigoureux, mais d'un ordre plus relevé. Peut-être
qu'en les accueillant, la restauration les eût intéressés à ses succès : c'était d'abord l'avis du feu
Roi ; mais l'avis d'un roi doit être sa volonté ; et
il y avait derrière le trône de Louis XVIII une
arrière-garde de vieilles opinions, qui, sans détruire les siennes, fondées sur la méditation et
l'expérience, parvint à en dénaturer l'esprit , à
en fausser la direction. Que résulta-t-il de cette
manœuvre? Que les grands hommes de l'empire
disparurent, et qu'on vit pulluler une foule de

pygmées qui se crurent grands lorsqu'ils furent
exhaussés sur les échasses du pouvoir. Moi, cependant, j'attendais paisiblement qu'ils fussent
renversés ; et calculant en silence leurs fautes multipliées, je préparais ma fortune sur leur jac-
tance et leur incapacité.

Maire de Toulouse, et bientôt choisi pour député par les représentans du privilége, je dus
défendre, et je défendis celui-ci avec cette majorité célèbre, qui, dès 1815, eût opéré la contre-révolution, si l'emportement de son zèle n'a-
vait pas nui à son succès. Comme une citadelle
informe, mais redoutable, la révolution se présente armée de toutes parts, et gardée par ceux
qui l'ont faite et par ceux qu'elle a enrichis. On
n'attaque point de front et d'ensemble un édifice
que tant d'intérêts semblent rendre inexpugna-
ble. Il ne l'est point ; mais la ruse, les détours,
les biais doivent le miner d'abord ; afin que,
ruiné dans ses bases, il tombe et s'écroule. Voilà
ce que je compris d'abord, et ce que ne com-
prirent pas ces volontés âpres, ces orgueils na-
tifs, ces vengeances d'instincts, qui, croyant
qu'une contre-révolution se passionne comme
une révolution, tentèrent d'opposer fureurs à
fureurs, et de payer le crime par le crime. Erreur

déplorable, qui, peut-être, ajourna indéfiniment la contre-révolution; et, absolvant la révolution de presque tous ses excès, augmenta la force qu'on voulait lui ôter.

Quel rôle devait jouer un homme tel que moi au milieu de ces maladroits et sanglans démêlés? Celui d'un impartial, que la méditation a éclairé, que l'expérience guide, que la conviction pousse, mais qui retient sa course, en la modérant par la prudence, et en la subordonnant au temps. Ce fut en effet à ce personnage de *modérateur*, à ce rôle de *temporiseur*, que je dus l'initiative dont *la Droite* m'investit, et à laquelle *le côté gauche* applaudit tant de fois. L'Opposition n'a pu même oublier, malgré tant de changemens de position, l'effet que produisit sur elle, sur le public, sur la nation, mon apparition momentanée au fauteuil de la présidence. Jusqu'alors, la haine insolente semblait, en agitant la sonnette, avoir inspiré les séances : je les mis sous l'influence de la modération, du calme et des procédés. Que produisit cette tactique ? La modification à la loi du recrutement, et surtout l'anéantissement de la loi démocratique des élections. La violence du parti dont j'étais le chef n'aurait certainement pas arraché ce résultat par ses fureurs intempestives, par ses fougues sans esprit, par ses prétentions à contre-temps. Et tel fut probablement l'opinion du feu Roi, lorsqu'il daigna m'appeler dans ses conseils.

IIIe.

Je viens de nommer le parti, qui, m'ayant salué du titre de son chef, commença par me pousser sur le premier banc de l'extrême droite, eût bien voulu me porter au fauteuil de la présidence, et a fini par frapper long-temps à la porte du conseil pour m'en ouvrir l'entrée. A cette époque, M. de Châteaubriand en avait *emprunté* la clef; et l'on n'a peut-être pas oublié que ce fut lui qui voulut me recevoir *à deux battans*. Mais le feu Roi, classique en politique comme en littérature, ne mettait de précipitation à rien, mettait de la réserve à tout; et, quoi qu'il fut sincère dans ses sentimens, il n'était pas indiscret dans l'expression de ses pensées. J'ai pu, sans trop de présomption, supposer que j'avais eu le bonheur de lui en inspirer de bien différentes que celles qui lui étaient attribuées par *mon parti*. En effet, *mon parti* est hautain : Louis XVIII était plein de dignité; *mon parti* est vindicatif : le Roi était clément; *mon parti* est impatient, sans expérience, aveuglé : ce Prince a su vivre, il sut attendre, il sut régner ; *mon parti* veut arracher l'autorité : le Monarque s'était contenté de l'obtenir. Il s'agissait, lorsqu'il me manda pour en être dépositaire, de l'exercer avec économie. Je vis le fond de cette âme philantropique et royale, et nous fûmes bientôt d'accord.

Deux grandes pensées ou plutôt deux sentimens libérateurs n'ont jamais cessé d'occuper ce Prince : à l'ouverture de deux sessions consécutives, il les fit pressentir en les exprimant, quoiqu'en style parlementaire, avec autant de noblesse que d'énergie. « [Combler l'abîme des révolutions, fermer les plaies qu'elles ont faites. » Tel était le vœu de Louis XVIII ; tel ne fut pas toujours le but de son ministère ; tel dut être et tel fut celui du ministère dont je faisais partie.

Qu'est-ce que le Roi entendait par là ? Secourir les victimes de la révolution, et pour le pouvoir sans charger l'État, dégager celui-ci de l'exorbitance des intérêts qui opprimaient ses fonds. Envisagées sous ce point de vue, ces deux opérations, quoique distinctes dans leurs objets, étaient identiques dans leurs moyens, ou plutôt l'une facilitait l'autre, et toutes deux devaient s'aider réciproquement, c'est ce qui explique leur connexion qu'on m'a reprochée ; comme s'il était aisé de disposer d'un milliard sans éventer les sources où on le puise !

L'opération du remboursement , toute de l'opinion du Roi , n'a pas été comprise , je ne dis pas seulement par la multitude qui ne s'entend pas en finances , mais par les banquiers qui les conçoivent le mieux , et par ceux auxquels elle devait profiter. Sur elle reposait, avec la possibilité d'une indemnité intégrale , pourvu qu'elle fût progressive , la certitude de la libétion du Trésor. Les rentiers eux-mêmes , qu'elle semblait molester d'un côté , n'obtenaient-ils pas , dans l'augmentation de leurs capitaux, une compensation bien supérieure à la réduction de leurs intérêts ? L'État seul, tout en marchant à sa libération, semblait se gréver davantage ; mais le remboursement étant facultatif, il y avait quatre-vingts probabilités contre cent, que le plus petit nombre profiterait seul de cette faculté ; et alors, quel riche reflux au Trésor, que de capitaux pour l'industrie , quelles sources abondantes pour l'indemnité !

Mais ce reflux, on l'a arrêté ; mais cette source, sans la dessécher entièrement, on l'a diminuée. Un homme, que son talent littéraire énivre au point de lui persuader qu'il doit être le premier par tout comme à l'Académie , s'est avisé de faire

succéder des chiffres *ignorans* à ses phrases ro--
mantiques : il démontre, depuis deux ans, dans
un journal *cassé aux gages*, que le ministère
doit tomber avec 'son *système*, et que le ministre n'étant qu'un Law, ne peut être qu'un
homme d'affaires. Eh bien, le ministre accepte
cette qualification ; et, dans la situation singulière où la force des choses a placé la France, il
préfère d'être son homme d'affaires à être un
homme d'État. Il est des circonstances où la
médiocrité, qui voit juste, parce qu'elle voit de
près, vaut mieux que le génie qui perce au loin,
mais qui souvent n'a pas d'yeux pour ce qui
l'entoure. Avec plus de génie, j'aurais perdu la
France; mon heureuse médiocrité l'a sauvée.

Jetons un coup-d'œil rapide sur les opérations
de ce ministère, contre lequel on ameute l'opinion ; mais qui, déjà apprécié par les deux Rois
qu'il a servis, ne sera bien jugé que quand il ne
sera plus.

Quel fut, en se formant, le but du feu Roi,
et quel est, en se conservant, celui de Sa Majesté régnante ? Non de faire la contre-révolution, comme les libéraux ont la naïveté de l'imprimer, mais de fixer la révolution ; non de faire
une révolution nouvelle, comme les ultrà ont la
méchanceté de le prétendre, mais de faire re-

culer l'ancienne qui s'avance et gagne du terrain. Pour atteindre à ce double objet, qu'ont fait les ministres ?

1°. Par la loi du double vote, ils ont assuré à l'aristocratie de la grande propriété une prépondérance nécessaire pour balancer l'esprit démocratique de la propriété industrielle. On ne veut pas remarquer que le règne ou plutôt la conquête, les envahissemens, les usurpations de l'industrie sont arrivés ; on ne veut pas remarquer que le caractère de l'industrie est l'affranchissement, l'indépendance, en un mot la démocratie; on ne veut pas remarquer que, si, sous le rapport des produits, l'industrie est essentiellement nécessaire à la multiplication des capitaux, elle est aussi, quant à la sûreté de l'établissement politique, éminemment dangereuse; et que, pour opposer un frein à sa marche ou plutôt à sa course, en même temps productrice et dévastatrice, il fallait exhausser sur elle les détenteurs de la propriété territoriale, essentiellement conservateurs. La haine que les libéraux ont vouée à la nouvelle loi des élections est le gage de son efficacité. Puisse-t-elle être un avis pour veiller à sa perpétuité !

2°. Sous une Charte représentative, la loi d'élections est, pour ainsi dire, l'acte de virilité

du corps social; mais l'enfance, mais l'adolescence doivent avoir aussi le leur : c'est l'organisation de l'instruction commune, Cette qualification suppose que, quoique inégale dans ses
moyens, comme elle est variée dans ses objets,
elle doit pourtant appartenir à tous, et, comme un pain moral, être répartie selon les
classes et distribuée selon les besoins. Tel est
l'esprit du nouveau code universitaire. En cen-
tralisant l'action matérielle de l'enseignement,
il lui a donné pour ressort moral la religion de
l'État. Les sciences, les lettres, les arts, les
métiers, l'industrie, avant cette institution, semblaient les objets de l'instruction : ils n'en sont
que les moyens. Le but est l'accomplissement
du devoir social, chacun dans la classe, dans
le poste, dans les fonctions que la hiérarchie
politique, combinée avec ses facultés morales
et intellectuelles lui a assignés. Il ne s'agit plus,
comme durant la république, de ne faire que
des citoyens, ou, comme sous l'empire, que
d'enrégimenter des soldats; il s'agit encore
moins, comme une philosophie fastueuse et
inutile l'enseigne, de créer des hommes, mot
vide de sens, et grammaticalement inintelligible
dans un pays civilisé. La France, qui dégénère
à force de civilisation, n'a besoin que de Fran-

çais. Avec la manie de l'indépendance, il lui faut des sujets fortement dépendans de la loi ; avec son infatuation d'égalité, il lui faut des classes, des ordres, des rangs, une hiérarchie qui oppose à cette fièvre de cinquante ans, maintenant devenue endémique, un système complet de distinctions, de privilèges, d'inégalités. Que si l'on prétendait que ce serait contrarier l'esprit national, changer la direction du siècle, contredire l'opinion, et l'armer contre les institutions nouvelles ; je répondrais que la force politique étant dans les mêmes mains qui conduisent la force morale, ces contradictions ne peuvent être que passagères, que transitoires. En infusant la doctrine royaliste dans ces jeunes âmes que le virus révolutionnaire n'a pas encore infectées, on est assuré d'abord de les en préserver, ensuite de hâter le développement de ces germes d'ordre, de discipline, de méthode, d'obéissance et de régularité, sans lesquels la restauration n'est qu'un terme sans définition et qu'une théorie sans application. Voilà la vraie mission de l'abbé Frayssinous.

3°. La loi du sacrilège a fait pousser des cris aux athées, aux jansénistes, aux dissidens. On l'a blâmée comme atroce, on l'a improuvée comme indulgente. Elle n'est que nécessaire.

On a feint d'y voir un problème de théologie : c'est une question de haute police. La religion romaine est-elle la loi de l'Etat? La Charte répond *oui* : c'est avoir répondu qu'elle a droit, sinon à la croyance qui ne s'impose pas, du moins au respect que l'on peut commander et faire observer. Maintenant, quelle est la qualité de ce respect; et doit-on en user avec la divinité dans ses temples plus lestement qu'avec un commissaire dans son bureau ? A cette autre question, le bon sens du charbonnier répondra aussi bien que la dialectique de Benjamin Constant. Quant aux supplices, ce sont des épouvantails pour les grands enfans indisciplinés. La véritable utilité de cette loi, comme sa destination, est de menacer beaucoup pour ne frapper jamais. Les ministres qui ont imaginé cette combinaison peuvent être médiocres : sont-ils donc si maladroits ?

4°. L'acte de septennalité a été reproché au ministère : c'est son plus beau titre à l'estime de la génération et à la reconnaissance de la postérité. Pour justifier cette double prétention, qu'on ne perde pas de vue l'article 37 de la Charte : que dit-il ? « Les députés seront élus pour cinq ans, et de manière que la chambre soit renouvellée chaque année par cinquième. »

Ou cet article est réglémentaire, et alors transi-
toire ; ou il est fondamental, et, dans ce cas,
subversif de l'État qu'il livre, chaque année,
aux chances convulsives des élections, comme
il force le Gouvernement à subir les périls de
ces agitations inévitables. Si l'objet d'une Charte,
qui semble destinée à consolider l'État, à organiser le Gouvernement, à régulariser l'administration, si son objet, dis-je, est de les disloquer
en les abandonnant aux capricieuses mobilités
de l'opinion, l'article 37 remplit ce vœu et au-
delà ; mais si le devoir du Roi législateur, comme
l'intention de son œuvre furent de régénérer le
corps social, en tempérant, en amoindrissant,
en neutralisant son effervescence révolutionnaire, par l'introduction de l'ordre dans le système représentatif, l'article 37 dut être, sinon
anéanti, du moins accomodé à ces principes
conservateurs et aux nouvelles circonstances.
C'est ce que vient de faire avec adresse, avec
bonheur, avec sécurité l'établissement de la septennalité. M. de Châteaubriand, qui l'imagina
et le vanta tant qu'il fut ministre, ne l'a condamné, ne l'a combattu que depuis qu'il ne
l'est plus. En l'admettant avec la prévoyante
perspicacité de son esprit providentiel, le feu
Roi, que la force des événemens avait d'abord

jeté dans le torrent de la révolution, trouva, dans le mode septennal, une digue à ses fureurs expirantes et à son retour possible. La périodicité annuelle·des élections rallumait, à époques fixes, l'ardeur d'innovation, la fièvre d'indépendance qui tourmenté le peuple le plus fiévreux, le plus ardent de l'Europe : il fallait lui opposer des réfrigérans. Celui du double vote assure l'ascendant aux supériorités territoriales et aristocratiques ; celui de la septennalité garantit à ces supériorités un ascendant que l'habitude rendra durable, que sa durée conduira à la perpétuité. C'est ainsi que procède une restauration véritable : ne pouvant ruiner la forteresse où sont retranchés les révolutionnaires par l'artillerie d'une contre-révolution prête à blesser ses propres agens, il fallait qu'elle les réunit dans un édifice neuf par les formes, mais où les hommes *des anciens jours* préparassent silencieusement et avec sécurité le retour, le triomphe, la consolidation de ces vieilles doctrines auxquelles, durant quatorze cents ans, la monarchie a dû son existence, sa prépondérance et son illustration. L'institution des grands colléges naturalisés dans le système représentatif par celle de la septennalité remplit ce double objet : c'est une contre-révolution toute politique, toute pacifique, d'où les passions et conséquemment les crimes sont exclus; qui réduit à sa passiveté originelle et nécessaire toute cette *plèbe* mobile, travaillante, mais à laquelle, sous peine de périr soi-même, il faut défendre de penser; foule curieuse, irraisonnable, remuante, passionnée, livrée aux vices, prête au crime, qui est le peuple, mais qui n'est pas la nation, et qui, semblable à la lie, ne peut s'agiter ou être agitée que toute la liqueur n'en soit troublée et corrompue. Cette lie, la révolution, en la remuant, l'avait fait monter; que la restauration, sagement contre-révolutionnaire, la fasse redescendre, la comprime, et la circonscrive dans les mouvemens mécaniques de son étage subalterne !

5°. Que dire maintenant de l'indemnité ? Si l'on en croit les libéraux, elle n'est pas méritée, car ceux qui l'obtiennent, après avoir été les adversaires armés de la France, qu'ils avaient abandonnée, ne sont rentrés dans son sein que pour en rester les ennemis secrets; si l'on écoute les *ultra*, l'indemnité est justifiée précisément par les motifs qui la font blâmer et qu'on employa pour la faire rejeter : car ce n'est pas la France qu'ils ont désertée, mais la proscription qu'ils ont fuie; ce n'est pas contre la France qu'ils se sont armés, mais contre la faction qui l'opprimait; ce n'est pas de la France qu'ils sont restés les ennemis se-crets, mais de cette faction impie, régicide, anarchique, à laquelle ils ne disputent le pouvoir que pour défendre la légitimité.

J'expose les prétentions respectives et les griefs mutuels; mais on insiste : selon les uns, l'indemnité est exhorbitante; elle est mesquine, incomplète, tronquée, selon les autres : elle fut tardive au gré de ceux-ci; elle est intempes-tive au dire de ceux-là. Tous s'accordent à la trouver accordée sans justice ou sans justesse, et répartie sans discernement.

Le fait a répondu à ces objections passion-nées; il les pulvérise. En portant l'indemnité sur le terrain de la morale, on ne peut la comprendre; en la jugeant sur celui des opinions, on ne saurait l'apprécier. Lorsqu'un gouverne-ment se détermine à une mesure de cette impor-tance, s'il consultait la justice ou les affections, il serait perdu. Malheur aux sots qui font de la politique de sentiment. Ici la providence minis-térielle avait à résoudre deux importans pro-blèmes, en applanissant deux obstacles radi-caux : il fallait raviver l'aristocratie du privilége, et énerver les aristocrates du libéralisme; en d'autres termes, il fallait faire passer dans les mains dévouées à la légitimité une partie des capitaux qui foisonnent et prospèrent dans la main des fauteurs de l'usurpation. Considérée sous ce point de vue, qu'on me dise si cette opération ne réunit pas les caractères qu'en matière de finances on accorde au génie, l'adresse et l'opportunité. Au même moment, et sortie de la même tête, marchait l'opération de la conversion des rentes, proposée d'abord sous forme de remboursement : opération, je le répète, que la banque et la Chaussée d'Antin n'ont pas voulu comprendre, parce qu'elle froissait leurs chiffres spéculateurs ; de même que la rue Saint-Denis et le faubourg Saint-Germain n'ont pu applaudir à l'indemnité, l'un parce qu'elle désarmait les intérêts de la révolution, l'autre parce qu'elle n'armait ni assez amplement ni assez vite les intérêts de la contre-révolution.

Que la royauté, qui ne veut pas se rétablir par une restauration violente, est embarrassée et malheureuse ! Ceux qui l'attaquèrent jadis, ceux qui jadis la défendirent, se réunissent aujourd'hui ; les uns pour demander le prix de leur fidélité, les autres pour se faire payer leur trahison. Il y a plus : dans l'une et l'autre faction il existe des misérables qui, agiotant leur crime vertueux ou leur vertu criminelle, ne rougissent pas d'escompter leurs menaces. C'était ces derniers surtout qu'il fallait désintéresser ; et j'y suis parvenu.

Maintenant que la haute aristocratie, du sable mouvant de ses prétentions est rentrée sur le solide terrain de ses droits ; maintenant que son opinion a le point d'appui matériel de la propriété, qu'elle aille !... C'est en maudissant *la sage-femme* de la contre-révolution que cette race *d'illustres ingrats* marchera à la contre-révolution. Bientôt, je l'espère, elle sera secondée par ces célibataires sacrés, par ces *saints eunuques* qui réclameront aussi leur existence territoriale dans la société et leur participation politique dans l'État. Viennent alors les vieux sicaires de Robespierre, viennent même les vétérans de Bonaparte ! Qu'est-ce qu'un patriotisme usé, qu'est-ce que la gloire presque éteinte, pour lutter contre l'orgueil, qui ne pardonne point, contre le fanatisme, qui ne s'éteint jamais.

6°. Guerre d'Espagne. Qui n'entendit parler, il y a quelques années, d'un parti, ou plutôt

d'une fraction de parti, *d'un particule* *, aussi
fameux par son exiguité que risible par ses
prétentions ? Ces *Importans*, qui étaient un
peu plus de trois, et qui n'étaient pas tout-à-
fait cinq **, siégeaient, dit-on, sur un canapé
que leur avaient dressé les soins réunis du *Constitutionnel* et des *Débats;* car, à cette bienheu-
reuse époque de discussions, de caquets et de
parlage, ces deux organes des deux oppositions,
toujours prêts *à se prendre de bec,* sans l'être
jamais pourtant à en venir aux mains, ne se
réunissaient, ne s'entendaient que pour affu-
bler de ridicules leur ridicule adversaire. Je n'ai
pas, je crois, besoin de nommer les *doctrinaires*.

---

* Ce mot est féminin, en tant qu'il signifie *petite partie ;*
M. de V. le fait masculin, pour signifier *petit parti.* C'est
une licence ministérielle. Le créateur de l'embryon finan-
cier baptisé du nom de *Trois-pour-cent* peut bien offenser
la grammaire, puisqu'il a tué l'arithmétique.

** M. Guizot, un des cinq, n'ayant pas cinq pieds, il
plaît à Son Excellence d'en faire un demi-homme. M. de V.
a oublié que David était jeune et petit lorsqu'il renversa
Goliath. Néanmoins le David des doctrinaires envoie de
temps en temps, dans les glaces de Bohème de Son Excellence larges coups de fronde qui y font brèche. Il n'en faut
qu'un pour tuer le Philistin de la rue de Rivoli.

Si leur maître * peut être comparé à une étoile
de la quatrième grandeur, eux qui, sans avoir
sa spirituelle subtilité, affectent la tranchante
obscurité de ses oracles, à quoi ressemblent-ils ?
A de véritables *nébuleuses*. Ainsi que ces astres,
en effet (si ce sont des astres), ils noient de
nuages le peu de lueur qu'à force de phrases
ils font sortir de leur concept indigeste ; sobres
de pensées, secs de sentimens, prodigues de
métaphores gothiques, riches de comparaisons
au défaut de raisonnemens, ils renflent de mots
prétentieux leur élocution étique ; et, prenant la
témérité pour le courage et le pédantisme pour
la science, ils avancent des propositions insou-
tenables, affirment quand il faut douter, et
courent à la décision pour se dispenser de l'examen. Si à ces travers radicaux vous joignez l'intarissable prolixité des formes ; et si, sur les
épais volumes qu'elle produit, vous lisez à
chaque page les mots *Principes* et *Opposition,*
ne vous étonnez pas de l'effet double et contraire produit par ces chefs-d'œuvre : ils amor-

---

* M. Royer-Collard. Son discours sur le sacrilége, qui
aurait fondé une réputation, a mis sur la sienne un sceau
d'immortalité.

cent la curiosité, car ils promettent pâture à
la malice ; mais ils endorment , car ils sont
ennuyeux. Ainsi le dieu qui protège les ministres plaça le remède dans le mal même, en
prescrivant à leurs ennemis d'être sans génie,
et aux *Junius* * qui invectivent contre eux de
cacher leurs talens. **

Voulez-vous vous convaincre de ce que j'a-
vance-là , relisez (car celui-ci du moins se fait
relire) les *Villellines* *** de mon honorable collègue d'un jour , le vicomte de Châteaubriand ;
à propos de la guerre d'Espagne , qu'il voulait
comme un preux du septième siècle, qu'y trou-
verez-vous ? éloquence et déraison. Lisez , si

---

* Pseudonyme anglais qui attaqua, jusqu'à ce que mort
s'ensuivît, et quoiqu'elle fût soutenue par le roi, l'administration de lord Butte et de sir Robert Walpole.

** Son Excellence financière raille ici presqu'aussi fine-
ment que M. de Corbière. Elle a certes trop de talens pour
en refuser à des hommes tels que MM. de Barante, Guizot,
Kératry, Salvandy, etc.

*** Allusion aux *Verrines :* ce sont, comme on sait,
d'éloquentes accusations lancées par Cicéron contre un
proconsul déprédateur. Si M. de Villèle est un flatteur de
comparer son noble antagoniste à Cicéron, ne trouvera-t-on
pas qu'il est bien modeste de se comparer à Verrès, ou
bien maladroit, au moins, d'en rappeler le souvenir ?

vous le pouvez, les mercuriales du pédant Feletz,
dont la main armée d'une férule plane toujours
magistralement sur ses lecteurs, qu'il gourmande
et sermone comme des écoliers de sixième *;
parcourez, si vous l'osez, les lourds in-8° du
petit Guizot, et surtout la redoutable diatribe

---

* La semonce que ce régent des *Débats* (23 décembre
1825) vient, *ex cathedra,* de jeter au nez de M. Paganel,
est des plus curieuses. Cet ecclésiastique ayant avancé, dans
une très-bonne réfutation des *énormités* de M. l'abbé de La
Mennais, que, « dans le gouvernement représentatif, les
Chambres partagent avec le Roi le pouvoir souverain, »
(M. l'abbé Paganel a dit *le pouvoir,* et non *les actes exécutifs
du pouvoir*), il faut voir avec quelle profonde conviction de
son omniscience l'auteur de *la Dot de Suzette* assied sur la
selette de sa classe l'ignorant écolier ; avec quelle morgue il
l'interroge sur faits et articles ; et avec quelle imperturbable
assurance, après lui avoir démontré qu'il en était à peine
aux élémens de la politique, M. T. L. daigne en exposer les
principes, en définir les termes, préciser leur sens irrévo-
cable, et *buriner* sur trois colonnes du journal un traité
complet des doctrines sociales, réduites à l'unité par le
talent sommaire du publiciste. On dit qu'à la lecture de ce
chef-d'œuvre, l'ombre de Rousseau pâlit d'effroi, qu'elle se
disposait à noyer dans le Léthé son Contrat social, si elle
n'avait remarqué que c'était précisément sur les eaux
d'Oubli qu'elle venait de repêcher cet article immortel.
(*Note du Rédacteur du* Journal de Paris.)

de N..Salvandy : dans ces déserts d'idées submergés d'un déluge de mots, que rencontre-t-on ? de loin en loin quelques aperçus noyés de lieux communs, une intrépide audace pour l'accusation, une déplorable indigence dans les preuves. Eh bien ! c'est la preuve à la main que je m'avance, moi, dans cette grande discussion sur la guerre d'Espagne. Ferdinand la demanda, Louis la refusa, Alexandre la voulut. Moi, j'étais de l'avis du Roi, non comme le conseiller Bonneau, et parce que Louis était roi ; mais parce que cet avis était humain et raisonnable : mais il était aussi intempestif, et la Russie nous le démontra. Il ne suffit pas toujours d'avoir raison pour triompher ; et c'est avoir tort que d'avoir raison contre l'à-propos. Telle était la raison de Louis XVIII et la mienne. M. de Châteaubriand eut une raison d'à-propos bien autrement convainquante. Il arrivait de Vérone, il avait l'oreille du grand monarque et donné parole au faubourg Saint-Germain. Comment résister à des *béliers* de cette force : ils brisèrent à coups de tête la porte du cabinet du Roi ; et à travers l'énorme brèche faite par les passions, que vîmes-nous ? une armée en ligne de bataille sur la frontière du nord ! Autour de l'aigle moscovite accouraient et l'aigle blanche de Polo-

gne, et les aigles noire et rouge de Prusse,
et surtout cette monstrueuse aigle à deux têtes
dont la quadruple serre presse, comprime,
étouffe et Naples et Presbourg, et Munich et
Milan.' A cet argument irrésistible, point d'autre réponse qu'une armée au pied des Pyrénées,
Rassemblée d'abord contre la peste de Barcelonne, elle se trouva prête contre l'épidémie
de la révolution. Il semblait pourtant dur au
Roi de combattre, au-delà des Pyrénées, les
principes, les doctrines mêmes qui triomphaient
en-deçà ; mais, pour tempérer ce que l'agression
avait d'injuste et de contradictoire, le Monarque
voulut que son fils, en déployant sur la Bidassoa
le drapeau renouvelé des lis, proclamât qu'il
était encore plus celui de la clémence que des
hostilités. Le succès répondit à ces desseins
magnanimes. Pour couronner tant de victoires
pacifiques, brilla, comme la double flamme de
la sagesse et du génie, l'ordonnance d'Andujar,
d'abord obscurcie, et bientôt éteinte par les
passions. Cette succession d'actes héroïques et
bienveillans serait-elle criminelle ? Si elle le
paraissait, ce ne pourrait être qu'aux yeux des
ennemis de la patrie, de la paix et du Roi ;
comment donc serait coupable le ministère qui
ne fut point étranger à ces actes, qui en inspira

plusieurs, qui fut l'auteur de quelques uns, qui les approuva tous ?

On nous saura quelque gré de détourner un moment l'attention des lecteurs, fatigués peut-être de ces démêlés ministériels, en la fixant sur deux hommes qui, à titres différens, ont mérité de former, dans la guerre de la Péninsule, deux épisodes remarquables : nous voulons parler de *Mina* et de *Morillo*. Ces deux généraux sont dès à présent des personnages légués par l'histoire à la postérité ; et c'est pour éclairer la première qu'une plume véridique avait esquissé, en 1822, leurs portraits. La censure, après en avoir effacé les traits les plus saillans, contraignit l'auteur à les retirer de la circulation. On peut donc les considérer, outre qu'ils sont complets, comme véritablement inédits.

Justifié sur le fait de la guerre, le ministère est plus justifiable encore sur celui des marchés. Quelques mots catégoriques ne forceront pas ses accusateurs au silence, car jamais l'opposition n'y est réduite ; mais elle le sera à soutenir des absurdités.

1º Tant que M. Ouvrard fut irréprochable, il trouva dans moi un ami ; lorsqu'il fut inculpé sans preuves, il y trouva un défenseur ;

aussitôt que commencèrent à poindre les indices de son administration vicieuse, il y a trouvé un accusateur impartial. Celui qui avait protégé M. Ouvrard innocent, a fait arrêter M. Ouvrard suspect.

2° Le ministre qui accepte un fournisseur, et qui, sur la foi de son intelligence et de sa probité, le nomme munitionnaire d'une armée, n'est nullement responsable de sa probité et de son intelligence : autant vaudrait demander qu'il le fût de la conduite des administrateurs et des juges. Ceux-ci, comme le premier, sont passibles de tout ce qu'elle mérite en éloges ou en blâme. Là, c'est-à-dire au jugement de l'opinion, se borne la responsabilité ministérielle, c'est-à-dire le cautionnement moral. Quant à la garantie exigée par les lois, les lois sont là pour la réclamer, et les juges pour la leur faire obtenir.

C'est l'objet du renvoi de l'affaire des marchés à l'instruction de la Cour des Pairs. Cette Cour, en jugeant la question de corruption, sur laquelle l'intervention de deux pairs n'a pas permis à la Cour royale de prononcer, va décider entre le ministère et ses accusateurs.

FRANCISCO ESPOZ Y MINA.

« Décidément cet homme n'est qu'un coureur
« agile : le héros est redevenu ce qu'il a tou-
« jours été sous nos yeux, un chef de mique-
« lets. * » C'est l'arrêt que, de sa rue des
Prêtres, prononce le journaliste *des Débats*,
dans sa feuille du 22 juin ; arrêt tellement irré-
vocable, qu'il l'a signifié au journal officiel par
une note diplomatique, et que ce dernier s'est
respectueusement hâté de l'enregistrer dans son
protocole. Bien entendu que la plupart des confrères, ou plutôt des commis aux écritures du
grave *Moniteur*, ont accepté sans examen et
répété sans observation cette décision ministérielle : un seul, je crois, ou deux tout au plus,
ont hasardé contre elle, l'un des reproches
motivés, l'autre quelques objections impar-
tiales ; mais qu'est-ce que la mauvaise humeur,

---

* Bandits qui vivent dans les Pyrénées, principalement
sur les frontières de la Catalogne et de l'Arragon.

même la plus juste, qu'est-ce que la raison, même infaillible, en présence de l'esprit de parti ? et que ne peut l'esprit de parti, quand il passe de l'usine du folliculaire dans le cabinet du ministre ?

Néanmoins l'esprit de parti, fût-il appuyé sur le pouvoir et fomenté par le talent, ne prescrit ni contre les mépris qu'on fait de lui, ni surtout contre les faits ? Il s'exhale des premiers une vapeur qui le glace ; il sort des faits une sorte de phalange vivante et armée, qui le fait reculer jusqu'à l'absurde. Alors, comme Jupiter qui tonne, quand il a tort, l'esprit de parti menace, frappe même, s'il tient l'autorité. Lorsqu'il en est réduit là, ses victoires sont des défaites, et l'opinion, réagissant contre lui, délie pour la vérité les langues qu'il aurait voulu enchaîner ou faire mentir.

Voilà précisément la position dans laquelle les publicistes qui mentent à la France l'ont placée relativement au général *Espoz y* Mina. Si quelque peu d'équité les eût rendus moins maladroits, ils auraient avoué « que ce chef est un excellent « partisan ; qu'il en a le caractère, le talent, je « dirais presque le génie ; qu'à l'audace d'entre- « prendre il joint l'adresse qui fait réussir ; que « jamais l'activité de sa pensée n'amène de con-

« fusion dans ses plans; que l'inspiration qui chez
« lui ouvre des ressources, n'ôte rien au sang-
« froid qui sait en profiter; qu'au besoin il peut
« administrer, comme il a su combattre; que, ne
« pouvant épouvanter son ennemi par les mas-
« ses, il le tient en inquiétude permanente par
« sa mobilité; que, n'ayant pas la prétention de
« rompre des colonnes en ligne de bataille, il
« les contraint à se morceler en pelotons, à souf-
« frir qu'il les harcèle par des attaques feintes
« ou multipliées, qu'il les désole par ses manœu-
« vres, qu'il les fatigue, les harasse, les épuise
« par ses marches, qu'il les disperse par ses escar-
« mouches, et les dissolve dans ses embuscades;
« enfin que, toujours présent, quoique toujours
« invisible, ses soldats le trouvent partout et
« les ennemis nulle part; que souvent, battu par
« fragmens, il réunit ses tronçons vivaces, et
« oppose à son vainqueur d'hier un vainqueur
« d'aujourd'hui. » Le trait distinctif du talent de
Mina, ajouterai-je, est de faire beaucoup avec
peu; et lorsque des gazettiers qui raisonnent
de la guerre comme ils font de la diplomatie
nomment ce général *un diminutif de Mandrin*, il est amplement vengé par l'honneur
qu'a son gourdin montagnard de tenir en échec

depuis trois mois le bâton d'un maréchal de France.

On s'honore soi-même, en honorant son ennemi; et nous sommes parfaitement de l'avis de l'écrivain spirituel qui, dans le *Journal de Paris*, s'est chargé de distribuer aux publicistes de la trésorerie quelques férules quotidiennes. « C'est une mauvaise tactique, dit-il, d'appeler des phrases au secours du 4e corps d'armée, qui n'a pas besoin sans doute d'une pareille ressource, et qui attend avec plus d'impatience le renfort de huit mille hommes qu'on dirige en ce moment sur la Catalogne. Du reste, ajoute-t-il, nous ne croyons pas que nos soldats et nos généraux se trouvent vivement flattés des termes de mépris dont il plaît au *Journal des Débats* de se servir en parlant de Mina. C'est un procédé peu adroit de rabaisser autant son ennemi : cela diminue la gloire du triomphe, si l'on est vainqueur; cela augmente la honte de la défaite, si l'on est vaincu. Nous sommes persuadés que le général Donnadieu emploierait des expressions beaucoup plus courtoises pour exprimer le sentiment que lui inspire le général espagnol. ».

C'est que le général Donnadieu, chez lequel pourtant la passion domina trop souvent, ne

manque ni de justesse dans les aperçus, ni de tact
dans la connaissance et l'emploi des hommes.
C'est sous les drapeaux de l'empereur qu'il a fait
ses premières armes; et comme il eut le bon esprit d'admirer dans ce grand homme le bras qui
redressait sur son axe la sphère sociale, il n'a
pas étalé, depuis sa chute, l'inconséquence (le
mot est doux) d'abjurer un tel sentiment. Ce
n'est pas lui, par exemple, ce n'est pas le général
Donnadieu, qui, après avoir prodigué à Napoléon
le nom de *Cyrus*, d'*envoyé de Dieu*, de *restaurateur du temple*, quand il était puissant
et la source des grâces, aurait écrit, lorsqu'il
avait cessé de l'être, ces étranges paroles : « Ab-
« surde en administration, criminel en politi-
« que, qu'avait-il donc pour séduire les Fran-
« çais, *cet étranger?* La gloire militaire ? Eh
« bien, il en est dépouillé. C'est en effet un
« grand gagneur de batailles ; mais *hors de là*,
« le moindre général est plus habile que lui *. »

---

* *De Buonaparte et des Bourbons*, page 36 de l'édition de
Lyon. Chaque page de ce pamphlet offre des *décisions* aussi
curieuses ; et depuis que dix années de réflexions et d'expérience ont démontré combien elles étaient saines et équi-
tables, l'auteur doit être bien glorieux de les avoir écrites.

17

On avouera que ceux qui dénient à Napoléon
une gloire, une science dont l'univers ne fut

« Buonaparte est un *faux grand homme;* la magnanimité
« lui manque. La nature le forma sans entrailles ; sa tête est
« l'empire des ténèbres et de la confusion : toutes les idées
« peuvent y entrer, mais elles en sortent aussitôt (page 48).
« Il veut paraître original, et n'est jamais qu'imitateur. Il
« essaie toujours de dire ce qu'il croit un grand mot, ou
« de faire ce qu'il présume une grande chose (page 49). Né
« pour détruire, il porte le mal dans son sein tout naturel-
« lement. Il a horreur du bonheur des hommes. Son grand
« plaisir était de déshonorer la vertu (page 51). Enfant de
« notre révolution, il a des ressemblances frappantes avec
« sa mère : intempérance de langage, goût de la basse lit-
« térature (1), passion d'écrire dans les journaux (2). Sous
« le masque d'Alexandre et de César, on aperçoit *l'homme*
« *de peu* et l'enfant de petite famille..... (pag. 50). » Comme
certains juges, quand ils prononcent, ne daignent pas toujours motiver leurs sentences, vous trouverez la justification
de celles-ci dans les *Mémoires de Napoléon,* écrits par les
généraux qui l'ont accompagné ; dans le *Manuscrit de* 1814,
par le baron Fain ; dans *Napoléon en exil,* par O'Meara, et
surtout dans le *Mémorial de Sainte-Hélène,* par l'excellent
comte Las Cases.

(1) Ossian, par exemple, Racine, et spécialement Corneille.

(2) Ainsi *cette passion,* qu'on attribue à plus d'un écrivain cou-
ronné, et qui est fortement déclarée dans plus d'un ministre, leur
donne *avec la révolution,* dont apparemment aussi *ils sont les en-*
fans, des *ressemblances frappantes.*

que trop plein, peuvent bien avoir *décidé* que
« Mina n'est qu'un coureur, et qu'il n'a jamais
été qu'un miquelet ».

Apprécions par des faits ce personnage devenu historique, et laissons aux libelles de l'esprit de parti la triste ressource des calomnies
et des phrases. L'historien, même sans talens,
est encore respectable, s'il dit vrai ; mais nul ne
l'est moins qu'un maître de rhétorique qui
trafique de la métaphore et spécule sur l'hy-
perbole.

Mina est né dans un village de la Navarre, en
1784. Son père était laboureur, plusieurs de ses
parens sont bergers, et c'est à leur école rus-
tique qu'il apprit à connaître et à pratiquer les
montagnes.

L'histoire ne confondra pas avec les Espagnols de 1808, qui s'armèrent pour sauver leur
pays, les Espagnols de 1823, qui le perdirent
en fuyant. Elle admire le sentiment patriotique
qui, chez les uns, tournait à la perte de leurs
oppresseurs l'énergie nationale ; elle flétrira,
dans les autres, cette même énergie qu'ils ne
déployèrent que pour se déchirer entre eux.
Telle n'était pas cette réunion de pâtres et d'ou-
vriers campagnards, au milieu desquels Xavier Mina, le jeune neveu de Francisco, éleva

l'étendard de l'insurrection. Sur cette bannière aussi, comme sur celles des bandes de la Foi, on lisait : POUR DIEU ET POUR LE ROI ! mais on y lisait encore : POUR LA PATRIE ! et surtout on n'y lisait pas : *Pour la sainte Inquisition !*

François Mina commandait cette guérilla sous son neveu, auquel il succéda bientôt dans le commandement en chef, ce jeune homme ayant été fait prisonnier. Dès lors commencèrent à se montrer, chez l'oncle, cette adresse singulière et cette incroyable activité dont il donna, pendant toute la guerre de la Péninsule, des preuves de tous les lieux et de tous les momens. Le biographe auquel sera accordé la liberté de tout dire excitera vivement la curiosité, l'intérêt même de son lecteur, par le récit détaillé des entreprises hardies et des expéditions heureuses de Mina dans la Navarre. Une longue habitude des localités put les favoriser sans doute ; mais la conception première, les moyens variés, et, pour ainsi dire, *de rechange*, surtout la présence d'esprit qui tourne l'obstacle en moyen, voilà ce qui appartient en propre à ce chef, ce qui le caractérise, ce qui le distingue de ceux que la nature a fait subalternes. Ajoutez-y la connaissance ou plutôt l'instinct pratique des hommes, et cet ascendant qu'on exerce sur eux , moins par sa propre supériorité que par le spécial emploi de leurs facultés.

Les journaux de ce temps-là ont raconté la plupart de ses aventureuses expéditions, que ceux de ce temps-ci ont lestement comparées à celles de Mandrin. Considérées sous quelques rapports , il est certain que les opérations d'un stratégiste ne diffèrent pas de beaucoup des manœuvres d'un contrebandier. Il y aurait sur cela un beau parallèle à établir , et la Quotidienne s'en acquitterait à merveille. Elle n'oublierait que cette légère différence entre les deux métiers : c'est que l'un se fait pour dépouiller les citoyens, et que l'autre doit se faire pour les défendre.

Nous serons très-sobres sur les anciens exploits de Mina , car notre objet est moins de le louer que de le faire connaître. Qui n'a pas su d'ailleurs que, tenant la route de Bayonne à Madrid, il avait intercepté un convoi d'argent destiné à l'armée française , et pris douze charriots chargés d'environ 200 mille écus? Qui a pu ignorer qu'en octobre 1810, il enleva un autre convoi, non moins riche et peut-être plus important, car il se composait d'objets confectionnés , dont précisément nous éprouvions un besoin indispensable? Ce qu'on a appris encore, c'est que, pour des services si périlleux, la junte centrale l'avait revêtu du titre de colonel. Mais ce qui paraît n'avoir été répété par personne, c'est que Mina profita peu personnellement de ces riches captures; et que, sa troupe une fois satisfaite, même avec modération, elles furent fidèlement conduites dans les magasins nationaux. A ce trait, assez commun au reste parmi les guerriers, je vois sourire ceux chez qui l'habitude des chiffres et des jouissances a réduit en calcul le sentiment, mais qui n'auraient besoin, pour apprendre le désintéressement, que d'avoir les armes à la main.

« Parcourons rapidement la rapide carrière de Mina. Écrasé, devant Estella, par le général Simon, qui s'empara de cette ville, on le croit anéanti; car c'est une des illusions qu'a toujours faites ce *guerillero :* bientôt il reparaît aussi nombreux et plus terrible. Nommé général d'un corps franc de quinze mille hommes, il se contente d'en organiser, d'en employer activement la moitié; mais cette moitié est une élite, elle est éprouvée, elle est intelligente, quoique docile, et infatigable, quoique toujours en haleine. L'autre portion éclaire en avant, manœuvre sur les flancs, sur les derrières, s'étend, se disperse, bat le pays, se rallie au besoin, et répare les pertes de la première. Ce fut, remarque un biographe, à la tête de ce corps qu'il remporta nombre d'avantages sur les troupes françaises, et qu'il se maintint constamment dans la province qu'il occupait, contre des forces supérieures. Les soldats français l'appelaient *le roi de Navarre*. L'audace et la rapidité de ses mouvemens fatiguaient sans cesse l'ennemi et paralysaient des corps bien autrement considérables que le sien. C'est encore la même tactique qu'il développe aujourd'hui; et quoique, jeté sur un terrain nouveau pour lui, couvert d'ennemis, dépourvu de défenseurs, il y soit arrivé avec des données fausses, partout il a sondé, reconnu, pénétré les hommes et les choses. Il a eu à rassurer les habitans, à instruire et déterminer le ministère, rassembler des troupes, créer une armée, improviser un plan. Il a temporisé pendant deux mois; il a tourné les difficultés qu'il sentait ne pouvoir vaincre. Tant qu'il n'a eu en présence que les fils de la Foi *, à peine a-t-il daigné combattre. Ses coups les plus meurtriers, les plus décisifs, sont pour-

---

* On dit que leurs *pères* sont en France.

tant tombés sur eux : il a réservé contre nous sa patience, son agilité, son opiniâtreté, qui nous lassent facilement et ne se lassent jamais. Qu'était-ce pour un homme comme Mina que d'avoir d'abord chassé ces misérables qui se disent fanatiques parce qu'ils sont pillards ? De plus nobles adversaires se sont présentés : le Gouvernement, qui ne partage pas les dédaigneux préjugés de ses publicistes, lui a fait l'honneur de lui opposer une armée d'élite et un vieux général de renom. Mina, en déployant sur un vaste théâtre sa doctrine éprouvée, a voulu justifier qu'il méritait cette double faveur, et que peut-être il n'était pas indigne de se mesurer avec l'illustre Moncey. Cet orgueil permis console un peu des billevesées d'un journaliste.

M. le maréchal est plus juste ; et je suis convaincu qu'indépendamment de ses opinions de position, le baron d'Erole se complaît à l'être, quand il peut penser et s'expliquer librement.

Quant au duc de Conégliano, qui n'a pas fait la guerre en partisan et qui a long-temps pratiqué ce terrain en stratégiste capable de s'en rendre maître, il sait que celui qui dirige une telle guerre doit être doué d'une vaste et pourtant d'une minutieuse intelligence, afin de saisir du premier coup d'œil toutes les difficultés qu'elle

présente, et pour trouver, au second examen,
les moyens appropriés de les résoudre. A une
circonspection prévoyante il faut qu'il réunisse,
selon les occasions, les lenteurs qui simulent la
crainte, ou la rapidité qui indique l'audace. Intrépide opiniâtreté dans l'action toujours chaude
et presque toujours imprévue; calcul pour en
reculer ou pour en décider le moment; combinaison pour l'accélérer, souvent pour l'amortir,
quelquefois même pour l'abandonner; sang-
froid que le danger ne déconcerte pas, et qui
permet à l'esprit ce calme réparateur des revers, parce qu'il est inspirateur des ressources :
voilà une partie des qualités exigées dans celui
qui a limité à ce terrain étroit et difficile des
exploits qu'il eût rendus moins utiles en les déployant sur un théâtre plus étendu. Ne sont-ce
pas celles qu'a constamment montrées Mina ?
En 1823 comme en 1810, il avait à tenir
la campagne avec un petit corps de troupes,
souvent morcelé, recruté rarement; à observer
son adversaire et à échapper à ses observations;
à le harceler dans ses mouvemens, le dérouter
sur les siens, lui donner le change par de feintes
manœuvres qui en cachassent de véritables. Il
fallait le forcer à suspendre et même à changer
ses opérations; et, au milieu de cette tactique

laborieuse, ne pas négliger cette autre tactique qui dans l'enlèvement des convois trouve l'aliment de la première. Dans tous les cas, il devait suppléer à l'infériorité du nombre par la fécondité des stratagèmes, et échapper à la force par la ruse ; écarter son ennemi, ou le contraindre à se disséminer, et par-dessus tout le fatiguer, le harasser par des marches, des contre-marches, qui se jouent de l'espoir et qui le remplacent par le découragement. Il me semble que les journaux qui chaque matin proclament les défaites, la prise, la mort même de Mina, et qui le lendemain ne peuvent dissimuler sa résurrection, sont d'assez bons témoins qu'il ne joue pas mal ce jeu-là *.

D'un point si resserré, et dont la topographie lui est familière, nous le voyons s'étendre sur

---

* C'est ainsi que, tout récemment, après avoir subi, dans les fragmens multipliés de ses troupes, des mutilations douloureuses, mais nécessaires à ses desseins ; après avoir perdu Zorraquin, son chef d'état-major, et l'un de ses meilleurs officiers, il a échappé à une investigation bien honorable pour les corps de l'armée française qui l'ont suivi avec ténacité, et a terminé les manœuvres les plus compliquées, les plus difficiles et les plus heureuses, par sa rentrée dans Barcelonne, à la tête d'une division de dix mille hommes.

de plus vastes terrains à lui inconnus, et y développer ses opérations. C'est ainsi qu'en 1812
et 1813, il les place dans l'Aragon et la province d'Alava. Là, ses manœuvres s'agrandis-
sent, et pourtant se simplifient avec les localités; là, le chef de partisans déploie les talens de
général ; là aussi il en montre les qualités. Aux
brigandages caractéristiques des guérillas il
substitue la discipline d'une armée organisée
avec régularité. Ce n'est plus sa volonté qui arbitre, c'est la loi qui ordonne, loi rude dans ses
formes et sévère dans ses actes : car, au milieu
de ses montagnes, et parmi ses compagnons
sauvages, Mina n'a point appris à dissimuler,
par la dignité de la procédure et l'élégante rédaction des arrêts, la dureté; quelquefois même
la cruauté des condamnations. Souvent c'est
par des actes tyranniques qu'il rétablit l'ordre ;
parfois ce fut par des rigueurs difficilement jus-
tifiées par leur nécessité qu'il imprima dans
les esprits le sentiment de son pouvoir. Un chef
de bande nommé *Echevarria*, qu'à cette
époque il eût pu regarder comme son lieutenant, exerce des brigandages : il le fait arrêter
et fusiller. Lorsqu'on lui amenait un espion
français, au lieu de le mettre à mort, il lui
faisait graver sur le front avec un fer chaud :

Viva Mina ! et le misérable, repoussé de tous les lieux habités, pouvait périr de faim et de misère, à moins qu'il ne parvînt à regagner l'armée.

Promu au grade de maréchal-de-camp, après son expédition d'Aragon, Mina semble avoir changé de mœurs en changeant de position. Sa rudesse native n'est plus que de l'austérité ; la rigueur de sa discipline n'est plus que l'observation des règlemens. Commandant d'une division, il obtint avec elle de nombreux succès ; cependant, dans une affaire partielle, il fut défait par le général Morandière, alors colonel du 75e régiment de ligne. Ce fut de cette époque même qu'il dut se préparer à de nouveaux combats, qu'il en eut de désastreux à soutenir. La gêne qu'il mettait aux communications des corps et à leur approvisionnement, par d'inquiétantes et continuelles incursions, l'exposait aux combinaisons de savans et courageux adversaires qui voulaient en affranchir leurs armées. Plus d'une fois sa troupe a été dispersée. Nous avons omis de dire qu'en 1812, surpris à Robres par le général Pannetier, il fut obligé de se sauver en chemise sur les toits, où il échappa aux recherches. Trahi par *Tris*, son second, à Sanguesa, il fut mis dans une déroute complète par de fortes colonnes de la garde impériale aux ordres des généraux Reille et Caffarelli; pourtant, après ce notable échec, on ne put l'empêcher de tenir la campagne. « Ayant fait fusiller Tris, dit un biographe, rallié et récompensé sa division, il la ramena à l'ennemi, forte de quinze mille hommes; et devenant de nouveau assaillant, quand on le croyait anéanti, il donna une nouvelle preuve de la fécondité de ses ressources et de l'opiniâtreté de ses efforts. »

Ici change ou du moins est suspendue la carrière de Mina. La péninsule délivrée, il se retire à Saint-Jean-Pied-de-Port. Bientôt appelé à Madrid, il s'explique à Ferdinand avec toute la véracité de son caractère et l'autorité de ses services. « Nous avons combattu pour « votre délivrance, lui dit-il, mais nous avons « vaincu pour la patrie. Qu'une faction ne « s'empare pas de tant d'avantages : ils doivent « tourner au profit de tous, si vous voulez que « tous soient pour vous. » Mal conseillé, le roi déchire un pacte que l'inexpérience n'avait pas mûri sans doute, mais auquel il devait son retour et son pouvoir; il le déchire, au lieu de le modifier, comme l'ordonnait la raison et eût amené le temps. Le despotisme, ou plutôt l'oligarchie., reparaît terrible, menaçante, armée de proscriptions, prête à s'entourer de bûchers et d'échafauds. L'opiniâtre et vindicative faction des priviléges s'interpose entre le peuple et le monarque. On dit à ce prince qu'il ne peut cimenter son pouvoir qu'avec le sang des séditieux. On dit aux patriotes qu'ils ne peuvent assurer leur inflence qu'en diminuant celle du roi. La persécution fomente les partis, et la semence des conspirations est dans le sang des conspirateurs morts sur l'échafaud. Au sein de cette tourmente, que fait Mina ? Inhabile aux démêlés politiques, il ne reste pas étranger aux combinaisons militaires. Afin de présenter aux patriotes un point d'appui formidable, il a tenté de s'emparer de Pampelune, assuré qu'il croit être d'un régiment de son ancienne armée, et de son neveu Xavier, enfermé dans la citadelle. Mais le général Ezpeleta, soupçonnant son projet, le fait échouer en changeant le poste ordinaire du régiment.

Ce fut alors que Mina, réfugié en France, y fut arrêté un instant, à la demande du roi *catholique*, et mis en liberté par ordre du roi *très-chrétien*. Il jouissait même d'une pension royale, lorsque, durant les cent jours, Napoléon voulut lui donner un commandement.

Mais la reconnaissance l'attachait au roi, qu'il suivit en Belgique, sans pourtant coopérer aux dernières actions militaires dont ce pays fut le théâtre. Depuis, lors des conspirations que l'impéritie des ministres faisait sans cesse renaître en Espagne, la liberté de Mina fut menacée plusieurs fois. On ne voit pas cependant qu'il ait été compromis dans aucune de ces affaires déplorables qui ont déterminé la révolution de 1820. Nommé successivement capitaine-général de la Galice et de la Navarre, il fut destitué en 1821 et renvoyé en non-activité à Léon. Après la journée du 7 juillet 1822, il fut appelé au commandement de l'armée de Catalogne, où ses premiers succès lui ont valu le grade de lieutenant-général et la grand'croix de Saint-Ferdinand.

Nous terminerons cette notice en rappelant à nos lecteurs que, pour apprécier ce général, il faut moins le juger sur ses moyens, qui peuvent paraître hasardés, que sur le but qu'il s'est proposé. « Il a voulu, dit un homme qui a suivi ses opérations en observateur, il a voulu harceler, fatiguer, dérouter l'armée française et retarder ses opérations en Catalogne. Depuis le jour qu'il a attiré à Beçalu et à Tortella les quatre divisions de l'armée française commandées par M. le maréchal en personne, il n'a pas cessé un seul instant d'inquiéter, d'occuper exclusivement une grande partie de ces divisions. Tantôt à Olot, tantôt à Gironne, aujourd'hui devant Manreza, et demain devant Vich; tantôt en présence du général Donnadieu, tantôt sur ses derrières, il a, pendant deux mois, traîné le baron d'Eroles sur les hautes montagnes de la Catalogne, le faisant courir à Solsone lorsqu'il était à Palau, à Ripoll lorsqu'il était à Tortella, à Olot et Tortella lorsque, par les hautes montagnes qui séparent le département de la Catalogne, il se dirigeait de nouveau en Cerdagne, ce qui a forcé Eroles à revenir sur Olot, Ripoll, Ribas, et du col de Tosas sur notre frontière. »

L'armée française aime à voir son ennemi en face, à le combattre de front, à le vaincre, pour n'y plus revenir : Mina ne lui convient point *.

(R. W.)

---

* L'armée française n'est étrangère à aucune gloire, et partout où il y a de l'honneur à acquérir, elle en réclame sa part légitime. Dans ces mêmes Espagnes, témoins de son ancienne valeur, elle déploie maintenant un nouveau genre de courage : c'est celui qui consiste à vaincre pour pacifier. On regrette seulement que la gloire de pacifier ne paraisse pas suffisamment justifiée par les dangers de combattre et par la nécessité de vaincre.

DON PABLO MORILLO.

Au bruit d'une révolution qui provoquait tous les sentimens passionnés, un jeune pâtre de la Murcie sent remuer dans son cœur je ne sais quel désir cupide et superbe qu'il prend pour l'amour de la gloire. Jetant au loin la houlette pastorale, ses mains, jusque alors innocentes, saisissent la meurtrière baïonnette et appellent les combats. Bientôt l'Océan devient le témoin de sa bravoure naissante : elle éclate, dans une occasion décisive, par l'intrépidité. A Trafalgar, le canon ennemi venait d'emporter son pavillon : il se précipite dans les flots, et le sauve d'une double honte. C'est au sortir de ce double danger qu'il en reçoit le premier prix. Des lignes obscures de ces automates qui obéissent, il entre dans les rangs de ceux qui leur commandent ; et l'ambition, que ces premiers honneurs stimulent, vient d'allumer une ardeur dont s'emparera bientôt la patrie menacée. Dans un temps de prodiges, on s'étonnera peu de voir le destin de cette patrie remis aux mains du berger devenu héros : ce héros, ce berger est Morillo.

18

Guidée par la victoire, l'armée de Napoléon, débordant toutes les Pyrénées, inondait la Péninsule. Qu'opposer à ce torrent? Des phalanges régulières? Elles se rompent, elles se dispersent sous ses chocs. Des remparts flamboyans de canons? Ils tombent, ils s'éteignent devant lui. Ce sont des remparts mobiles que le sol souillé par l'étranger doit opposer à son envahissement. L'attaque impie provoque une défense sacrée : il s'agit de briser sur la tête même de l'oppresseur le joug qu'il prépare au fier lion de Castille. Que toute chaumière devienne une forteresse! que tout buisson recelle une embuscade! Près de la charrue qui sillonne paisible, que la lance brille menaçante! Partout où palpite un Espagnol, que combatte un soldat! partout où la tyrannie envoie un satellite, que la liberté asseoie un défenseur! Qu'importent les lois de la stratégie et les préceptes de la tactique : tout est permis, tout est prescrit pour préserver son foyer; et le premier précepte est de chasser l'étranger, comme la loi la plus sainte est de punir l'usurpateur.

Ces cris d'alarme jetés par la patrie, ton ambition les entendit, Morillo ; et bientôt, animant de nombreuses guérillas, tu couvres de leur adresse autant que tu protéges de leur va-

leur cette belle Murcie où, sous des citron-
niers en fleurs, fut suspendu ton berceau. Non,
tant que les guerriers de Morillo hérisseront de
fer les guérets paternels, non, l'ennemi ne vien-
dra pas l'y insulter !

Mais de nouvelles levées réclament d'anciens
exemples ; et le partisan va porter les siens dans
celles de la Galice, qu'il commande presque
aussitôt, en l'absence fortuite de leur chef. A
peine rassemblées par le danger, elles sont loin
d'être réunies par la discipline : c'est avec elles
cependant que leur nouveau chef doit investir le
Vigo ; c'est par elles qu'il veut s'emparer de
cette place importante. Elle était embarrassée
par des employés d'administration : pouvait-elle
être défendue par des soldats convalescens ? Toutefois, un chef de partisans aura-t-il l'honneur
de faire capituler les Français ? Morillo se suppose élevé de quelques grades, et par cette ruse
il montre moins le besoin de la circonstance
qu'il ne révèle l'exigence de son talent. Le commandant français ne se sent point humilié de céder à son égal, dont de nouvelles occasions mani-
festeront bientôt et favoriseront la supériorité.

Au nom de Morillo, que déjà répète la renommée, un régiment est formé : c'est celui de
la Union, devenu, presque soudainement, l'auxi-

liaire efficace de la Romana, au pont de San-Payo. Là, dans une lutte réciproquement honorable, triomphe l'indépendance ; Ney, devenu depuis si illustre, n'a point à rougir de reculer devant la liberté qu'il eût été si digne de défendre. Là aussi se développe, dans Morillo, ce caractère méditatif, cette intrépidité calme qui redouble au sein du danger ; de ce moment s'est montrée cette tête vaste et forte qui conçoit et ordonne, et qui s'élève la première au premier rang. Dès long-temps, aux coups qu'il en avait reçu, l'ennemi avait reconnu un des bras destinés à délivrer l'Espagne.

Pourtant ce bras a fléchi quelquefois, et c'est par des revers utiles qu'il a appris à vaincre. Battu plusieurs fois en Andalousie, Morillo, presque défait dans l'Estramadure par le général Treilhard, croit voir suspendu cet ascendant suprême qui partout lui assurait l'avantage. Un engagement aux importantes hauteurs de l'Arlanzon semble ne le lui rendre un instant que pour le lui arracher avec dérision. Il est blessé : à cet aspect, il écrit de son sang le serment de la vengeance, et bientôt, pour le remplir, il efface, à Saint-Pè, jusqu'à la trace de ses ignominies. Ce fut vers cette époque que l'homme extraordinaire qui refaisait le monde céda, en

faveur des Espagnes, à celte mystérieuse puissance de la liberté qui travaille le siècle. Un
peu plus tard, il devait lui rendre un hommage
complet. --

Ici se termine la première carrière du guerillero de la Murcie. Fait maréchal-de-camp par le
monarque dont il avait hâté le retour, il accepta,
peut-être même a-t-il sollicité, le commandement d'une expédition dirigée contre les indépendans d'Amérique. Le génie militaire de
Morillo nous est connu ; quels vont se montrer
son caractère moral et sa conduite politique ?
Parcourons la sommité des faits nombreux que
nous livrent ces sanglantes annales.

Débarqué d'abord dans l'île de Margarita, près
de laquelle un coup de vent lui enlève quelques
vaisseaux, le général royaliste paraît devant Co-
rolitos avec quarante voiles, et effectue son débarquement. A la suite de vives escarmouches,
par lesquelles il balaie jusque dans Carthagène
les phalanges éparses des insurgés, il décide l'investissement de cette place par terre et par mer.
C'est vainement : les chaloupes canonnières de
l'ennemi repoussent ou coulent ses bâtimens, à
travers lesquels circulent et arrivent les appro-
visionnemens de la ville bloquée. Morillo en
ordonne alors l'attaque à force ouverte. Pendant

huit jours; un feu terrible couvre Carthagène d'un réseau de destruction ; pendant huit jours Carthagène le rejette plus embrasé et plus destructeur sur ses injustes assaillans. La patrie, moins effrayée qu'irritée ; prend, pour exciter le courage de ceux de ses fils qui ne sont point parricides, la voie des femmes, les accens de l'enfance. Des clameurs de vengeance accompagnent le sifflement des projectiles; les cris de *Vive la patrie !* s'élèvent au bruit des ruines amoncelées par leur explosion. Mal averti par ces leçons patriotiques, Morillo, à qui la magie du pouvoir a fait oublier la puissance de la liberté, Morillo s'indigne d'une résistance qu'il n'ose plus admirer : il ordonne l'assaut, et pour perdre ses remords dans un nouveau crime, il le prescrit au jour où fut proclamée l'indépendance. Proclamez-la de nouveau, Carthagénois, sur les débris fumans de vos asyles ! Que son drapeau, planté sur la brèche de vos remparts, fasse fuir l'étendard oppresseur ! Dans cette terre vierge, du moins, il est écrit que la liberté triomphera.

En attendant cette époque infaillible, Morillo, qui joint à la fermeté de vouloir la patience d'attendre, commence à resserrer l'investissement de la place dans un blocus chaque jour plus étroit. Des secours arrivés d'Europe lui permettent de fermer toutes les issues, de s'emparer de toutes les approches. C'est au centre d'un cercle de fer et de feu qu'il a placé Carthagène ; la destruction, avec tous ses appareils formidables, la menace au loin ; la mort, sous ses formes les plus hideuses, la frappe de près. Sur la cendre des foyers, au seuil des temples, parmi les rues dépavées, la faim décharne cette population silencieuse ; dans la crèche des hôpitaux, la contagion la décime. D'abord, on dévore la chair des chevaux, puis on s'assouvit sur celle des animaux immondes ; on s'abuse enfin par de douloureuses et éphémères illusions. Demandez, Morillo, demandez à ces opiniâtres s'ils veulent se rendre ; ils vous répondront qu'ils savent souffrir. O prestige de l'honneur ! ô fanatisme de la liberté ! Pourquoi les rois, mieux conseillés, au lieu de comprimer ces ressorts trempés dans l'esprit du siècle, ne les emploient-ils pas au profit du genre humain ?

« Enfin, dit un biographe, le 4 décembre, après deux mois de souffrances inouïes, ces misérables ressources * épuisées, le conseil décida

---

* Après les chiens, les chats et les rats, on avait essayé

non pas la reddition ni la capitulation de Carthagène, mais son évacuation. Ce qui restait de
troupes, les principaux habitans, s'embarquè-
rent à bord des bateaux disponibles, et à travers
le feu des batteries espagnoles, se dirigèrent sur
Savannah-el-Mar, où quelques uns seulement
purent aborder, les autres ayant été désemparés
et obligés d'amener. »

Morillo pénètre dans ce désert, où la mort
achève en silence ceux qu'il a frappés avec fureur.
Partout des ruines, partout des cadavres. Le
jour même de l'évacuation, la famine en avait
dévoré trois cent-vingt ; elle en immola près de
cinq mille pendant le siége. Ainsi, la guerre et
ses horreurs, la famine et ses tortures, la contagion et ses agonies, tout pour les indépendans
a semblé préférable au joug qu'ils détestent. La
vie n'eût été pour eux que la continuation de
l'esclavage ; et ne pouvant vaincre, c'est en mou-
rant qu'ils ont conquis la liberté. -

On eût dit même qu'en expirant pour elle,
ces héros avaient légué la victoire aux héros qui

---

d'apaiser la faim de cette brave et malheureuse garnison
en lui distribuant les harnais et les cuirs des chaises et des
malles.

leur survécurent : c'est qu'ils leur avaient légué sa vengeance. Morillo paya cher sa triste conquête. A San-Carlos, au Polo, il trouva quelques représailles de Carthagène. Les corsaires indépendans harcelaient le commerce espagnol, arrêtaient les secours envoyés par la métropole ou les tournaient à leur profit. L'explosion d'un vaisseau de 74 acheva d'embarrasser le général royaliste, en donnant aux flotilles insurgées une supériorité décidée dans ces parages *. Alors on supposa que, renonçant à des opérations malheureuses, il se disposait à franchir, avec les débris de son armée, l'isthme de Panama et cette côte de la mer du Sud qui regarde le Pérou. On crut même, avec assez de vraisemblance, que son dessein était de garantir cette vaste et opulente contrée d'une invasion méditée, disait-on, par la nouvelle république de Buénos-Ayres. C'était mal connaître Morillo. Superbe et terrible dans le succès, il demeure patient et méditatif dans les revers, et c'est surtout quand la fortune l'abandonne qu'il rêve à la victoire qui la rappelle.

---

* Le *San Pedro* sauta en l'air près de l'île de Coche, royaume de Terre-Ferme.

Santa-Fé, couvert par un corps nombreux d'insurgés, irrite l'opiniâtreté de Morillo, et provoque sa vaillance ; en marchant contre elle, il semble répondre à un défi. Le choc fut terrible, l'action sanglante et prolongée, le résultat plus terrible, plus sanglant encore. L'Espagnol avait plus d'un affront à venger. Les soldats de la liberté ont jonché de leurs cadavres le chemin qui livre la ville au défenseur du despotisme. Il y entre sombre et profondément irrité. Bientôt se déploie au nom du roi la solennelle vengeance de ses ministres. Oh ! quel crime à leurs yeux c'est de vouloir être libre, puisqu'il est suivi de tels châtimens ! La politique nomme parricides ceux que la tyrannie soulève ; et, abusant d'un nom sacré, elle vend au fer des bourreaux les vertus qui la démasquent. Ils expirent sur des échafauds, ceux que leur naissance, leur rang, leur richesse, et surtout leur mérite, avaient signalés. Morillo, par tant de cruautés, voulut ôter aux opinions leurs chefs, aux sentimens leur véhicule, aux décisions courageuses l'ascendant de l'exemple. Tu te trompes, Morillo ; tant de sang versé n'éteint pas le patriotisme : il allume la vengeance. C'est en vain que, pour garantir ta première conquête, tu entreprends celle de Margarita : cinq cents

des tiens y trouveront de nouveaux Spartiates
et d'autres Thermopyles *. C'est en vain que tu
essaies contre la Nouvelle-Grenade de savantes
et laborieuses tentatives : elles seront déconcer-
tées, et tu seras repoussé. Tu sommeras par trois
fois les républicains, et par trois fois ils te répondront qu'ils veulent se défendre, et qu'ils
savent mourir. Mutuellement lassés de ces alternatives, où dans des intermittences de revers
et de succès les deux partis déploient une valeur
inutile, ils se déterminent à une affaire générale
qui enfin la rendra décisive. Elle fut livrée le 25
février, cette bataille mémorable, où d'attaqués
qu'ils avaient été jusques alors, les insurgés se
montrèrent assaillans. Entrepris sur trois points,
et bientôt entamés ; leurs adversaires plièrent
d'abord ; et ce premier échec, augmenté par

---

* Dans un des combats livrés pour la conquête de
Margaritta, cinq cents soldats du régiment espagnol de la
Union, enveloppés par les patriotes, refusèrent de se rendre, et périrent jusqu'au dernier, déployant ainsi, remarque un biographe, pour un gouvernement ingrat, mais
qu'ils confondaient avec la patrie, cette héroïque fidélité
qu'elle a droit d'attendre de ses enfans. Ceux-ci furent, à
leur tour, *les Spartiates du royalisme.*

l'explosion d'une partie du fort de Santa-Rosa , dégénéra presque en déroute. C'est au milieu de ce trouble que Morillo retrouve un sang-froid qui l'arrête , et des ressources qui en réparent les effets. A la voix tonnante de leurs chefs, les royalistes se rallient ; ils opposent aux fougueux débordemens des républicains l'impénétrable solidité de leur masse, l'infaillibilité calculée de leurs manœuvres. Toute l'énergie d'Arismendi, leur chef, expire aux pieds de Morillo : celui-ci triomphe pour un instant ; pour un instant aussi les indépendans vaincus sont dispersés.

J'ai promis de courir rapidement dans la vie de Morillo. Les faits militaires qui , quelquefois l'honorent qui trop souvent l'ensanglantent, projetteraient sur ce récit la monotonie qui les caractérise. Qu'importe à celui qui sait sentir et voudrait penser? que lui font ces longues séries de manœuvres où la science , épuisant ses combinaisons, s'est faite l'auxiliaire du crime ? Tandis que l'homme du métier admire les progrès de l'art, le philosophe en déplore l'usage. Il n'est pour la guerre qu'un seul motif qui la justifie : qu'elle défende les foyers contre la tyrannie ou les garantisse de l'envahissement. Napoléon a livré à la discussion de l'histoire ses expéditions d'Espagne et de Moscou ; mais déjà l'histoire présente la campagne de France à la reconnaissance de la postérité *.

Tant que Morillo défendit ses champs contre leur envahisseur, il pensa ainsi. D'autres idées, des opinions de position, lui furent inspirées en Amérique par ces alternatives, de succès et de revers qui y signalèrent son expédition. Après les affaires d'Ocano, de l'Orénoque, d'Ocumare, de Remédios ** ; après la réoccupation de Santa-Fé, il en était venu au point de ne trouver de moyen de salut que dans le régime militaire appuyé par les prêtres. On lira avec intérêt des fragmens de sa correspondance à ce sujet. Jusque là nous n'avions pas eu l'occasion de re-

---

* Autant qu'à l'admiration, qu'à l'étude des gens de l'art. Ceux-ci y chercheront par quel prodige l'empereur, avec moins de soixante mille hommes, couvrit durant trois mois toute la frontière de l'est et le front de Paris contre un débordement de six cent mille. Il faut lire cette campagne, où chaque mouvement est un effort, où chaque effort est un miracle, dans l'excellent ouvrage de M. le baron Fain, intitulé *Manuscrit de 1814*. — Bossange frères, libraires, 1823.

** Succès et revers alternatifs, comme dans toute cette guerre.

marquer en lui l'homme d'État : observons les progrès de son éducation politique, et le développement que le concours des idées et des intérêts, que leur choc, quelquefois détermine dans une tête fortement organisée. « J'ai déjà exprimé mon désir, écrivait ce général, que votre excellence envoyât ici *des missionnaires.* Je dirai maintenant qu'il est indispensable d'envoyer aussi *des hommes de loi.* Si le roi a toujours l'intention de subjuguer ces provinces, il faut prendre les mêmes mesures que lors de la première conquête, c'est-à-dire celles qui furent prises par Cortez et Pizarre. » Dans une autre lettre : « Suivant les ordres du roi, écrivait-il, j'ai rétabli l'audience des Carracas *; mais je regarde cette mesure comme fausse et désastreuse, vu que l'état des choses dans ce pays exige *un gouvernement militaire.* » Et sur cette proposition, qu'on eût pu trouver hasardée et peut-être singulière dans sa bouche, il ajoutait : « Personne ne sait mieux que moi combien un tel gouvernement est par essence excessivement dur et despotique. C'est le plus tyrannique et le

---

* Tribunal et administration des provinces espagnoles d'Outre-Mer.

plus destructif de tous; mais c'est le plus énergique, c'est celui que les rebelles ont adopté. »
Et à la suite d'une appréciation respective et
exacte du caractère et des mœurs de chacune des
provinces des deux vice-royautés, il concluait :
« Si le peuple de Venezuela se soumet, ce ne
sera, j'en ai la conviction, que pour attendre
l'occasion favorable de se révolter de nouveau.
Pour le réduire, *des troupes* plus *nombreuses* *
sont nécessaires; et, je le répète à votre excellence, il faut que le capitaine-général de Venezuela soit investi du pouvoir militaire. Le succès
ne sera pas l'ouvrage d'un jour : il ne peut être
obtenu que par la persévérance et l'activité.
C'est une guerre féroce comme celle des noirs
contre les blancs. »

Que méditaient cependant les insurgés? Aux
nouveaux efforts du despotisme ils veulent opposer encore les derniers élans de la liberté.
Arismendi, le héros de Margarita, unit ses

---

* Des prêtres pour séduire, des gens de loi pour em-
brouiller, des soldats pour comprimer, enfin un chef
militaire pour décider vite et exécuter avec sévérité :
voilà bien tout l'attirail du despotisme soupçonneux, de la
tyrannie vindicative. Si Morillo n'en apprit pas la science,
il en devina du moins l'instinct.

troupes victorieuses aux troupes de Bolivar, vaincues à Ocumare. L'orgueil soutient les unes, le besoin de vengeance excite les autres ; toutes sont animées contre leurs oppresseurs de cette haine profonde qui semble garantir le succès. Aussi sage que courageux, Bolivar venait de donner à Venezuela une représentation nationale ; et tandis que ses armes affranchissaient la nouvelle république, elle fondait sur des lois analogues à ses mœurs son existence et sa durée. Avec quel dépit Morillo ne voit-il pas une organisation qui le déconcerte plus, qui l'humilie davantage qu'une défaite. La fortune, le courage, l'adresse, peuvent réparer des revers ; il faut d'autres armes pour réduire des affranchis qui ont juré de devenir une nation. Tandis que celle-ci enracinait dans le sol natal sa nouvelle constitution, elle devait aux habiles manœuvres de Brion, son amiral, la sécurité, au moins momentanée, que réclame la formation des lois. Sous l'abri de ses flottes, et pendant que ses ennemis frémissent des obstacles que le blocus leur oppose, ses représentans délibèrent avec majesté, ses magistrats jugent avec candeur, son gouvernement est administré avec une expérience anticipée. La Nouvelle-Grenade présentait un spectacle moins pacifique. Furieux de son petit nombre , autant qu'humilié de ses défaites , le parti royaliste irrite dans l'âme de Morillo cette animosité si facile à y soulever. Une déplorable politique lui conseille de prévenir les tentatives par la terreur , de punir les opinions par les supplices. Il ne peut se dissimuler que près de vingt mille guerriers composent les forces républicaines , que moins de six mille forment les siennes : donc il faut balancer par des cruautés savamment réparties cette disproportion humiliante. Un tribunal inique obéit à cette logique des factions. Sur l'échafaud dressé par la tyrannie en démence coule le sang des plus grands citoyens. De vieux sénateurs , des administrateurs dans la force de l'âge, des négocians estimés, quelques femmes magnanimes, et surtout des guerriers que respecta le fer des combats , tombent sous le fer des bourreaux *.

---

* Plus de six cents des plus notables citoyens de la Nouvelle-Grenade furent immolés dans la persécution dirigée contre les patriotes par Morillo et ses agens. De ce nombre, l'histoire doit léguer à la postérité les noms de trois cent trente-trois, dont les bornes de cette note ne nous permettent de citer que quelques uns. Sur ces trois cent trente-trois, cent trente-un furent fusillés par derrière (supplice réservé AUX TRAÎTRES), deux furent

Depuis de longs siècles, la métropole, en échange de l'or qu'ils amassent pour elle, leur envoyait

pendus : Don *Manuel Rodriguèz Toriles* et Don *Eustachio Garcia Robeyra*. Leurs corps tronqués furent attachés à la potence, et leurs têtes, enfermées dans des cages de fer, furent suspendues à la porte de Santa-Fé.

Don *Augustin Zapata*, après avoir été fusillé à Zépaguira, eut la tête tranchée et le tronc attaché à une potence.

Don *Michel Jones Plata*, quoique âgé de quatre-vingts ans, fut, avant d'être fusillé, mis trois fois à la torture. Comme il avait fait, avec le colonel Durand, le voyage de Londres pour procurer des armes à la province del Soccorra, dont il était député en 1814, on voulait savoir si les fusils qu'ils avaient apportés leur avaient été vendus par une maison de commerce ou par le gouvernement.

Don *José Marin Porto Carrero*, exécuté à Carthagène.

Don *Manuel Angulaño*, colonel.

Don *José Ramond de Lieva*, lieutenant-colonel, secrétaire de la vice-royauté, exécuté à Santa-Fé, de même que don *Martin Cortez*, le comte de *Basa Valencia*, don Francisco de *Paula Aguilar*, don *José Maria Chacon*, et don *Pablo Morillo*. Le lieutenant-colonel don *Carlos Montapar* fut mis à mort à Popayan.

Indépendamment de ces exécutions, le manifeste de Buénos-Ayres accusa Morillo d'avoir fait fusiller les paysans qui lui facilitaient, par leurs connaissances locales, l'endes chaînes : ils ont essayé de les briser ; ils ont demandé à n'être pas déshérités par l'injustice sociale des richesses que la nature prodigue à ses enfans dans ces climats ; en un mot, ils ont voulu devenir libres. Vainqueurs, leurs têtes seraient couronnées de lauriers ; vaincus, elles doivent tomber sur l'échafaud *.

---

trée des villes. Celle de Chuquisa et de Cochamba ont été témoins de ces assassinats.

Après les avoir reçus comme prisonniers de guerre, il a fait d'abord maltraiter et ensuite fusiller le député du Potosi *Matos*, le capitaine-général *Pumallagna*, le général *Angulo*, le commandant *Munécas*, et quelques autres. On a remarqué que ces assassinats réunissaient un caractère atroce de perfidie et de sang-froid.

Enfin dans Valle-Grande, ville notée par l'énergie de ses sentimens, les vainqueurs se donnèrent l'exécrable jouissance de couper les oreilles à un grand nombre d'habitans, et d'en envoyer un plein panier au quartier-général de Morillo. A la suite de cette lâche atrocité, les portes des maisons furent fermées, et la ville fut livrée aux flammes. (*Mercantil de Cadix*, du 6 juin 1817 ; *Morning-Chronicle*, du 5 septembre 1818.)

* Ces assassinats commis, Morillo trempe sa plume dans le sang, et écrit au Roi : « J'ai la satisfaction d'infor-
« mer Votre Majesté que *je n'ai pas laissé en vie*,
« dans le royaume de la Nouvelle-Grenade, *un seul in-*
« *dividu* qui par *ses talens* ou *ses richesses* fût en état

19 *

On ne saurait trop répéter aux persécuteurs que le sang des victimes est une semence de prosélites. Ils surgirent de toutes parts dans ces contrées désolées par Morillo, où jusque alors la crainte de l'oppression les avait réunis ; ils s'enflammèrent par les besoins de la vengeance. La guerre civile prit le caractère sombre d'une conjuration, et la victoire ne sembla disputée que pour assouvir des fureurs domestiques. Celles des insurgés, vainqueurs de leurs bourreaux, durant cette période, eurent la triste, la coupable satisfaction de les vaincre aussi en cruauté. Il était réservé à un de leurs chefs, au barbare Barachio, de surpasser les barbaries de Morillo lui-même. La ville de Guira le vit avec horreur, mais sans opposition, faire lier deux à deux plus de quatre cents royalistes des deux sexes, et les livrer ainsi aux lances de ses soldats. Le Nouveau-Monde, qui avait eu ses d'Oppède et ses des Adrêts, compta aussi ses Lebon et ses Carrier.

« de se mettre à la tête d'une insurrection. Je me suis
« conduit ici comme l'ont fait les premiers conquérans de
« l'Amérique : j'ai en main l'épée foudroyante des Cortès
« et des Pizarre. » (*Mercantil et Morning*, loco citato.)

Cependant Morillo , affaibli de toutes parts ,
déployait une adresse qui suppléait à la force ;
et donnant le change à l'impétuosité de ses ennemis , se ménageait l'arrivée de nouveaux secours. Jamais il ne montra plus de talens que
dans ces circonstances où toutes les ressources
lui manquaient à la fois. Bolivar venait de vaincre les royalistes à Cumana. Lors de la sanglante
affaire de Barcelone, il les avait jetés dans une
déroute complète. Paëz achevait d'écraser leurs
débris dans les vastes plaines de Banco-Largo ;
et Morillo , contraint de repasser l'Apure , et
de rompre ainsi la ligne de ses opérations , l'é-
tait aussi de se renfermer dans la place de San-
Fernando, seul point jusque alors invulnérable.
Là , il pouvait attendre et recevoir ses auxiliaires
d'Europe, au nombre de six mille. Mais la discorde partageait en petites factions les com-
mandemens de l'armée royale : il se vit forcé,
pour en arrêter les suites , de faire incarcérer ,
et durant assez long-temps , Moralès et Réal,
deux chefs principaux. .

Ce fut vers cette époque que, Barcelone ayant
été reprise à la suite d'une affaire sanglante par
le gouverneur de Caracas, Morillo s'y trans-
porta pour concerter avec ses subordonnés le
plan de ses opérations ultérieures. Il paraît qu'a-

lors encore la proscription marcha sur les pas
de la victoire; presque tous les insurgés pris
dans la place furent passés au fil de l'épée. Mais
un colonel auquel son général, en lui confiant
le gouvernement de Barinas, avait aussi prescrit des exécutions sanglantes, Lopez, étant
tombé aux mains des indépendans, il fut conduit à Achaguas, où Paëz, sur la lecture des
lettres de Morillo qui ordonnaient ces dange-
reuses cruautés, le fit décapiter en plein marché. Un complot ourdi contre le général royaliste par le gouverneur d'Augustura acheva de
manifester avec les sentimens de cette ville ceux
de toute une population poursuivie jusqu'à la
mort, parce qu'elle se refusait à l'oppression. Le
gouverneur périt; mais la continuité de ces
horreurs sans mesure détermina la perpétuité
de haines sans relâche et de vengeances sans
terme. Nous n'en suivrons pas le cours, tantôt
ralenti, tantôt accéléré, suivant la marche des
événemens militaires. Il suffit à notre objet de
remarquer que, dans le développement de ceux-
ci, Morillo continua de montrer une âme faite
pour le despotime, et des talens dignes de la
liberté. Séparé de sa patrie par des mers immenses, secondé par des troupes excellentes,
mais peu nombreuses et souvent affaiblies, ma-

nœuvrant sur un sol dévorant, où tout lui devenait obstacle ou ennemi, combien de fois,
au milieu de cette population soulevée, il s'est
vu forcé de chercher en lui-même des ressources
que tout concourait à lui refuser ! Combien de
fois, avec l'audace qui forme le trait saillant de
son caractère, il a osé reprendre l'offensive,
lorsque, avec une poignée de soldats, il semblait qu'il pût à peine prolonger la résistance !
Cette supériorité qu'il s'avoue, se révèle aux
autres par l'ascendant qu'exercent sur eux ses
qualités physiques. Sa taille haute, sa démarche
altière, sa physionomie martiale , sa voix ani-
mée, et son geste impérieux, lui donnent l'attitude et l'expression du commandement. A son
teint bruni par le soleil de mer, on croit voir
un demi-Africain; à son opiniâtreté dans les fa-
tigues des expéditions, on reconnaît un partisan; mais à l'habileté de ses manœuvres et à
l'importance de leurs résultats , qui ne signale-
rait un général? Pourquoi ne consacra-t-il pas
tant de talens au triomphe de la liberté? Pourquoi du moins les couronnes qu'ils lui méritè-
rent sont-elles teintes du sang de ses amis ?

Revenu en Espagne avec le titre de *Comte de
Carthagène*, Morillo changea de conduite ,
sans changer de principes. La révolution de

1820 , opérée par l'armée en faveur de la classe moyenne , convenait à l'homme récemment introduit dans les premiers rangs de cette classe par celui qu'il occupe dans l'armée. Son adhésion au système constitutionnel lui valut, encore plus que ses services, le commandement de la Nouvelle-Castille. Deux événemens devenus historiques ont signalé son caractère dans cette carrière nouvelle, sans toutefois peut-être déclarer ses vrais sentimens. En est-il d'autres, pour certaines âmes , que les conseils de la circonstance ? Dans celle du 7 juillet, après avoir suivi la marche de l'action , et pressenti dans les hésitations de la garde insurgée l'incertitude de son succès ; il repoussa par une harangue sévère les acclamations dont il avait été l'objet : « Jamais, s'écria-t-il, on ne me verra à la tête « des soldats rebelles aux lois de mon pays. Je « périrai , s'il le faut, pour la défense de cette « constitution , à laquelle j'ai prêté un serment « que je ne violerai jamais. » Moins calculateur, et peut-être aussi plus imprudent , le loyal Ballesteros n'avait pas attendu que l'événement presque décidé lui traçât sa conduite. C'est dès son origine qu'il attaqua la rébellion. Sans écouter les clameurs des soldats révoltés , il mar-

cha contre eux, et leur répondit en les ter-
rassant.

Une occasion plus importante encore vient
d'offrir à Morillo la facilité d'exercer sa politique spéculatrice. Sous prétexte que, dans la
suspension momentanée du pouvoir entre les
mains du roi, les formes avaient été négligées,
il a refusé de reconnaître la régence provisoire
que la force des choses créa pour le transport
forcé de Séville à Cadix *, et qui s'est dissoute
au moment même où il la déclarait illégale.

Par le même acte, et probablement avec des
motifs contraires, il a rejeté l'autorité que s'est
adjugée la régence de Madrid; de manière que,
placé entre deux pouvoirs contendans, il peut

---

* Est-ce bien le même général qui, en adhérant à la
révolution militaire de Léon, a suivi et donné l'exemple
de la violation de toutes les formes, est-ce bien lui qui,
dans un moment où elles eussent fait tomber le roi aux
mains des ennemis de ceux qui le possèdent, les réclame
avec tant de faste, et se déclare avec tant de hauteur
contre ceux qui, sous peine de ruine totale, se sont crus
contraints de nepas les suivre? Puisque, dans un homme
comme Morillo, cette tactique ne peut être l'excès de
l'imprévoyance, ne serait-elle pas l'excès de la précaution?

ou les trahir tous deux, ce qui n'est pas supposable, quand même cela ne serait pas infâme ; ou les servir tous deux ; ce qui décèlerait une politique méticuleuse ; mais peut-être assortie aux passions des partis et à ses propres intérêts ; ou par le fait se déclarer pour l'un au préjudice de l'autre, puisqu'il semble s'être constitué dans une neutralité calculée ; ou enfin rompre cette neutralité pour lui-même, et par le rétablissement de la puissance royale modifiée moins dans les intérêts nationaux que suivant des prétentions privées et des exigences étrangères, élever sa fortune au niveau de son ambition. Le secret de ce sentiment qui, chez lui, garde encore certaine couleur de patriotisme, est dans un avenir que les événemens militaires, moins sans doute que les intrigues diplomatiques, semblent éloigner, et peut-être rapprochent chaque jour. Quel que soit toutefois le dénouement du grand drame joué dans la péninsule, il restera de nouveau démontré, après cent preuves analogues, que, pendant une révolution qui met en souffrance tous les intérêts, celui qui, sans principes, mais avec de l'audace et de l'adresse, se constitue leur défenseur, ne tarde pas à devenir leur arbitre. (Extrait des *Médailles biographiques* de M. R. W.)

SÉANCE MINISTÉRIELLE.

Elle se passe chez une de Leurs Excellences. Mais la décoration ne présente pas l'aspect sévère d'un conseil d'État. C'est un comité confidentiel à huis-clos, qu'on peut supposer tenu *entre la poire et le fromage* : car enfin, pour être *Excellens*, les ministres n'en sont pas moins hommes; et quand ils ont fatigué les phalanges de leur dextre à donner des signatures, il est naturel, il est juste qu'ils reconfortent leurs estomacs. *Tout pour la tripe*, a dit ce cynique de Rabelais, qui du moins pouvait se permettre de bonnes vérités, car il ne parlait qu'aux rois. De quelques sophismes en effet que soit fardé un rapport officiel, c'est toujours à ce dernier terme des nécessités humaines qu'il tend et qu'il aboutit. M. de Peyronnet ne fait tant d'écarts de poitrine, M. de Villèle tant de soustractions, et M. de Corbière tant d'omissions, que pour justifier l'incontestable adage de Gargantua : « Tout pour la tripe. »

Messieurs, dit à ses excellens collègues une de

ces grandeurs éphémères, voilà les chambres convoquées pour le 3i janvier; mais que leur dirons-nous ? Nous leur justifierons l'urgence de la loi du sacrilége, dit l'une : car deux brigands ayant été surpris à violer le tabernacle, cela démontre incontestablement que toute la France est athée, et que la génération a dans ses veines de ce mauvais sang révolutionnaire qu'il faut purger. Nous vanterons à la chambre élective, dit l'autre, les avantages de la septennalité ; et la chambre septennale applaudira avec autant de raison que de désintéressement. Enfin, dit une troisième Excellence, nous établirons sur faits et articles, le triomphe des trois pour cent; et pour appuyer par des pièces irréfragables une assertion que le *Journal des Débats* seul osera dire hasardée, nous exhiberons les cotes journalières de la bourse, lesquelles prouvent que le trois pour cent est tombé à 5g. J'espère; remarque un des interlocuteurs, que voilà de la logique. Et de la logique ministérielle, ajoute un de nos seigneurs, c'est-à-dire de la seule qui soit sans réplique : car, bien autrement infaillible que celle de Condillac et Dumarsais, elle marche escortée de ces argumens que l'honnête Basile, de jésuitique mémoire, trouvait *irrésistibles*.

Il est certain que *nous parlons toujours d'or*, reprend Monseigneur ***; et quant au Code forestier... — Ici l'un de ces excellens, dont l'activité, les bons contes et l'urbanité sont passés en proverbes, ouvre un vaste portefeuille où, comme dans un gouffre, dormaient, depuis une septennalité, toutes les rêveries, tous les projets qui, selon leurs auteurs, doivent sauver la France. En voici un, dit Son Excellence, dont le papier déjà roussi atteste la longévité : il me fut recommandé jadis par *un homme de gauche*, qui l'avait fait accueillir par *un homme de droite*. Voyons s'il y a moyen de le faire avaler *au ventre*. Messer Gaster est un glouton, plus facile à assouvir par la quantité qu'à satisfaire par la qualité. Mais ici, nous dit-on, qualité donne valeur à la quantité. Voyons donc, et sachons si dans ce mets nous trouverons *un plat*.

Après les applaudissemens dus à ces plaisanteries aimables, applaudissemens dont M. de V. fut sobre, son collègue prit le *codex* réformateur; et, malgré l'étonnement, l'impatience, l'indignation même du comité, il lut ce qui suit :

MÉMOIRE

SUR

LES NOUVEAUX INTÉRÊTS

DE LA FRANCE,

PAR

LES RÉFORMES CONSTITUTIONNELLES.

(1820 — 1825.)

CHAPITRE PREMIER.

§ Ier. *Énonciation des principes.*

Dans sa situation actuelle, la France en a de deux sortes, de politiques et d'administratifs. Ses principes politiques concernent ses relations, comme puissance, avec les autres puissances du monde ; ses principes administratifs regardent ses rapports avec elle-même.

Les premiers se peuvent exprimer en deux mots : *indépendance*, et *commerce*. Elle n'a fait sa révolution, et n'en veut maintenir les conséquences, que pour donner à ces deux mots la consistance des faits. Elle doit vouloir aussi que ces faits soient permanens.

Par l'indépendance, elle ne doit pas souffrir qu'aucun cabinet influe sur les déterminations du sien. Dans son état d'occupation, et conséquemment de servitude, ou au moins de complaisance, il n'était pas impossible qu'elle cédât tour à tour aux volontés de l'Angleterre et de la Russie : ces déboires sont passés. Que son gouvernement devienne digne d'elle, en reprenant son indépendance et sa dignité.

Mais cette indépendance n'est qu'un moyen : c'est le commerce qui est l'objet. La position géographique de la France, sa situation morale, lui permettent de faire celui du monde. Sa première pensée est d'exclure de son monopole l'industrieuse et redoutable Angleterre. Elle aussi peut redevenir redoutable, et certes elle ne manque pas d'industrie. Son agriculture est une mamelle intarissable; ses manufactures seront, quand elle le voudra, des instrumens parfaits. Avec les fruits de l'une, elle échangera, pour du superflu, qui lui est devenu nécessaire, le nécessaire qu'elle possède jusqu'à la superfluité; par les produits des autres, elle maintiendra la concurrence avec sa rivale, et, dans plus d'une partie, elle fera reconnaître sa supériorité. Que lui manque-t-il donc pour que, son commerce étant le premier des deux mondes, son indépendance ne soit plus un problème ? Ce qui lui manque ! une marine et des colonies.

Quant à ces dernières, sur lesquelles on a vu notre opinion dans plus d'un ouvrage, s'il n'est pas aisé, s'il est même impossible de les conquérir, il ne l'est plus de les faire exploiter à notre profit. Leurs nouveaux chefs sont prêts à traiter avec nous. Mais il ne faut pas que la morgue des doctrines surannées nous retienne ; autrement l'Angleterre, les États-Unis et les autres États maritimes, profitant de nos préjugés, se substitueront à nos bénéfices. La légitimité, politiquement parlant, est vénérable ; la suprématie des métropoles, quoiqu'elle le soit infiniment moins, peut subir une controverse qui aurait ses partisans et ses adversaires ; mais les transactions commerciales s'inquiètent moins de ces questions qu'elles ne s'intéressent à leurs résultats. Depuis vingt ans tous les ré-

sultats ont été pour l'Angleterre et contre nous :
donc nous devons changer de système, et essayer d'autres moyens.

Le premier, sans contredit, est la marine.
Celle de l'Angleterre a porté son pavillon partout, et de partout elle lui a rapporté l'or du
monde, avec lequel elle achète le monde. Pou-
vait-il résister à cette double puissance de l'industrie qui enfante l'or, de l'or qui récompense
et centuple l'industrie? Et à qui la doit-elle,
cette puissance universelle? A son patriotisme
égoïste, véhicule moral, qui des affaires de la
république fait, pour chaque citoyen, son affaire propre et privée. L'instrument matériel que
meut ce véhicule et qu'il envoie sur toutes les
mers pour les asservir, devant toutes les terres
pour les dépouiller, n'est-ce pas sa marine?
Ayons donc aussi une marine. Si, au lieu d'aller
planter ses aigles dévastatrices sur les tours de
Lisbonne et du Kremlin, Napoléon eût opposé
aux mille vaisseaux britanniques autant de na-
vires français, jamais un régent d'Angleterre
n'eût dicté des lois à Paris. Les canaux de commerce rouverts entre nos anciennes colonies et
leur ancienne métropole eussent facilité, pour
elles comme pour nous des échanges perpétuels,
où certainement la balance eût porté de nôtre

côté. Enfin la puissance maritime de la France
rétablie n'eût pas laissé à la Grande-Bretagne la
force de s'opposer à un nouvel établissement
colonial. Je veux parler de Malte et de l'Egypte,
auxquelles peut-être il eût été aussi facile que
politique de joindre les Sept-Iles.

Bornons-nous aujourd'hui à l'Egypte, que des
arrangemens admissibles avec le grand-seigneur,
et garantis par la Russie, peuvent faire retom-
ber sous la domination française. Joignons-y
les défrichemens du Sénégal et les desséchemens
de la Guyane. Tendons sans cesse à obtenir un
pied à terre dans la Baltique, et à recommencer
notre établissement dans les Grandes-Indes. Si
le cabinet des Tuileries, dégagé de l'esprit
propriétaire et étroit qui dicta le pacte de
famille, savait profiter de la lutte que l'Amérique méridionale livre à sa métropole, toutes
nos pertes coloniales seraient bien vite réparées.
Mais pour atteindre ce but, distraction faite de
l'obstacle indiqué, aussi-bien que ceux que je
viens de signaler, je répète encore qu'il nous
faut une marine. A elle seule me paraît réservé
l'honneur de fonder notre indépendance par le
commerce, comme à l'industrie me semble dé-
volu celui de consolider la liberté. C'est donc en
étudiant l'un, en encourageant l'autre, que le

(307)

Gouvernement montrera une vraie libéralité. La Charte n'est qu'une théorie sommaire des principes proclamés il y a trente ans, et consacrés par cinq lustres de victoires. Son exécution littérale, quoique fort à désirer, l'est pourtant moins que le respect pour son esprit. Cet esprit, quant à nos relations extérieures, et quoiqu'elles n'y soient ni stipulées expressément, ni même indiquées, est, ou du moins il doit être, dans les principes que je viens d'énoncer : indépendance et commerce.

Ceux que j'appelle administratifs, par distinction des premiers, qui ne concernent pas les intérêts du dedans, peuvent aussi se réduire à un nombre extrêmement limité, et s'exprimer par quelques mots succincts : *égalité légale, liberté* et *propriété individuelle, souveraineté sociale;* tous droits naturels ou acquis, que nul ne saurait aliéner, envahir ou concéder, mais qui peuvent, qui doivent même être garantis, selon les temps et les lieux, par des chartes ou des constitutions. C'est dans ces constitutions ou ces chartes que nous en chercherons bientôt l'application, et peut-être serons-nous assez heureux pour en trouver la possibilité dans celle qui régit la France. Donnons un coup d'œil à celle-ci, considérée dans ses rapports diplomatiques, et voyons si nous pouvons, sans inconvénient, continuer de leur adapter la nouvelle politique qu'elle doit embrasser.

§ II.

Application des principes à la politique extérieure.

1. Frontières.

« Jusqu'ici la France, privée de frontières stables, a dû l'être aussi d'une véritable politique, car c'est sur elles seules qu'on peut en établir le système. Ceci s'applique surtout à la frontière du nord, qu'on avait cru défendre par des barrières artificielles, mais qui s'est vue découverte par les progrès de la tactique moderne. La mer, les Pyrénées, les Alpes, voilà les bases sur lesquelles peut s'élever l'édifice d'une diplomatie solide. Mais qu'est-ce que la foi des traités que ne garantit pas un fleuve tel que le Rhin ? C'est sur sa rive gauche que la géographie a fixé nos limites ; et en cela, la géographie, qui ne paraît qu'un métier d'arpentage, s'est montrée savante dans la science de la législation et dans la pratique des mœurs. Celles de ses riverains ont une analogie marquée avec les mœurs et la législation française ; l'idiome que l'on parle à Tours et à Paris est parfaitement compris à Aix-la-Chapelle, et, à quelques nuances près, la croyance religieuse est la même.

D'un autre côté, en ôtant à la Prusse cette étrange frontière, n'est-ce pas lui rendre un signalé service? Quel rapport y a-t-il entre la métropole et cette colonie alongée, qui la hait en temps de paix, et qui, au moment de la guerre, le lui prouverait en se livrant à la France? Si une observation était placée ici, l'on remarquerait que, par je ne sais quel arrangement bizarre, cette même Prusse, par son voisinage forcé avec la Russie, fait courir à ses nouvelles possessions saxonnes un danger semblable. Au premier coup de canon, son ami d'aujourd'hui, devenu demain son ennemi, passe la Vistule, et s'empare de cette frontière illusoire, comme, dans un pareil cas, la France envahit le Rhin. Afin donc d'ôter à cette dernière le désir juste et motivé d'un tel envahissement, qu'une politique prévoyante rende à cette puissance la frontière qu'elle réclamera tôt ou tard les armes à la main. On ne voit pas pourquoi l'on se contenterait du provisoire, lorsqu'on peut obtenir le définitif.

Il en faut dire autant des divers enclaves que la France peut et doit réclamer sur ses frontières de l'est et du midi. Tout ce qu'on lui ôta de ses ambitieuses conquêtes est pour elle un gage de paix et de sécurité; tout ce qu'on lui retient de ses arrondissemens légitimes est un germe de discorde et un commencement d'hostilités.

2. TRAITÉS.

« PAR leur position, par leur politique, par la force des choses, l'Europe doit se défier de deux puissances, et la France doit se tenir sans cesse contre elles sur la défensive. Amies pendant la paix et même protectrices, elles sont, je ne dirai pas prêtes à la guerre, mais contraintes à l'envahissement. On sent que je veux parler de l'Angleterre et de la Russie. L'une croit ne pouvoir subsister, exister même, si elle ne possède la mer; l'autre, que sa civilisation étend de jour en jour, marche, involontairement peut-être, mais nécessairement, à l'empire de l'Europe. On a déjà eu l'occasion de remarquer que l'une des plus graves erreurs du congrès de Vienne est d'avoir permis à la Russie de passer la Vistule, et de s'établir en Pologne. De là, sa marche sur l'Allemagne se fera insensiblement ou par irruption : insensiblement, à la faveur des alliances, des concessions, des échanges, des convenances,

(311)

du commerce, de l'amitié même, en un mot
sous le tranquille manteau de la paix ; par irrup-
tions plus ou moins soudaines, plus ou moins
accélérées, plus ou moins réitérées, soit que la
guerre allumée entre la Russie et la Prusse, la
Russie et la Saxe, la Russie et l'Autriche ou la
Turquie, offre le moyen et le prétexte de s'a-
vancer sur le centre de la civilisation. Malheur,
bientôt alors à la France et à l'Italie ! Si, d'une
part, la Perse, ou, de l'autre, la Turquie, ne
deviennent pas la proie de la Russie, il est des
politiques qui voient les Russes à Paris avant
vingt-cinq ans, et la double croix grecque sur
Saint-Pierre de Rome. Qu'opposer à ce torrent ?
Une digue qui l'arrête, ou un lit qui le détourne.
La digue serait dans l'alliance de la Turquie,
de l'Autriche, de la Confédération germanique,
de la Prusse et de la Suède, en première ligne ;
en seconde, de la France et des Pays-Bas ; en
ligne subsidiaire, de la Suisse, de l'Italie et de
l'Espagne, sous la médiation de la France. Il
est présumable que, par ces précautions, la
guerre qui commencerait dans les plaines de la
Moravie et de la Silésie s'arrêterait au moins
sur les rives du Rhin, où la Russie, épuisée,
même par la conquête, trouverait une autre
Leipsick.

Mais peut-être la politique de la France se montrerait-elle plus profonde si, au lieu d'opposer des obstacles à l'ambitieuse civilisation de la Russie, elle lui ouvrait une voie et des moyens. Dans la supposition qu'il fût inconvenant, dangereux peut-être, de la favoriser dans ses projets sur la Turquie, quels inconvéniens y a-t-il de seconder ceux qu'elle ne dissimule plus sur la Perse ? A l'avantage de refouler en Asie un colosse qui finira par dévorer l'Europe on joindrait celui de se ménager un auxiliaire puissant dans la rivalité perpétuelle, quoiqu'en apparence suspendue, que la France et l'Angleterre se sont vouée. Si, par un de ses ressorts tout à la fois vigoureux et délicats, qu'il n'appartient qu'à la main d'un grand homme d'état de toucher et de faire mouvoir, le cabinet français trouvait, dans l'esprit anti-européen de l'Angleterre un germe de mécontentement que pût recueillir celui de Pétersbourg, ce serait à lui de le réchauffer, de le seconder, d'en faire éclore la guerre. On voit alors où nous pousserait notre alliance avec la Russie : tandis que ses innombrables cosaques ouvriraient à nos armées régulières les communications de l'Inde, nous donnerions, en Europe, le signal d'une insurrection universelle contre le tyran du commerce et des mers. Que deviendrait alors cette île qui absorbe le monde ? Voilà, dans le trop fameux système continental, le côté par lequel il était tolérable, et serait encore admissible, si des considérations privées ne le font pas ajourner indéfiniment. La force des choses le ramènera, tôt ou tard, je le sais ; mais il y aurait plus de gloire, plus de profit surtout, à prendre l'initiative qu'à la recevoir. (*Écrit en 1817.*)

En attendant, qu'une seconde ligne s'organise et s'élève contre ce second et plus formidable ennemi. Formée par la Suède, le Danemarck, les Pays-Bas, l'Espagne, elle doit joindre ses pavillons à celui de la France, que sa position fait son chef-de-file, puisque les côtes des puissances dont elle se compose regardent l'Océan ; et que celles de la France touchent, pour ainsi dire, aux rivages britanniques. Dans l'état actuel des affaires, cette attitude offre des garanties et pas d'hostilités. Ce sont des traités de barrières, et non des coalitions menaçantes ; mais, en cas d'empiétemens, ce sont des remparts immenses et profonds à l'abri desquels se peut réfugier la liberté du commerce et l'indépendance de l'Europe. Encore une fois, le rang que reprend la France lui permet d'établir ce système, qui restera long-temps défensif, si

l'Angleterre, par ses monopoles, ses accapare-
mens, ses prétentions et sa fierté ; et la Russie,
par ses accroissemens progressifs, ne forcent pas
la France, pour sa sûreté, pour sa conservation,
pour son existence même, à changer la défense
en attaque.

Il semble qu'à quelques exceptions près, la
plupart locales et momentanées, la même doctrine doit animer ses divers traités de commerce,
de navigation, et même de neutralité, que la
France peut et doit conclure avec les différens
membres de la famille européenne. Les clauses
dont se composeront ces transactions, de leur
nature versatiles, modifiables et transitoires,
sont du ressort de la diplomatie ministérielle,
et ne doivent pas contrarier l'esprit du système
général. Toutefois, tant qu'un *acte de navigation*, résultat combiné de nos besoins, de nos
moyens et de nos ressources, n'aura pas, à
l'exemple même de l'Angleterre, constitué ce
système ; et tant que cet acte, voulu par la
France, n'aura pas été agréé par l'Angleterre,
ou du moins garanti par les puissances, on ne
voit pas trop à quoi servirait la conclusion de
ces traités. L'équilibre, dont on fait grand
bruit, et qui valut tant d'honneur à la politique du cardinal de Richelieu, n'est plus prati-

cable dans le sens que la diplomatie attachait à
ce mot : la puissance de l'opinion , c'est-à-dire
l'introduction des peuples dans les conseils législatifs , l'extrême division et l'exploitation
complète des propriétés, le perfectionnement
de l'industrie et les développemens du commerce,
la tolérance religieuse, et plus que tout cela
peut-être la grande tactique , ont altéré les
vieilles combinaisons , interverti les anciens
rapports, et suscité des théories plus tranchantes,
plus positives, parmi lesquelles un acte de navigation paraît tenir le premier rang. C'est la
grande charte de la mer. Mais, en demandant
que la France s'occupe du sien , auquel elle don-
nera pour corrollaire la régénération de sa marine et de nouvelles liaisons avec ses colonies
(soit qu'elle les reconquière, en crée d'autres ;
ou ne ménage avec elles que des rapports de
commerce et d'amitié), il ne faut point oublier
que cet acte n'est qu'un chapitre de la constitution maritime du continent. Le congrès de
Vienne, en ne mettant point en question la suprématie maritime de l'Angleterre, l'a décidé :
c'est une faute et une faiblesse.

Que dire maintenant de la marche que doit
adopter la France avec les anciennes puissances
de l'Europe et avec les nouvelles puissances

transsatlantique ? Ce pourrait être, ce sera quelque jour le sujet d'un traité intéressant, pour lequel aujourd'hui le temps n'est pas venu.

On le dit à regret, tout ce qu'a fait le congrès de Vienne, tout ce que ne fait pas le congrès d'Aix, semble provisoire, et doit l'être, même aux yeux de ses auteurs. Ils ont placé la pyramide en équilibre, mais sur la pointe. Quel parti indiquer alors à la France ? Comme je viens de le dire, une marche commandée par des événemens transitoires, et non un système combiné sur un établissement stable. De quelle façon, par exemple, traiter avec la Prusse, alliée à Berlin, ennemie à Mayence ? Avec la Saxe, dont l'existence n'est certainement que provisoire, et dont l'exiguité même gêne plus d'un compétiteur ? Avec la Savoie, qui a une main chez nous, tandis que nous avons un pied chez elle ? Avec le souverain de Rome, qui redemande le comtat à coup d'excommunications ? Avec la Confédération, qui diminue chaque jour de territoire, en augmentant de prétentions ? Avec l'Autriche même, qui, par ses acquisitions italiennes, a rompu toutes pondérations européennes. Considérée quant à la France seulement, cette maison, aussi avide que patiente, peut cependant devenir notre alliée sincère et solide. Débarrassée de la Belgique, plus qu'elle n'en est privée, elle ne nous offre ni le champ de bataille, ni le gage du combat. Maintenant, quel rôle jouera devant l'Europe le roi des Pays-Bas, et quel rôle jouerons-nous devant lui ? On sent que chacune de ces questions exigerait un chapitre, et que ce paragraphe demanderait un livre. J'ai peur que ce ne soit l'épée qui le trace, ce livre, plus que la plume des diplomates, et que la force ne décide des questions qu'auraient dû résoudre la puissance et la sagesse.

CHAPITRE II.

PRINCIPES GÉNÉRAUX APPLIQUÉS AUX AFFAIRES DE L'INTERIEUR.

J'ARRIVE à ce qui nous paraît plus intéressant, parce que son importance est mesurée sur nos besoins actuels, et qu'on apprécie mieux les sensations présentes que les espérances ou les souvenirs.

Il n'est pas inutile de répéter que les nouveaux principes de notre droit public sont l'*égalité légale*, *la liberté et la propriété individuelles*, *la souveraineté sociale*; et d'ajouter que ces principes, qui sont des droits naturels ou acquis, ont été consacrés par une *Charte constitutionnelle*.

Avant d'aller plus loin, l'on me demandera ce que j'entends par *souveraineté sociale*; et, comme il ne faut laisser aucun louche dans les discussions politiques, je répondrai que j'entends par souveraineté sociale l'essence de l'autorité, ayant son principe naturel et prenant sa source unique dans l'université des membres de l'association, lesquels partagent cette autorité suivant des attributions convenues et un objet nécessaire, et la délèguent, sous des conditions mutuelles, à un certain nombre d'entre eux, qui l'exercent légitimement sous le nom et avec les fonctions de *pouvoirs*. On voit par cette définition que la représentation héréditaire ou temporaire est le seul mode par lequel l'association politique puisse et doive exercer sa souveraineté, et que ce mode, immuable quant à son principe, variable quant à son emploi, doit être constaté par des conventions mutuellement acceptées. Maintenant, que ces conventions soient tacites ou expresses, usuelles ou écrites, peu importe, abstractivement parlant, parce qu'en cas d'abus, la force ne fait pas loi, et qu'en politique, la possession ne vaut titre qu'autant qu'elle est légitime, c'est-à-dire reconnue par les parties qui ont droit de contracter.

A présent, que la Charte soit une concession ou un contrat, que ce contrat soit unilatéral ou réciproque, peu importe encore : elle constate la transaction qui sépare et délègue ses pouvoirs; elle consacre les garanties nationales et privées contre l'abus possible de ces pouvoirs. Cela suffit à l'objet de cet écrit, uniquement destiné à demander l'usage actuel de ces garanties.

Trente millions de Français s'accordent pour les réclamer, et quoique diverses minorités mettent quelques variétés dans le mode de ces réclamations, l'immense majorité les veut pleines et entières. Parcourez le royaume et recueillez-en l'esprit : l'est, le nord et le centre sont pénétrés de celui qui animait leurs pères en 1789, esprit que la double invasion eût suffi pour échauffer, mais que l'occupation a rendu plus durable. Quelques communes du midi mettent à cet enthousiasme patriotique des modifications locales, où l'on reconnaît l'influence du fanatisme et quelquefois de la superstition. Quant aux départemens de l'ouest, où se réveillent souvent de bizarres préjugés, ils présentent dans l'honorable tenacité, dans la loyauté de leur opinion, un puissant contre-poids, bien différens de quelques méridionaux, qui aiment moins la religion catholique qu'ils ne haïssent les protestans, et qui n'espèrent, dans le rétablissement de la royauté absolue, que celui des priviléges exclusifs. Somme totale, la France veut ses li-

bertes : elle veut donc aussi la Charte; qui les a
consacrées; mais elle veut ces libertés comme
des droits reconnus, et non comme des grâces
accordées; elle veut cette Charte sans suspension
et sans exceptions. Voilà ce qu'il faut dire franchement au Roi; dont l'âme est digne d'entendre ce langage; dont l'esprit supérieur est fait
pour en apprécier l'utilité; dont le cœur paternel jouira, par anticipation, des biens qu'il
peut verser à flots sur un peuple si digne d'en
jouir. Voilà aussi ce qu'il faut répéter aux ministres, dont nous sommes loin de suspecter les
intentions, qui peut-être ont cru que les circonstances difficiles justifiaient les mesures arbitraires, et qui paraissent avoir la mauvaise
conviction qu'on ne saurait, sans les moyens
du despotisme, fonder la liberté : doctrine fausse
en principe, absurde dans ses développemens,
et dont les résultats tournent inévitablement
contre ses auteurs. Elle perdit Napoléon, malgré l'immensité de son génie et l'incroyable
force de son caractère; elle le perdit, parce
qu'elle contraignit l'opinion, qui admirait sa
grandeur, à détester sa tyrannie et à réagir contre ses volontés. Elle le perdit; mais elle ne
perdra pas les ministres actuels, qui, sans avoir
hérité de ses talens, se sont du moins substitués

à son expérience. Cette expérience leur crie ; et
cela par les organes réunis des parties les plus
opposés, que le temps des excuses, des subtili-
tés, des prétextes, est passé; que tous les obstacles s'aplanissent, que l'éducation constitutionnelle est terminée, et qu'il faut émanciper
le peuple à ses libertés.

Chères et profitables à la nation qui combattit
trente ans pour elles, sont-elles donc si redou-
tables à l'autorité, ces libertés dont l'autorité
s'effraie ? A voir l'hydrophobie de certains pro-
cureurs du roi pour ces eaux salutaires, ne les
croirait-on pas empoisonnées ? Loin de là, cependant, le régime constitutionnel est, de sa
nature, tranquille et doux. Ce qu'il y a de démocratique dans son principe est modéré par
des tempéramens aristocratiques, et en résultat, par l'ascendant de la monarchie. Mainte-
nez cette sage et nécessaire pondération des trois
élémens qui *s'équilibrent* dans leur opposition,
et vous aurez résolu le problème, moins difficile
qu'on ne le fait, de l'accord de l'ordre et de la
liberté.

Je n'ignore pas que le despotisme est un instrument simple et commode, qui va de lui-même,
et qui, sans efforts, au geste et à l'œil, donne
des résultats étonnans ; mais cette machine com-

mode et simple dans les mains qui la font mouvoir est cruellement tranchante sur ceux contre qui on l'exerce. Ne vient-il pas un jour où, las d'être mutilé, l'esclave se saisit de l'arme terrible et déploie, contre ceux qui en abusèrent toute l'étendue, toute l'énergie de ses ressorts ? D'ailleurs, il faut peu de talens pour gouverner par l'arbitraire. Un ministre qui se fait tyran s'avoue, par cela même, incapable de gouverner. Du moins s'il rendait heureux ceux qu'il rend esclaves ! Napoléon, je crois, n'était point un sot ; et peut-être, s'il usa jusqu'à l'abus de ce cimeterre redoutable que le padisha manie si lestement, c'est qu'il fondait un empire, et le plus vaste depuis Charlemagne et Charles-Quint. Sans valoir un bon argument, c'était là du moins une excuse. Encore, pour en pallier le sophisme, remplaça-t-il nos droits par quelque chose : au défaut de liberté, il nous donna la gloire. Qu'est-ce que les ministres nous ont donné ?

Mais eux aussi viennent de terminer leur éducation ; et, si l'on en croit les désirs publics, leurs promesses et nos pressentimens, cette époque de l'affranchissement de notre territoire sera aussi celle de notre délivrance intérieure. Voyons comment on peut y procéder.

§ Ier.

Égalité légale.

J'ouvre la Charte constitutionnelle, et vois, avec reconnaissance, que son auguste rédacteur, par une union admirable dans tout homme, et si rare dans un prince, de la politique et de la philosophie, commença cet acte fondamental par rendre hommage à l'égalité. En traçant cet article premier, Louis XVIII s'est ressouvenu que la liberté était le principe de la révolution, et que l'égalité devait en être la fin.

Voici l'article : « Les Français sont *égaux devant la loi...* »

Mais en quoi consiste cette égalité ? La Charte répond d'abord : « A contribuer indistinctement, « dans la proportion de leur fortune, aux char-, « ges de l'État (art. 2)...; — A être également « admissibles aux emplois civils et militaires... « (art. 3). »

D'où il suit 1° que l'inégalité de proportion dans la répartition de la contribution foncière doit disparaître ;

2° Que la quotité contributive doit être proportionnée aux charges de l'Etat;

3° Que les contributions indirectes, dont le

principe paraît démocratique , quoique la fin, en
grevant l'industrie , tende à l'inégalité , doivent
être établies en raison inverse de la contribution directe , dont l'objet , étant de peser sur la
propriété foncière , tend conséquemment à l'é-
galité ;

4° Que les charges de l'État, annuellement
constatées , doivent être soumises à un amortissement graduel qui les réduise successivement
au strict nécessaire :

Ce qui fait disparaître peu à peu les emplois
doubles, les *cumuls* de places, les fonctions
inutiles , la multiplicité des charges , la multitude des employés , l'énormité des émolumens et
les *sinécures* ;

5° Que, l'anéantissement des priviléges et des
exceptions ayant dû entraîner celui des faveurs ,
des complaisances, des grâces , des oublis de
commande et des passe-droits , tout homme
jouissant en France des droits de l'égalité , c'est-
à-dire de l'admission aux emplois , est , par cela
seul, tenu d'en accepter les charges et d'en remplir les obligations.

De cette admission égale aux emplois civils
et militaires il suit aussi

1°. Que, pour exercer ses droits politiques,
tout homme né , ou naturalisé et domicilié en

France, âgé de vingt et un ans, peut concourir à l'élection des diverses autorités instituées par la loi ; peut aussi, selon une seconde fixation d'âge, être élu membre de ces autorités ; et peut enfin, en se conformant à d'autres conditions légales, devenir membre des autorités nationales, pourvu qu'il possède

Soit une propriété foncière, dont l'estimation soit tarifée selon le cours local et le revenu élevé au taux voulu par la loi ;

Soit une propriété industrielle qui paie un impôt déterminé ;

Soit une ferme à long bail non résiliable (1);

De manière à ce que, par l'une de ses possessions, il puisse exister sans le secours d'un salaire qui le rende dépendant d'autrui ;

2º. Que les emplois qui ne sont pas soumis à l'élection du peuple, mais à la nomination de l'autorité, doivent être assujettis, dans l'ordre

____

(1) Dans l'état actuel des propriétés en France, dit un publiciste qui a porté dans ces matières l'élégante clarté qui distingue son talent, le fermier qui ne peut être expulsé est plus réellement propriétaire que le citadin qui ne l'est qu'en apparence d'un bien qu'il afferme. (*Cours de politique constitutionnelle,* par M. Benjamin Constant.)

civil, à une sorte de candidature graduelle, où
les vertus et les talens, combinés selon le besoin, servent, pour ainsi dire, d'échelons aux
cliens, de justification aux patrons et de garantie aux administrés; dans l'ordre militaire, à
l'avancement partagé entre le mérite et l'ancienneté, à peu près comme l'a prescrit la loi du
recrutement, laquelle, défectueuse en plusieurs
points, porte pourtant avec elle le germe de son
amélioration.

§ II.

Liberté et Propriété.

1. *Liberté individuelle.*—C'est la première, la
plus chérie, et qui doit être la plus respectée.
Sans elle, plus d'association, puisqu'elle en est
l'objet, le lien et le prix. L'article 4 de la Charte
garantit à tout Français sa liberté individuelle,
« personne, ajoute cet article, ne pouvant être
« poursuivi ni arrêté que dans les cas prévus
« par la loi, et dans la forme qu'elle a prescrite».
Si donc les ressentimens de 1815 et les derniers symptômes du 20 mars ont disparu ensemble; si, jusqu'aux moindres racines des factions, tout ce qui portait ombrage à la Charte a
été extirpé; si la délivrance du territoire et la

libération pécuniaire de l'État ont permis au crédit de reprendre son essor ; enfin, si le sentiment de l'existence politique ne se manifeste plus par des convulsions désordonnées, mais par des mouvemens bien réglés, la loi va cesser d'être un vain nom, la Charte une promesse fallacieuse, et alors son règne arrive.

2. — Par la *liberté religieuse*, qui, aux termes de l'art. 5 de la Charte, « permet à chaque re-« ligion une entière et égale liberté, promet à « chaque culte une même protection ». Ajoutons, avec un publiciste célèbre, que cette liberté doit être sans restriction, sans priviléges, et sans même que les individus, pourvu qu'ils observent des formes extérieures purement légales, soient obligés de déclarer leur assentiment en faveur d'un culte en particulier.

A ces idées, qui sont peut-être moins dans la lettre de la Charte que dans l'esprit de son auteur, si l'on opposait l'art. 6 et l'art. 7, qui déclarent le catholicisme la religion de l'État, et n'admettent à un traitement que les ministres des communions chrétiennes, nous répliquerions, avec tout le respect que mérite la loi fondamentale, par ces paroles d'un homme qui se connaissait aussi en constitution, et qui mourut victime des principes dont fut imprégnée

celle de 1790, à laquelle il avait efficacement
travaillé. Voici, à cet égard, ce que pensait et
comment s'exprimait M. de Clermont-Tonnère :
« La religion et l'État sont deux choses parfaite-
« ment distinctes, parfaitement séparées, dont
« la réunion ne peut que dénaturer l'une et
« l'autre. L'homme a des relations avec son
« créateur ; il se fait ou il reçoit telles ou telles
« idées sur ces relations : on appelle ce système
« d'idées *religion.* La religion de chacun est
« donc l'opinion que chacun a de ses relations
« avec Dieu. L'opinion de chaque homme étant
« libre, il peut prendre ou ne pas prendre
« telle religion. L'opinion de la minorité ne
« peut jamais être assujettie à celle de la majo-
« rité : aucune opinion ne peut être commandée
« par le pacte social. La religion est de tous les
« temps, de tous les lieux, de tous les gouver-
« nemens ; son sanctuaire est dans la conscience
« de l'homme, et la conscience est la seule fa-
« culté que l'homme ne puisse jamais sacrifier à
« une convention sociale. Le corps social ne
« doit commander aucun culte ; il n'en doit re-
« pousser aucun. »

Concluera-t-on de cette doctrine qu'il faut dés-
obéir à la Charte, ou au moins négliger une
de ses dispositions ? A dieu ne plaise : celui qui

donna cet acte restaurateur des principes trouva dans le désir de les conserver pour l'avenir
la nécessité de les outrepasser actuellement.
L'article 5 déclare un principe irréfragable; et
les articles 6 et 7 y sont d'autant moins contraires, qu'ils l'étendent, sans le détruire, et ne
sont, en quelque sorte, que temporaires, ou du
moins réglémentaires, puisqu'ils n'ont qu'un
objet particulier.

Dans plusieurs écrits j'ai refusé pour les divers cultes les priviléges de la tolérance, parce
qu'il m'a semblé qu'aucun gouvernement, que
dis-je, qu'aucune association politique n'avait le
droit de les accorder. Qui tolère peut prohiber.
Or quel pouvoir, sur la terre, a le droit de
prohiber les relations de ma conscience avec
Dieu? De ce prétendu droit de prohibition
naîtraient bientôt celle de permission et de direction, le plus dangereux des trois, sans contredit. Nous nous bornons à demander aux ministres qui nous gouvernent qu'ils ne se mêlent
de rien à cet égard, et que toute leur sollicitude
se borne à la police extérieure. Distraction faite
de l'objet à jamais sacré et vénérable des cultes,
les formes qui entourent ces cultes ne sont qu'un
spectacle, plus ou moins pompeux, que la règle
ou l'usage présente aux yeux, et qui, comme

tout autre spectacle, ne peut être soumis dans sa forme qu'à la surveillance de l'administration. Qu'elle le surveille donc et le protége, afin que, sous le règne de la Charte, nous n'ayons pas à lui reprocher les scènes affreuses de Nismes, et cette intolérance persécutrice qui fit tomber sous les poignards les meilleurs citoyens...

5°. *Liberté d'industrie.* — Concurrence admise, priviléges abolis, prohibitions rares, encouragemens adroits et fructueux : voilà, en quelques mots, la théorie de cette liberté, pour laquelle le commerce réclame la plus ample latitude. La concurrence éveille l'émulation, à laquelle la suppression des priviléges et la rareté des défenses permettent des espérances fondées. Quant aux primes d'encouragemens, moins elles seront prodiguées, plus elles auront d'influence. L'industrie en a peu besoin ; et le commerce, qu'elle alimente, lui apporte des récompenses près desquelles, distraction faite de l'honneur qu'il y a à les obtenir, celles de l'autorité paraissent mesquines. Encore une fois, la seule grâce que l'industrie et le commerce attendent du Gouvernement, c'est qu'il ne se mêle jamais d'eux ; et, pour ne parler que du moment actuel, qu'il ferme l'oreille aux propositions, bénévoles peut-être, mais scabreuses, de compagnies privilé-

giéés ; d'associations exclusives ; de rétablissement des jurandes ; des maîtrises et d'appren-
tissage : toutes institutions d'une aristocratie
d'autant plus antipopulaire qu'elles assoient
leur base oppressive parmi le peuple, condamné
par elles à abjurer son travail et à maudire l'a-
bondance… [illegible]

4. — *Jugement par jurés.* Quand les mêmes
hommes qui ont prononcé sur le fait appli-
quent la loi, il y a danger de confusion logique,
plus grand danger d'arbitraire et symptôme de
tyrannie. Sans la déclaration du fait par un
jury tiré au sort, et non composé par l'administration, et sans l'application subséquente de
la loi par un corps de juges inamovibles, il
n'y a plus de garantie pour les autres libertés.
L'article 65 de la Charte est favorable à cette
doctrine. L'érection des cours prévôtales n'y
eût pas été contraire, si, conformément à l'esprit de l'article 63, elles n'avaient été instituées
que transitoirement, et n'avaient point outre-
passé les limites de leurs jurisdictions. Espérons
que ce grand scandale sera le dernier.

5. — *Liberté de la presse.* Espérons aussi
qu'éclairé par quatre années d'expérience, fatigué par quatre années de luttes et de réclamations, le ministère proposera enfin la liberté

pleine, entière, illimitée, de la presse, c'est-à-dire,
la liberté pleine, entière, illimitée, de la pensée
et de la parole, liberté sans laquelle tous les
autres droits disparaissent, et toutes les autres garanties ne sont que des illusions. Cette
doctrine, après avoir été soutenue avec éloquence par cent députés à la session de 1817,
comme elle avait été démontrée jusqu'à l'évidence par M. Benjamin Constant, va devenir une disposition de notre droit politique,
comme elle a toujours été une maxime de notre
droit moral. Toutefois, en continuant de réclamer
l'introduction de ce principe dans la législation
usuelle, nous demanderons que, conformément
à l'art. 8 de la Charte, on lui oppose pour contre-poids une loi contre la calomnie. A quoi ont
servi les nombreux volumes dirigés contre les
abus de la presse ? Dans cette matière, dès qu'il
y a usage, il peut y avoir abus. Selon les passions qui l'emploient, il n'y en a jamais ; selon les
passions contre lesquelles on l'emploie, il y en
a toujours : contrariété de position qui amène
une lutte d'intérêts, et conséquemment des idées
d'abord différentes, bientôt après hostiles. De là
cette controverse interminable autant que scandaleuse, dans laquelle l'autorité, vaincue sur les
principes, se réfugie dans les conséquences, et

riposte aux argumens par une législation versatile et une jurisprudence arbitraire.

Il n'y a point, il ne peut y avoir de délits de
la presse, par la même raison qu'il ne peut y
avoir des délits de pensée et des crimes en parole. Transporter dans l'ordre métaphysique
des raisonnemens qui ne sont soutenables que
dans un ordre opposé, et discuter ces préten-
dus délits de la même manière qu'on discuterait
soit la moralité, soit la pénalité de l'emprison-
nement ou de l'assassinat, c'est dénaturer la
question. Pour la replacer sur son terrain, il
ne s'agit pas même d'apprécier quelles peuvent
être les suites de l'abus de la presse (car, si ces
suites sont des actes, ils rentrent dans la caté-
gorie de toute espèce d'actions innocentes, in-
différentes ou criminelles), mais de définir cet
abus lui-même. Quand, par son article 8, la
Charte a posé en principe qu'il y aurait des lois
pour *réprimer* cet abus, elle n'a pas entendu,
elle n'a pu entendre que ces lois seraient faites
pour le *prévenir*. Elle a voulu que la législation
définît et que les tribunaux pussent châtier le
seul délit dont l'usage de la presse puisse être
vicié. Or ce délit *est la calomnie*. Il se commet
également, et plus efficacement, par des libelles
diffamatoires que par des discours injurieux.

Mais qu'est-ce qu'un libelle ? C'est un écrit, publié par la voie de l'impression ou par toute autre, qui contient des imputations fausses, d'où l'on peut déduire des conséquences injurieuses. Que cet écrit, que ce libelle, soit dirigé contre l'autorité ou contre les particuliers, peu importe : il y a également calomnie, quoiqu'elle soit inégalement punissable. Que le moraliste définisse donc la calomnie ; que le législateur en fixe les degrés, et, quel qu'en soit l'organe, ou, pour parler avec plus de précision, quel qu'en soit l'instrument, que le magistrat la punisse.

6.|*Propriété.*—La Charte, qui abolit les confiscations, nous permet d'espérer que, par d'autres voies, plus perfides sans doute, parce qu'elles seraient moins connues, le Gouvernement n'attentera plus à la propriété. C'est ainsi que jamais ne reparaîtront ces faillites hypocrites, ces banqueroutes déshonorantes, qui ont le triple inconvénient d'appauvrir l'État, de ruiner les créanciers et d'enrichir des fripons. Mais aucun ministre n'abusera-t-il jamais de l'autorité de sa place, de l'ascendant même de sa position, pour faire contracter à ceux qui lui sont soumis des engagemens onéreux, pour les forcer à transiger sur ceux qui leur seraient favorables ? Aucun administrateur, soit dans les marchés qu'il passera, soit dans les ventes ou les acquisitions qu'il pourra faire au nom de l'État, n'oubliera-t-il jamais le texte précis de cet art. 10 de notre Charte : « L'État peut exiger le sacrifice d'une « propriété, pour cause d'intérêt public légale- « ment constaté, mais avec une indemnité préa- « lable. »? Ceci regarde surtout la *propriété territoriale*, celle sur laquelle d'ailleurs la fraude a moins de prise, et l'arbitraire peut le moins s'exercer. La *propriété industrielle* redoute davantage ces fléaux, auxquels elle n'échappe quelquefois qu'en s'anéantissant. Quant aux *propriétés intellectuelles*, dont les travaux littéraires occupent le premier rang, il semble que leurs produits doivent être classés parmi les propriétés mobilières, et conservés, mais avec plus d'égards, par la même protection. En général, celle du Gouvernement, paternelle pour les personnes, qui sont l'État même, ne doit jamais cesser d'être tutélaire pour tout genre de propriétés, sur lesquelles l'État repose. L'existence de tous trois est simultanée ; et qui touche à l'une blesse les autres.

CHAPITRE III.

AMÉLIORATIONS.

Quatre ou cinq énormes fléaux battent continuellement les peuples civilisés, et sont peut-être les inévitables effets de la civilisation : état militaire calculé sur celui des voisins, mesuré aux besoins, souvent plus spécieux que réels, des gouvernemens, et sans proportion avec la masse des gouvernés; exagération, multiplicité et répartition inique des impôts; inégalité trop exorbitante de la fortune, et diffusion mal ordonnée des lumières; enfin, action continuellement gravative de l'autorité dans tous les degrés de sa hiérarchie, sur les sujets, dans tous les rangs de la subordination.

Quelles sont les causes de ces maux et quels en seraient les spécifiques, c'est ce que le temps et l'espace ne me permettent pas de rechercher. Je remarquerai seulement qu'en ce qui touche la France, tout tend à cet égard à des améliorations sensibles. Les forces militaires, trop long-temps enflées jusqu'à l'excès, puis réduites jusqu'à la dérision, se replacent dans un milieu proportionnel à la population et à leur objet; on nous fait espérer que les impôts diminueront avec les besoins, et qu'ils seront aussi habilement répartis qu'équitablement perçus; les encouragemens donnés à l'industrie, à l'agriculture, aux arts, au commerce, abaissent insensiblement les sentimens gigantesques, ou du moins ils leur opposent la multiplication des petites fortunes, fruits heureux de la division du travail; l'enseignement mutuel, d'abord appliqué aux connaissances élémentaires et usuelles, peut s'étendre à des objets moins vulgaires, et faire descendre jusque dans les classes infimes les lumières morales et intellectuelles : ainsi commence, pour notre patrie, le dégrèvement des charges que font peser sur leurs sujets, avec plus ou moins d'intensité, tout gouvernement et toute administration. Deux institutions fondamentales et plusieurs déterminations importantes qui signalent l'époque où nous écrivons contribueront-elles à alléger ces charges? Pour en être convaincu, il suffit de rappeler ces déterminations et ces institutions.

- La première de celles-ci est la loi sur les

élections, loi dont le principe essentiellement démocratique est tellement combiné entre l'effervescence des prolétaires et l'ascendant des aristocrates, qu'il ne peut pas plus être corrompu par les uns que dominé par les autres. Par le droit d'élection directe accordé à la classe moyenne, c'est-à-dire à la nation même, la nation n'est plus représentée par ceux qui ont intérêt à la troubler ou à l'envahir, mais par ceux qui ont ou l'instinct ou le calcul de la conservation et de l'amélioration *. Qu'à ce premier pas dans le domaine du système représentatif on ajoute une masse de députés calculée sur une échelle plus étendue, que les conditions pour représenter la nation soient moins rigoureuses, et ces deux notables extensions, qui ne changent pas le système, mais le perfectionnent, deviendront les gages les plus sûrs des améliorations publiques. (La propriété n'est que l'occasion, l'indice de la faculté représentative; *l'intellectualité,* la *rationabilité* prouvées par *des services rendus,* doiventêtre représentées et élire. — Supplément à la contribution de 5oo francs.)

---

* Écrit en 1817. A cette loi éminemment nationale a succédé la loi aristocratique du double vote.

22 *

Même utilité de vues, mêmes directions vers le perfectionnement dans la masse nationale considérée sous un autre rapport. Là, c'étaient des Français exerçant leur premier droit de citoyens ; ici, ce sont des Français obéissant à leur premier devoir de sujets. Par la loi des élections ils commandent au sort ; par celle du recrutement le sort les commande ; et comme dans l'une et dans l'autre ils jouissent de la plus entière liberté sous la loi, ils peuvent y apprécier son respect pour l'égalité. Ces deux lois sont donc bonnes dans leur principe, et pourront devenir excellentes dans leurs moyens rectifiés. De la première sortira une représentation véritablement patriote ; la seconde enfantera une armée citoyenne. Puisse arriver bientôt cette époque ! Jamais la doctrine de la légitimité (c'est-à-dire l'hérédité du pouvoir suprême émané du peuple, comme de son unique source, et consacré par les lois ou l'usage et par le temps) ne sera moins attaquable que quand la Charte sera plus solide ; et jamais celle-ci ne sera mieux consolidée que par des institutions conformes à son esprit et appropriées au temps et à l'opinion.

Préalablement à tout, cependant, même à l'exercice de ses facultés, et afin de les mieux développer, que voulait l'opinion ? Sa délivrance intérieure et extérieure. Le 5 septembre 1816 a commencé l'une, le 10 décembre 1818 verra l'autre. Des deux occupations dont la France fut la proie, celle que l'ordonnance de septembre a dispersée était la plus dangereuse et pouvait devenir mortelle, car c'était dans le cœur même de la patrie qu'elle déployait ses rapides hosti-lités *. Les armées étrangères possédaient sans haine et nous quitteront sans rancune. Comme si la ligue contre Napoléon eût été une simple spéculation de capitaliste, un peu d'argent la termine, et c'est du rameau d'or, au défaut de lauriers, que les vainqueurs, en nous quittant, ombragent leurs fronts. Gloire à la loyauté fran-çaise qui acquitta les promesses des gouvernans ! honneurs aux gouvernans qui ne désespérèrent point de la délicatesse et de l'honneur français ! Ils ont fait des fautes, ou plutôt ils n'ont pas fait de grandes actions (et le Français veut dans ceux qui le dirigent quelque chose d'éclatant) ; mais ils ne se sont pas défiés de nous, et, malgré les attaques, quelquefois assez justes, des différens partis, nous les avons récompensés par le crédit.

---

* Tout cela est changé, et de nouveaux *conquérans* ont envahi l'administration de la France, en attendant qu'ils *occupent* son territoire.

CHAPITRE IV.

RÉFORMES PROCHAINES.

Ce crédit, que des améliorations ont fondé, se consolidera par des réformes; et ces réformes seront aussi promptes qu'elles sont faciles, si, avec le règne de la Charte, les ministres veulent garantir, perpétuer et faire aimer leur autorité.

Que leur demandent les vrais citoyens? Précisément ce que ne veulent pas les exagérés des deux couleurs : l'organisation pleine et entière, sans suspension ni exceptions, du régime constitutionnel. Qu'est-ce qu'une existence, ou plutôt une végétation provisoire, qui, jetant la crainte dans la masse, permet l'espérance aux fractions? C'est le contraire qu'il faut pour vivre : la terreur aux partis et l'espoir à la nation. Mais l'espoir du bien a cela d'avantageux qu'il en paraît la certitude. Ne plus craindre, c'est vivre. Espérer, n'est-ce pas jouir?

Que de la tête sagement calculatrice des hommes d'état , ou plutôt de leur cœur , échauffé par la bienfaisance , s'exhalent donc ces sentimens qui , dans leur électricité patriotique , vont parcourir tous les rangs de la société , et l'animer d'un nouvel esprit. Si quatre années de souffrances et de doléances ne sont pas perdues en récapitulant ce qu'elle réclame , voici d'abord ce qu'elle obtiendra :

Dans les élections ,

1° L'admission des membres , ou du moins d'un certain nombre de membres de la Légion-d'Honneur , dans les colléges électoraux ;

2° L'introduction dans les mêmes colléges d'un nombre fixé de littérateurs , artistes et savans , membres de l'université ;

3° Une mesure qui oppose un obstacle invincible aux entreprises de l'autorité ou aux brigues des factions , prêtes à appeler pour auxiliaires des électeurs fictifs , ou à diminuer le nombre des électeurs réels , soit par des acquisitions simulées ou temporaires , soit par les variations imposées au tarif des patentes ;

4° Une loi qui réduise la quotité des contributions exigées pour l'éligibilité ;

5º Une loi qui double au moins le nombre des membres de la représentation nationale élective ;

6º Une loi qui baisse à trente ou trente-cinq ans l'âge des éligibles à la Chambre des députés ;

7º Le renouvellement ternaire et annuel de cette Chambre, au lieu du renouvellement par cinquième ;

Dans les Chambres représentatives,

1º L'élection de son président rendue exclusivement à la Chambre des députés ;

2º L'incompatibilité des fonctions de ministre avec celles de député ;

3º La proposition de la loi accordée à la Chambre, mais non à ses membres, en la limitant à un certain nombre de projets par chaque session ;

4º Établissement d'une commission législative *intérimaire* d'une session à l'autre : cette commission, composée d'un nombre de députés double de celui des pairs qui en feraient aussi partie, connaîtrait des projets de loi présentés par la Chambre ou par le ministère ; elle en discuterait le principe à huis-clos et en arrêterait la rédaction, empêchant ainsi l'interruption du système de législation, qui, pour être bon et utile, doit être un et suivi;

5° Limitation de la pairie; le Roi supplié de fixer lui-même le nombre des pairs, dont la multiplication, en favorisant temporairement la couronne, peut, par suite, compromettre la couronne elle-même, annuler la branche démocratique de la législature, et changer la forme du gouvernement;

6° Des discours parlés ou écrits chez les pairs, seulement parlés chez les députés;

7° Jamais, sous aucun prétexte et dans aucunes circonstances, le nom du roi prononcé et sa personne compromise; autant que possible, nommer rarement les individus dans les débats législatifs;

8° Régularisation du droit de pétition, le premier en titre dans nos usages constitutionnels, le dernier par la manière dont on l'exerce;

Dans le ministère,

1° Organisation du ministère dans les rapports généraux et collectifs qui constituent son intégrité d'existence et son unité de direction; attributions respectives de chaque ministère et ressort de son administration;

✢ 2° Définition de la responsabilité, et sa distinction en responsabilité morale et responsabilité politique : cette dernière seule, indiquée par la Charte (art. 55 et 56), réclame l'attention des législateurs. Politiquement parlant, qu'est-ce que les crimes de *trahison* et de *concussion?* La non-exécution, l'exécution perfide et la violation de la Charte et de ses lois organiques, ne sont-elles pas des trahisons? N'en est-ce pas de bien caractérisées que le déni de justice et l'arbitraire? Un budget infidèle, exagéré, dépassé, ou seulement non justifié, ne détermine-t-il point le crime de concussion ? Des empiétemens d'un pouvoir sur l'autre, des mesures législatives comprises dans des ordonnances exécutives, des ordonnances qui contrarient ou annullent les lois, n'offrent-ils pas un mélange de délits auxquels, sans torturer la Charte, mais en lui appliquant seulement l'esprit d'une législation raisonnable, on peut adapter les art. 114, 115, 116, 117 et 120 du Code pénal? En un mot, et selon le discours de la première chambre des députés au Roi, la violation des droits publics et privés que consacre la Charte constitutionnelle n'est-elle point un véritable crime de trahison? Et dans cette violation, quelles catégories de responsabilité! Dans ces caté-

gories seront compris et définis les différens degrés de responsabilité dont peuvent être passibles les agens ministériels.

3° La signature des ordonnances entraîne-t-
elle la responsabilité collective du ministère, ou
seulement la responsabilité individuelle du si-
gnataire? Dans le premier cas, qu'entend-on par
la solidarité ministérielle? à quoi et à qui s'é-
tend-elle?

4° Définition exacte de l'*ordonnance* et sa
délimitation scrupuleuse d'avec la *loi*. La première entraîne-t-elle les mêmes obligations, la
même criminalité que l'autre? Par un aperçu
sommaire, il semble raisonnable d'avancer que
l'ordonnance est un acte de la puissance exécu-
tive, lequel ne s'applique qu'à un cas particulier, ou une mesure qui rend la loi exécutoire.

5° La proposition de la loi aux chambres faite
par la couronne, et non au nom du Roi, doit-
elle avoir la forme de l'ordonnance, et être re-
vêtue de la signature ministérielle non responsable?

Dans l'ordre judiciaire,

1° Une revue sévère et une réforme scrupuleuse de l'institution du jury, soit qu'on sou-
mette les jurés, pris dans les colléges électoraux,

aux chances du sort; soit que, désignés d'abord par les colléges eux-mêmes, chacun d'eux arrive à son tour à l'exercice de ces importantes fonctions;

2° La nomination complète et l'institution définitive des juges de tous les degrés;

3° En attendant la réforme totale du Code pénal et la revue exacte du Code d'instruction criminelle, l'abolition de l'abominable abus trop fameux sous le nom de *secret* *;

4° La définition et la limitation du *pouvoir discrétionnaire* dans l'autorité des présidens des cours d'assises et des juges d'instruction;

5° L'extension du jugement par jurés, aux procédures correctionnelles de certains degrés, c'est-à-dire de celles qui concernent les faits mixtes qui, sans être des crimes, sont pourtant plus que des délits;

6° Les faits relatifs à la liberté de la pensée et de la presse expressément ôtés à la jurisprudence des tribunaux correctionnels;

7° Une démarcation précise et invariable en-

---

* Voyez le procès de la prétendue *conspiration de l'Épingle noire;* celui de la *conspiration royaliste* attribuée à MM. Canuel, Chapedelaine, etc.

tre la police correctionnelle et la police muni-
cipale ;

8e. Une meilleure organisation des tribunaux
de commerce, et une réforme des lois sur la
contrainte par corps ;

9° Si les trois branches de la législature ne
jugent pas convenable de modifier l'art. 63 de
la Charte, dont l'esprit contrarie l'art. 62, une
définition grammaticale, politique et judiciaire,
des cours prévôtales, une limitation invariable
de leurs attributions et une instruction détaillée
sur les procédures qu'elles doivent instruire :
l'ordonnance de 1670, art. 12—20 du titre 1er,
déterminait la compétence des juridictions prévôtales et la manière de procéder devant elles ;
il ne s'agit que d'accommoder cette instruction au
temps et de l'accorder avec l'esprit de la Charte
constitutionnelle.

10° L'opinion, autant que la raison, et les
dures expériences de 1793 et 1815, réclament une
définition précise de la *dénonciation civique* et
de la *délation* prétendue *officieuse*. D'une distinction exacte entre ces deux actions, dont l'une
peut être louable et dont l'autre est toujours
odieuse, résulte la nécessité d'établir contre cette
dernière, qui est un véritable délit, des mesures
qui le répriment, des châtimens qui l'épouvantent.

Dans l'administration,

1º L'élection des maires rendue aux communes ; le pouvoir exécutif conservant un préposé
royal aux administrations municipales, calculées
sur la population ;

2º Le vote du budget communal rendu au
conseil municipal, où seraient appelés de droit,
pour les déterminations financières seulement,
les contribuables les plus imposés, et dont la loi
fixerait le nombre ;

3º Le préfet exclus de la présidence du conseil général, auquel il est comptable et dont sa
présence et son autorité peuvent enchaîner la liberté et contrarier les délibérations ;

Dans l'organisation de la force publique,

1º La nation armée et partagée en *bans* militaires, dont le second (celui de 19 à 21 ans)
est le réservoir obligé du recrutement ; — Vote
annuel de ce recrutement ; — Organisation de
l'armée de réserve, divisée en sédentaire et en
active, la première prise nécessairement dans les
bans supérieurs de la garde nationale ; — Plus
de faveur, ou, pour dire mieux, plus de justice
accordée à l'avancement par rang d'ancienneté ;

2° Le Roi supplié de prendre avec les *loua-bles* Cantons un arrangement qui, à une époque déterminée, fasse cesser l'effet des capitulations en vertu desquelles la France tient à son service un certain nombre de régimens suisses ;

Dans l'organisation financière ,

1° Déterminer en principe l'époque, le cours et les périodes de l'année financière ;

2° Présenter à la Chambre des députés les détails, et non le sommaire, des deux parties du budget annuel, et appuyer chacune de ces parties de pièces justificatives , soumettre les demandes de fonds à deux commissaires, qui les débattent contradictoirement , et les comptes des recettes et dépenses à un comité de contrôle, qui en présente le rapport à la Chambre comme celui d'un compte de *clerc-à-maître;*

3° Introduire dans le bilan annuel le système de la spécialité, sans lequel l'ordre ne saurait exister, ce qui, après avoir forcé les parties prenantes à la bonne foi , éclaire les juges dans leurs décisions.

Dans la police des cultes ,

Si l'on considère les concordats comme des lois fondamentales (ce qui a pu être à l'époque où la puissance du catholicisme se fortifiait de la puissance de l'opinion) , ils doivent s'accorder avec la Charte constitutionnelle et être soumis à la discussion des Chambres comme toute autre loi ; ne les regarde-t-on que comme des règle-mens de police intérieure (ce qui est le point de vue le plus conforme à la raison , à la politique, aux progrès des lumières) , ils ne peuvent être présentés aux débats législatifs. Mais, comme les concordats touchent immédiatement à l'opi-pinion , dont la Chambre des députés est l'or-gane nécessaire , ils doivent être examinés , ap-prouvés ou suspendus par elle. En présentant à la Chambre , lors de sa session de 1817, le pro-jet du nouveau concordat, le ministère a rendu hommage à cette doctrine ; en le retirant de la discussion , et surtout en ne hasardant pas la tentative ultra-constitutionnelle de l'exécuter sans la participation des Chambres , il a satisfait à l'opinion , respecté les principes du gouverne-ment représentatif , et ménagé ses propres in-térêts.

Dans l'organisation de l'instruction publique,

1° Établir en principe l'exclusion de tout mi-nistre d'un culte des fonctions politiques, civiles et d'enseignement public ou privé ;

2° Établir en principe l'enseignement public, fondé sur la morale évangélique et sur la politique constitutionnelle.

3° J'ai indiqué ailleurs quels écrits élémentaires sont indispensables à la propagation de ces deux doctrines ; j'ai aussi demandé que l'enseignement mutuel, d'abord essayé sur les connaissances primaires, fût appliqué aux études spéciales.

4° Réorganiser l'université, en empruntant au système impérial ce qu'il avait d'unité dans l'enseignement et dans la direction du matériel, et en le tempérant par des formes appropriées à celles du gouvernement représentatif ;

5° Rétablir l'Institut en classes, et lui rendre le choix de ses membres ; sans que, sous aucun prétexte, l'autorité puisse le diriger ; encore moins le prescrire. Dans leur situation actuelle, les académies ne sont ni des corps *nationaux*, ni des institutions *libres* ; et pourtant ces deux caractères sont tellement inhérens aux établissemens littéraires, que le leur ôter, qu'y porter seulement atteinte, c'est les anéantir. La restauration des académies de Richelieu est la destruction de l'Institut, et conséquemment le pas le plus rétrograde que la contre-révolution morale ait pu tenter dans l'ordre politique. Qu'est-ce que l'exploration de quelques bronzes du moyen

âge, qu'est-ce que la confection de l'éternel dic-
tionnaire, qu'est-ce que la découverte de quelques acides, pour occuper l'élite des savans, des
artistes, des littérateurs, des philosophes ? L'étude, la connaissance, le développement, la propagation des sciences politiques et morales, voilà
les dignes objets d'un conservatoire vraiement
national des sciences , des arts , des belles-let-
tres. Tout le reste ; qui se réduit à des formes ,
n'est qu'une décoration ; et ce n'est pas sur des
colonnes de toile peinte que des hommes dignes de ce nom peuvent élever ou contribuer
à élever le temple de la félicité publique...

Ici, un bruit étrange interrompit le lecteur. Plusieurs voix murmurantes se firent entendre : elles semblaient sortir d'un panneau de
boiserie derrière lequel cependant on ne pouvait soupçonner personne. Les Excellences se
regardèrent stupéfaites. Nous ne sommes pas
seuls , s'écria la plus vive d'entre elles ! Non, répondit une voix creuse et menaçante ; non vous
n'êtes pas seuls, et jamais vous ne l'avez été. Un
génie auquel peut-être vous êtes étranger plane
sur la France et vous domine. C'est ce génie qui,
depuis dix ans , la pousse contre son gré et vous
précipite. Encore un jour , elle sera conquise ;
encore un jour, vous ne serez plus ! Tandis

qu'en méditant les rêveries coupables des révolutionnaires, vous /croyez conjurer la révolution imminente, voici venir celle qui vous dévorera tous !.. A ces mots, la boiserie se fendit silencieusement, et à travers la brèche, les Excellences pâlissantes purent contempler un spectacle fort simple, mais fort épouvantable dans sa simplicité. Un homme vêtu d'une robe noire, sur laquelle était un surplis étroit, tenait d'une main un bonnet à quatre cornes, et montrait de l'autre sur son front pâle et calme ces mots qui semblaient le faire sourire :

AU NOM DU DOUX JÉSUS !

Son vicaire,

Le serviteur des serviteurs de Dieu,

ORDONNE AUX ROIS, SES ESCLAVES,

LA CONTRE-RÉVOLUTION ! *

---

* Après l'avoir préparée par les lois du *double vote* et de la *septennalité*, voilà que les ministres veulent la consolider en l'enracinant dans le sol par la loi de *masculinité* et de *substitutions*. C'est ainsi que, se rendant encore les exécuteurs testamentaires du collègue qu'ils ont tué, ils n'ont pas même, dans cette funeste carrière, le mérite de l'invention; tout leur génie aristocratique, tout leur arsenal contre-révolutionnaire, est dans les écrits de M. de Châteaubriand antérieurs à 1823, écrits qu'il traçait avec *une plume de paon*, échangée depuis deux ans contre *une plume de canne.* (Voyez *le Conservateur, la Monarchie selon la Charte,* etc.)